# 博弈　调控与国际协作

陈立兴　肖　钢　著

中国财政经济出版社

**图书在版编目（CIP）数据**

博弈 调控与国际协作/陈立兴，肖钢著. —北京：中国财政经济出版社，2010.8

ISBN 978-7-5095-2374-2

Ⅰ.①博… Ⅱ.①陈… ②肖… Ⅲ.①国际合作：经济合作-研究-中国②财政政策-研究-中国 Ⅳ.①F125.4②F812.0

中国版本图书馆 CIP 数据核字（2010）第 142417 号

责任编辑：王　乐　　　　责任校对：李　丽

封面设计：孙俪铭　　　　版式设计：汤广才

中国财政经济出版社出版

URL：http：//www.cfeph.cn

E-mail：cfeph@cfeph.cn



社址：北京市海淀区阜成路甲 28 号　邮政编码：100142

发行处电话：88190406　财经书店电话：64033436

北京财经印刷厂印刷　各地新华书店经销

880×1230 毫米　32 开　8.75 印张　221 000 字

2010年8月第1版　2010年8月北京第1次印刷

印数：1—1 500　　定价：18.00 元

ISBN 978-7-5095-2374-2/F·1914

（图书出现印装问题，本社负责调换）

本社质量投诉电话：010-88190744

# 序　一

人民银行体制改革以来，一直号召广大员工通过不断加强学习，努力建设学习型、研究型、专家型、务实型和开拓型的干部队伍，这是促进人民银行职工结合本职工作加强业务理论学习，提高业务素质和理解宏观调控政策的最佳选择。

随着经济全球化步伐的加快，人民银行的货币政策调控与国内外各项经济政策调整的联系越来越紧密。本书的作者陈立兴和肖钢同志，能够从理论研究的角度，把快速发展的国际经济协作趋势作为研究背景，用博弈论方法研究国际宏观调控政策的协调问题，探讨财政政策与货币政策等宏观调控政策的配合，并结合工作实际，针对“和平崛起战略”提出独到的见解，是一次非常有意义的尝试，也有助于提高自身理论水平、做好本职工作。

陈立兴和肖钢同志分别在人民银行和财政部门工作，在从事相关工作的同时，还能继续拓宽自己学习和研究的领域，取得财政学专业的博士学位，是难能可贵的。希望两位同志在今后的学习和工作中，取得更大的成绩。

杜金富

2010年4月

# 序　二

《博弈　调控与国际协作》是陈立兴和肖钢在其博士研究生学习期间学习和研究的基础上完成的，是两位作者2002年以来开始致力于财政理论与政策研究过程中，结合中国“和平崛起”的理论和实践进行长期探索和思考的结果。

陈立兴和肖钢作为我的博士研究生，长期从事宏观经济分析工作，思路开阔，涉猎广泛，本书在选题、研究方法和写作思路、内容的组织等方面具有以下几个特点：

第一，突出了时代背景。中国在应对经济全球化挑战过程中，提出了“和平崛起”这一指导原则，积极参与世界贸易组织和不同层次的区域经济一体化组织的活动，形成了一种既不同于一般的国际竞争，又不同于平常意义上的双边和多边合作的新的国际经济协作关系。本书正是在这个大的背景下，研究中国财政政策作为“和平崛起”战略的重要组成部分和重要的宏观经济调控政策，将对区域和国际经济秩序产生什么影响以及财政政策本身将会发生什么变化等一系列问题。

第二，突出了研究方法的创新。本书把国家作为参与博弈的主体，运用博弈分析的方法，认为目前世界贸易组织作为最高形式的国际经济协作形式，最后阶段将是非合作的零和博弈，但是，在达到最后阶段之前，以及目前正在兴起的区域经济一体化组织，都处于正和博弈阶段，参与博弈的国家都可以通过政策协调来“做大蛋糕”，扩大帕累托改善的空间，从而达到共同获得经济收益或非经济收益的目的。

第三，突出了经济理论创新的尝试。本书把“国际经济协作”作为一个新的经济概念提出来，认为在目前的国际经济环境中，国家政府既是传统意义上的制定和执行财政政策、调控经济运行的主体，又是以“国际经济协作”方式参与世界经济竞争和运行的全新个体，这个全新的个体不同于传统经济理论中的“理性经济人”，受到一只“看不见的手”操纵，他们参与国际竞争的目标是风险最小化，在背后起作用的是另外一只看不见的手——博弈理论。因此说，参与个体与调节机制都与传统经济理论不同的“国际经济协作”概念，是本书在经济理论创新方面所做的大胆尝试。

第四，突出了理论联系实际。本书在论述过程中，时刻强调财政政策措施的背景所发生的根本变化，努力克服传统的以市场经济理论为基础的财政政策和措施研究的局限性，关注中国财政政策和理论在参与不同层次的国际经济协作过程中可能发生的变化，涉及了目前理论界和宏观调控实践中所关注的财政赤字政策、税收政策、财政风险、财政政策与货币政策的配合、人民币升值、国家经济安全以及2008年全球金融危机等多个热点问题。

《博弈　调控与国际协作》一书的出版应该说是陈立兴和肖钢多年研究成果的结晶，既可以为两位作者数年的学习和研究划上一个完美的句号，也是他们在学术领域继往开来的新起点。我作为他们的导师，希望他们能以此为起点，把握时代的脉搏，不断努力学习，在国际经济协作体制下的财政政策、货币政策等宏观调控理论研究方面取得更大的成绩。

孙文学

2010年3月

# 前　　言

改革开放以来，中国作为世界上最大的发展中国家，在接受西方宏观经济学观点和建设社会主义市场经济的过程中，宏观调控理论的研究大都着眼于国家内部或单边主义的财政政策、货币政策效果分析。从20世纪90年代开始，特别是1997年亚洲金融危机以来，随着中国经济实力的增强，中国越来越多地参与国际经济活动，宏观调控政策调整的外部性问题逐渐显现出来，中国的财政政策等一系列宏观经济调控措施不但对中国的经济增长、国内改革和融入全球经济有着重大影响，而且对提高周边国家和全球经济增长率、保证世界经济稳定运行产生积极的影响，这是中国财政政策发挥作用的全新领域。因此，中国当前在参与国际经济事务过程中所奉行的经济理论和执行的财政政策、货币政策正面临着重大变革和前所未有的挑战。但多数研究仍然局限于消化和应用传统宏观经济学理论，偏重于微观层面应对单一冲击或实现单一目标的对策研究，基本上没有突破传统宏观经济学的框架，在解释现实经济运行时存在两方面的问题，一是没有对客观存在多年并迅速发展的经济全球化趋势和区域经济一体化的实践作出系统的经济学分析；二是忽视了对在宏观层面通过合作使经济达到帕累托最优的国际经济协调政策的研究。

在应对经济全球化带来的挑战的过程中，中国一直积极参与不同层次的区域经济一体化组织。在这种国际经济协作的趋势和大背景下，中国的经济理论，特别是宏观调控理论也正在不断丰富和形成，在“和平崛起”这一指导原则提出之后，崛起的中国将对区域和国际政治经济秩序产生什么影响，周边国家如何看待综合国力不断上升的中国以及如何在崛起过程中保持和平等一系列问题，是未来一段时间中国学术界理论研究的重点。中国的经济不再单边运行，而正在进入全球化的综合博弈状态，制度博弈，政策博弈，总之，我们已经开始面对一个多元多极的博弈世界。作为“和平崛起”战略的重要组成部分和调控宏观经济的重要工具，中国财政政策将在政府采购、社会保障、转移支付、税收、国债发行等几个方面发生一系列重大变化，各项政策制度如何相互协调，如何在世界经济舞台上精彩博弈，实现互利共盈，是本书研究的主要内容，本书紧紧围绕这一主题，探讨不同层次的国际经济协作对中国经济特别是财政运行的影响，并针对快速发展的经济全球化和区域经济一体化的趋势，从财政政策调控的角度提出了中国的应对措施。

本书除导论部分以外，共分九章，其中，导论、第一、二、三、四、七章由陈立兴撰写，第五、六、八、九章由肖钢撰写。

第一章从回顾亚当·斯密创立财政学开始，阐述了德国历史学派的国家干预主义、凯恩斯的宏观调控理论、经济全球化和区域经济一体化理论、蒙代尔的开放经济条件下的财政政策和货币政策配合研究、国际财政研究的发展以及改革开放以来中国财政理论的研究，认为目前财政理论的发展和财政政策研究范围已经逐步扩展到国外。因此，中国提出的“和平崛起”战略和“和谐世界”新理念对财政理论的研究提出了更高要求，中国财政政策理论研究和实践必须具有全球视野。

第二章应用博弈理论的方法分析了在各种层次的国际经济协作趋势不断扩大的新背景下，并没有一个超国家政府的权力存在，以国家为主体的财政政策不再由纯经济理论所决定，而是受到各个参与方的影响，是所有国家进行博弈的结果。通过博弈模型分析，在国际经济协作过程中尽管始终存在着矛盾与冲突，但实力不同的大国和小国都可以通过国家间的政策协调和合作实现帕累托改进，实现利益的最大化。在博弈分析的基础上进一步讨论了北美自由贸易区、欧盟、亚太地区的区域一体化组织在建立和发展过程中财政政策方面的转变和实践，阐述了不同国家通过财政政策的协调促进国际经济合作和经济发展所做的努力。

第三章比较分析一些国家在国际经济协作中的财政政策的差异。首先，回顾了日本20世纪70年代以来的财政政策，对财政政策的效果进行了评价，总结了日本在参与国际政策协调、应对石油危机和日元升值的冲击过程中的经验教训。由于日本是第二次世界大战之后崛起的亚洲国家，又是中国的近邻，其发展的轨迹以及参与国际经济政策协调的经验教训值得中国借鉴。其次，回顾了区域经济一体化程度最高的欧盟在一体化过程中财政政策、税收政策方面的协调措施。中国正在积极推进与东盟国家、非洲国家的贸易自由化和经济一体化安排，因此，欧盟一体化的成功经验，特别是其在经济一体化框架下的财政税收安排对中国当前研究开放条件下的宏观调控政策具有重要的参考作用。这一章的最后总结了经济全球化趋势下世界各国的税收调整和国际经济政策协调的新趋势。

第四章首先比较近些年中国的经济发展与其他国家和地区崛起的异同点，中国经济崛起将为世界经济的增长提供更大的空间，同时也会形成更大的冲击。因此中国实施“和平崛起”战略，无意于在经济实力壮大过程中寻求霸权或支配世界事务，而是力争进一步融入世界经济体系，以贸易和投资的发展等和平手段来获取世界资源，摆脱国内资源短缺、环境压力和社会矛盾的困扰，并通过不断扩大国内市场为其他国家带来更多的机会而不是威胁。其次，重点论述了“和平崛起”战略对中国制定财政调控政策、参与不同层次的国际经济合作的指导作用。认为1978年以来中国经济的发展对周边地区和世界经济产生了越来越重要的影响，中国财政理论的发展和财政实践使中国财政调控能力日益增强，各种财政调控措施成为“和平崛起”战略的重要组成部分。

第五章首先阐述了 WTO 的主要原则和 WTO 框架下的博弈格局、中国在 WTO 中的地位以及中国参与 WTO 的利益，然后在分析加入 WTO 对中国财政运行的影响基础上，提出了中国在 WTO 框架下财政政策的调整策略，主要是关税水平逐年下降、出口退税政策的优化、内外资企业所得税并轨、生产型增值税向消费型增值税转化以及履行对政府采购制度的承诺等，还分析了中国参与多哈回合谈判过程中的策略和谈判过程中一些与中国农业发展密切相关的财政政策调整的效果。

第六章论述了国际经济协作背景下中国财政政策的转变与创新以及改革开放以来中国的财政政策实践和财政理论的发展。首先，回顾了中国与东盟的贸易合作安排、中日韩经济合作、上海合作组织的产生和发展过程的基础上，分析了中国参与区域协作面临的复杂外部环境，提出了中国参与区域经济协作的应对措施和财政安排；其次，从四个方面总结改革开放以后我国财政理论与实践的发展，一是改革开放后的赤字预算的实践和财政平衡理论的变化。二是关于国债的认识发生了深刻变化，国债在宏观调控中发挥了巨大作用。三是灵活运用各种税收政策，增加财政收入，努力实现国际收支平衡。四是通过一系列财税政策措施缓解人民币升值压力，主要措施有“扩大公共消费支出，加强政府采购制度建设，增强内需对经济发展的拉动作用，调整现有的外资税收政策，引导外资投向，提高外资利用水平；进一步调整出口退税政策，促进出口与进口贸易的平衡发展等等。

第七章从调节内外平衡出发，探讨了财政政策与货币政策、贸易政策等其他宏观调控政策的配合问题。财政政策等宏观调控的协调应该以保持经济的内外平衡为最终目标，当前对外贸易增长方式的转变需要综合运用财政政策、货币政策和贸易政策进行积极调控。在财政政策与货币政策的配合方面，要注重财政政策与货币政策的选择和组合，必须适应经济形势发展需要，通过财政政策和货币政策松紧搭配组合，适度调整财政政策和货币政策工具的运用，积极推进汇率机制改革，增强货币政策的独立性。在宏观和微观各个层面，建立和完善财政、银行的配合机制，优化国家宏观调控体系，还要从加入 WTO 后参与世界产业分工的高度，完善财政政策和货币政策与产业政策、收入分配政策等其他宏观调控政策的协调配合机制，发挥综合效应。

第八章探讨了国际经济协作背景下的中国国家经济安全问题。分析了当前影响中国国家经济安全的内部因素及外部因素，并阐述了经济全球化对中国地方财政运行产生的压力。提出当前中国应该利用 WTO 体制维护中国国家经济安全，具体的应对措施一是在发展中解决发展中的问题，用开放应对开放中的危机；二是全面融入多边贸易体制，参与 WTO 规则的制定；三是加强区域经济合作，分散国家经济风险；四是充分利用 WTO 救济体系与争端解决机制维护正当经济利益；五是在更广泛的领域内推行全球共同安全和可持续安全观念。

第九章探讨了财政政策在应对经济危机中所起到的巨大作用，并强调充分发挥财政的宏观调控作用，增强抵御经济危机的能力。首先，回顾历史上曾发生的重大经济危机以及当时采取的财政对策，结合 2008 年全球金融危机，分析对中国财政风险问题的认识；其次，提出重视人民币升值的风险以及缓解人民币升值压力的措施。最后论述了需要加强财政调控以抵御经济危机所带来的巨大冲击，具体提出以下几方面财政政策建议：第一，改进运用财政政策、货币政策的宏观调控能力，提高政府行政控制能力以控制经济风险；第二，把支持自主创新作为公共财政的重要政策目标；第三，充分发挥政府采购对企业自主创新的扶持功能。

# 目　　录

# 导　论

## 一、选题的背景及意义

### （一）选题的背景

20 世纪 90 年代以来，经济全球化和区域经济一体化的理论和实践得到了快速的发展。现代意义上的经济全球化治理问题以及由此带来的全球化理论的发展，实际上是 20 世纪 60 年代以后国际贸易迅速增长的结果。经济全球化和区域经济一体化成为当今世界经济发展的两大主题，包括中国在内的所有国家均不同程度地被卷入世界经济的这两个浪潮中，这一结果增加了国家通过调整财政和货币政策来调控国内经济运行并影响国际经济关系的复杂性，使世界各地的政策制定者们更加难以应对。

20 世纪凯恩斯主义宏观经济学的盛行，要求国家政府发挥调控宏观经济平稳运行和增进社会福利方面的功能，如保证充分就业水平、建立社会安全网、提供医疗及社会保障等。如果各个国家在制定经济政策时都从单边主义理论出发，即使是独立地、理性地制定政策，也会将政策的负面影响强加于其他国家，最终陷入博弈论中常说的“囚徒困境”之中。因此，在制定经济政策的过程中，必须意识到所有独立国家的政府都将不再是市场经济体制下运用财政政策实施宏观调控的绝对主体，而是形成了一种在全球经济竞争中相互影响、互为主客体的关系。所以，国家的宏观调控不得不越来越多地考虑一项财政政策或货币政策的出台给其他国家和世界经济带来的影响，同时也要考虑来自国际经济的外部影响。政府经济决策面临的挑战，就是要设法通过国际经济协作来引导经济全球化和区域经济一体化的力量，使其发挥积极作用，也就是说，通过彼此的政策协调，促成更具包容性的经济稳定发展这一共同目标。

由于没有超国家政府的存在，国家间的协作都是通过国家间条约和协议的方式体现出来，独立国家政府参与国际经济竞争的策略是所有参与方协调博弈的结果。一般来说，国家宏观经济调控政策协作有以下三个层次：首先，通过信息交流使得各国政府之间及时发现经济运行中的不确定性；其次，在此基础上，各国政府正式或非正式地采取一致的宏观调控政策，调整政策工具的选择及作用力度，选择政策出台的时机，共同应付突发事件或国际性危机；最后，采取联合行动，通过中长期财政政策合作实现共同希望的经济发展目标。国家间宏观调控政策的协调体现在财政领域中财政政策和措施的调整上，如世界贸易组织的建立使得其成员国单独改变关税结构的可能性大大减小，国际税收政策的协调配合更加密切以及对内外债务水平、赤字水平的控制更加严格，等等。

具体来说，许多国家政府基于传统经济体制理论制定的宏观经济调控政策在各个方面都会在原来的基础上发生一些变化。第一，调控政策的决策过程发生了变化。即国家政府在制定宏观调控政策时，不但要考虑国内外经济稳定和发展的需要，还要受到区域经济组织条约和世界贸易组织规则的限制。第二，调控政策的目标和效果发生了变化，主要是在新的国际经济协作背景下弥补国内制度范围和市场范围不断地国际化过程中出现的缺陷与不足。第三，调控政策的工具种类和操作方式发生了变化。政策工具的变化主要是传统宏观调控政策工具的丧失，例如，在财政政策方面，1991 年的

《马斯特里赫特条约》规定了成员国的赤字水平和债务水平，使以赤字融资和债务融资为主的传统财政政策受到了严格的限制。另外，欧洲中央银行的成立和欧元的诞生，使所有成员国家丧失了汇率政策这一有效工具，一些小的或者说是实力较弱的成员国几乎丧失了其他几种传统货币政策工具，而那些一体化内部起主导作用的国家虽然在一定程度上还具有一些运用货币政策的自主性，但这些政策工具的操作方式和作用效果却发生了变化。第四，政策传导机制的变化。所有这些变化，都客观上要求一个国家的调控政策和调控理论研究适应时代发展的要求，进入国际经济协作这一新领域，作为政府参与经济运行的财政政策尤其要如此。

### （二）选题的意义

每个国家都有自己的经济和政治体系，也拥有独特的文明，每个国家都以自己的方式面对经济全球化带来的威胁和机会，参与国际经济协作。中国政府领导人以及经济学术界一直在积极探讨一种在不给现有秩序带来冲击的情况下实现发展并给近邻各国和全球经济带来好处的崛起方式——“和平崛起”。“和平崛起”的目标是建立和谐世界。用中国加入世界贸易组织谈判首席代表龙永图的话说，“和平崛起”就是“中国的崛起将是和平的崛起，而不是挑战和威胁”。从经济意义上说，中国的崛起，包含两个方面的含义：一是中国 GDP 持续快速增长，与世界经济的融合不断加快；二是对其他国家的影响显著增强。在这个过程中，中国作为经济全球化和现行国际体系的积极参与者，维护国际经济体系的稳定，对中国经济的稳定增长至关重要。

1. 中国所处的亚太地区，已存在或正在酝酿建立各种不同层次的区域合作，中国作为亚洲地区有影响的大国，财政政策必须具有国际视野。

当前，亚洲国家和地区参与的区域经济一体化的形式，按照其覆盖的范围划分，从大到小大致有以下几种：（1）大区域或全区域合作。亚太经合组织（APEC）即是其典型代表。（2）次区域合作或东亚区域合作。它包括东南亚和东北亚两个区域，典型例子是近年成为热门话题的“10 + 3”和“10 + 1”两种合作模式。（3）小区域合作。典型的代表是东盟自由贸易区和东亚国家之间的贸易协议。

中国所处的亚太地区的区域经济合作虽然发展很快，但基本上还处于“优惠贸易协定”和“自由贸易区”等初级阶段上，具有组织松散、非机制化、非排他性的特点。同时，由于亚太地区的区域合作层次多，一些国家往往参与了不同层次的区域合作，或者说参加不同层次区域合作的成员互相交叉重叠的现象相当普遍，这是东亚地区特定的历史文化背景和政治经济社会的发展状况的必然反映。所有这些都决定了亚太地区合作的多样性、开放性和松散性，而且越是高层次和大范围的区域合作，这些特征就越是突出。因此，中国从自身发展需要的角度研究这种国际经济协作趋势下的财政货币政策协调是宏观调控政策研究的一个新课题。

2. 中国参与不同层次的国际经济协作所采取的政策协调措施是“和平崛起”战略的重要组成部分，是建设“和谐世界”的需要。

以目前中国的改革开放和市场经济的发展势头，中国的崛起已势不可挡，仍然处于转轨过程中的中国经济正在日益融入全球经济体系，中国的经济理论，特别是宏观调控理论也正在形成和不断丰富，在“和平崛起”这一指导原则提出之后，崛起的中国将对区域和国际政治经济秩序产生什么影响、周边国家如何看待综合国力不断上升的中国以及如何在崛起过程中保持和平等一系列问题，是未来一段时间中国学术界理论研究的重点。在像中国这样经济发展水平不高、市场发育程度较低、经济调节功能不健全的大多数发展中国家中，需要政府介入的领域比发达国家要广得多，在发达国家可交给市场去做的许多事情，在发展中国家却需要政府去做，如在能源开发、原材料加工、铁路、航空、电讯等资本密集型的领域，私人资本往往是难以涉足的，大多需要由政府去投资经营。中国作为世界上最大的发展中国家，财政政策在这些由经济发展水平所导致的市场失效领域中可以发挥更大的作用。中国还有与其他发展中国家不同的特殊经济现象，一是地域广阔，城乡经济、区域经济发展极不平衡；二是国有经济比重大，改制、改组、改造的任务十分艰巨，这两方面是由中国的特殊国情所决定的。在政府非干预不可的公共领域，同样需要财政政策发挥不可替代的重要作用，因此，财政政策是政府的主要调控手段。中国财政政策和财政理论将在中国参与国际经济协作的过程中不断丰富，成为"和平崛起"战略的重要组成部分，也是中国融入经济全球化进程并与世界经济互动的必备条件之一。

"和平崛起"观点的提出，除了阐释多极主义诉求，消除"中国威胁论"的影响以外，还在试图以经济全球化作为实现自身持续发展的解决办法，向亚洲邻国和世界展示，中国并不想寻求霸权，同时告诉世界，中国正在积极和建设性地参与地区和国际事务，因为中国经济的持续增长，不只是依赖国内经济，还要依赖国际市场。中国在崛起的同时，明确表示和平，回避霸权主义，并强调其在亚洲的稳定角色。

1992 年，东盟自由贸易区成立，2003 年就形成一个自由贸易区达成协议。中国与东盟在 2002 年签署了一项重大协议，决定实施全面经济合作计划，组建中国—东盟自由贸易区，2003 年中国与泰国达成了自由贸易协定，美国、欧盟、日本和韩国也相继加入与东盟各国的自由贸易谈判行列。亚洲区域经济合作的另一个倡议涉及形成一个更大规模的亚太经济合作组织论坛，包括环太平洋的发达国家、新兴工业化国家与该地区的发展中国家，1994 年，该论坛达成了一项没有约束力的协定，即到 2020 年实现自由贸易。

总地看来，亚洲并不热衷于建立在体制基础上的正式的区域一体化，而更倾向于所谓的开放性地区主义，其特征是通过非正式的努力来开拓无关税歧视的市场。之所以会出现这种新趋势，主要是由于亚洲发展中国家向外向型贸易政策靠拢并广泛接受贸易自由化倡议的结果，这是中国融入全球经济体系过程中需要面对的一个新问题。

中国2001年11月正式加入世界贸易组织后，美国资深的中国经济问题专家尼古拉斯·R. 拉迪站在中国经济发展和全球贸易体系发展的历史高度，对中国加入世界贸易组织的意义做出了评价，他明确地指出，“中国加入世界贸易组织，是中国经济发展史和全球贸易体系历史上的一个重大事件”，因此，在国际经济协作趋势下，中国的财政政策等一系列宏观经济调控措施不但将对中国的经济增长、国内改革和融入全球经济有着重大影响，而且将对提高全球经济增长率和改善国际贸易体系也有着积极的影响，这是中国财政政策发挥作用的又一全新的领域。

3. 随着中国融入世界经济步伐的逐步加快，在中国社会主义市场经济发展过程中出现的国际经济方面的财政活动已经不是光凭传统的财政理论所能解释的，因此，国际经济协作背景下的中国财政政策研究是中国财政制度转变的客观需要和必不可少的重要环节。

中国的改革开放已经有30多年，在当前这个国际经济协作的全新领域里，政府的宏观稳定政策已不可能像在封闭经济中那样，其成本与效益可以完全内部化；相反，通过国际间商品贸易和资本流动，其成本与效益会扩散到其他国家中，这样，财政的稳定职能的行使就不可避免地需要其他国家的合作。这种开放经济条件下的财政的经济稳定职能在不同的经济制度下呈现出截然不同的情况。例如，1997年下半年，中国经济经受了一次严峻的考验，那就是东南亚的金融危机。在当时投资严重不足、总需求小于总供给的情况下，国家及时调整财政政策，开始实行积极的财政政策，对内通过扩大内需，调整结构，拉动经济增长；对外保持汇率稳定，并对亚洲国家和地区积极支援，使其经济能够早日恢复。时任财政部部长的项怀诚于1999年初在《关于1998年中央和地方预算执行情况及1999年中央和地方预算草案的报告》中提出了“转变财政职能，优化支出结构，建立公共财政基本框架”的思想。这预示着中国财政制度将在政府采购、社会保障、转移支付、税收、国债发行等几个方面发生一系列重大变化。

## 二、主要概念的厘定

### （一）国际经济协作

受经济全球化和区域经济一体化的影响，单一国家和整个世界经济体系在全球化过程中收益的不确定性必然增加，独立国家政府以本国的政治、经济利益博弈均衡为基础，通过协商和各个层次的合作确定本国的竞争策略，来参与和影响全球经济运行，这就是国际经济协作，经济全球化和各种层次的区域经济一体化都是国际经济协作的特殊形式。国际经济协作过程及其各个阶段的后果也必须通过政府间采取协调一致的政策措施来被明智地和创造性地加以管理。在国际经济协作背景下，虽然国家传统经济主权有所弱化，但各国政府仍将掌握强大的政治力量，各国政府的决定仍将对整个世界经济的健康发展和活力产生重大影响，人民仍期望政府维护他们的利益，让他们获得更安全、更稳定的生活。

与传统的经济理论相比，国际经济协作背景下参与竞争的主体已经发生变化，独立国家政府作为个体成为竞争第一层次的参与者，都希望经济全球化给自己带来好处。在这个过程中，所有独立国家的政府都将不再是市场经济体制下运用财政政策实施宏观调控的绝对主体，而是形成了一种全球经济竞争中相互影响、互为主客体的关系。

### （二）经济全球化

经济全球化已成为全世界各国的通用之词，但至今有关它的精确定义，仍然是见仁见智，归纳起来，目前学术界主要有四种解释。

第一，新马克思学派或称“新左派”认为，今日世界的经济全球化是发达资本主义经济成功衍生出的相对稳定的具体的历史再生产方式，能够在相当长的时期内对付系统的危机趋势，其结果必然是不公正、不公平的两极分化，实质就是西方现代化和西方体制的全球性扩张。

第二，新自由派认为，经济全球化主要是指全球经济和市场的一体化，其结果不一定是你死我活的零和博弈，而是世界资源的优化组合，绝大多数国家在全球化过程中都将得到长远的比较利益。

第三，怀疑全球化派代表人物保罗·赫斯特和格雷厄姆·汤普森在其《质疑全球化：国际经济与治理的可能性》中指出，所谓的经济全球化，就是跨国公司在多国开展贸易，所依靠的主要资产、生产和销售还处在民族国家的范围内，资本的自由流动并没有造成投资和就业从先进国家向发展中国家大规模转移，贸易、投资和金融流动主要集中在欧洲、日本和北美三大集团，除极少数新兴工业国之外，大多数发展中国家在投资和贸易方面仍处于边缘地位。

第四，转型学派认为，全球化是推动社会、政治和经济转型的主要动力，并一直在重组现代社会和世界秩序。为了迎接全球化的挑战，理性和明智的国家政府应该转化自身的统治功能，变传统的全能政府为有限的政府，侧重推动经济发展、协调集体行为以及促进国家间合作。全球化作为一个历史过程，谁都无法预测它的发展方向和它所要构建的世界新秩序。

### （三）区域经济一体化

根据区域经济一体化的传统理论，要实现区域经济一体化的发展目标，通常必须经历一个渐进的、由低级到高级的发展过程，特定的一体化组织大致可分为六种类型，即优惠贸易协定、自由贸易区、关税同盟、共同市场、货币同盟、经济联盟等六种形式，这种渐进过程在欧共体和欧盟身上已经得到了充分的体现，而亚洲开放式区域一体化是区域经济一体化的新形式，其未来的发展方向还有很大的不确定性。

## 三、主要结构和分析框架

本书共有九章，第一章为文献回顾和综述部分；第二章阐述了全书的分析方法和分析思路；第三章则总结了日本崛起和欧洲一体化的经验教训，以便明确国际经济协作背景下中国财政政策的研究方向；第四章阐述了中国“和平崛起”的战略以及财政政策措施对实施“和平崛起”战略和建立“和谐世界”的重要作用；第五章研究了在WTO框架下中国的博弈地位和利益所在，以及为应对加入WTO所带来的冲击而进行的财政政策实践和调整；第六章从财政收入和支出两个方面系统地回顾了改革开放以来参与经济全球化和区域一体化过程中中国的财政政策实践和财政理论的发展；第七章则从调节内外平衡出发，探讨了财政政策与货币政策、贸易政策等其他宏观调控政策的配合问题。第八章探讨了国际经济协作背景下的中国国家经济安全问题，提出维护国家经济安全的财政政策建议。第九章作为全书的结尾，结合2008年全球金融危机，探讨了财政政策在应对经济危机中所起到的巨大作用，并强调充分发挥财政的宏观调控作用，增强抵御经济危机的能力。

## 四、创新、不足之处和后续的研究

### （一）博弈分析方法

根据协调博弈的理论，[①] 相互作用的博弈参与方的收益来自于协调而非冲突，只有当参与方采取相同行动时，他们才能获得更高的收益。运用博弈分析的方法是本书的创新之一，认为尽管 WTO 发展到最后阶段将是非合作的零和博弈，但从现在开始的相当长的一段时间之内，WTO 框架下的政策协调还将处于正和博弈阶段。但是，在正和博弈过程中，希望通过做大“蛋糕”的方式使参与方都受益是具有很大的不确定性的，这就为各个国家为保证“蛋糕”做大而进行政策协调提供了可能。同时，认为在区域经济一体化的框架下，参与政策协调博弈的两个国家能够通过达成类似区域经济一体化的协议作为利益补偿协议，或者非经济利益的存在而使帕累托改善区域扩大，增加区域框架内国际经济协作的空间。

### （二）提出“国际经济协作”的概念

传统经济理论认为，参与竞争的个体是理性经济人，他们参与经济竞争的目标是利益最大化，有“看不见的手”在操纵，在国际经济协作层面的竞争中，参与的个体是独立的国家政府，是一种

① 参见［美］罗素·W. 库珀：《协调博弈——互补性与宏观经济学》，张军、李池等译，中国人民大学出版社，2001 年 2 月第 1 版。

全新意义上的经济个体，它们参与国际经济竞争的目标是风险最小化，操纵这种竞争的也有一只看不见的手——博弈理论。因此提出参与个体和调控机制都与传统经济理论不同的“国际经济协作”的概念，是本书的另一创新之处。

### （三）在不同层次的国际经济协作背景下研究中国财政政策等宏观调控政策

在研究当前中国财政理论和财政政策的过程中，把国际经济协作趋势作为背景和出发点，注意到与传统经济理论相比，世界经济竞争格局无论是从参与的个体，还是从调控的机制都发生了根本的变化，在一定程度上克服了传统的以市场经济理论为基础的财政政策研究的局限性，并讨论在中国这样一个快速发展的发展中国家，财政政策在参与不同层次的国际经济协作时可能发生的根本变化，是对中国财政理论和政策内容的丰富，也是本书的第三点创新。

### （四）提出国家经济安全问题并分析如何运用财政政策应对经济危机

结合全球经济现状及特点，分析中国国家经济安全问题。2008 年全球金融危机给了我们新的启示，中国的经济发展已与全世界同呼吸，共命运，无论是爱琴海的还是加勒比海的浪花随时可能会拍到太平洋的东岸上。在这种多元多极、风云变幻、危机四伏的经济环境下，我们面对的不仅是协作、竞争，还随时面临挑战和危机。本书最后两章提出维护国家经济安全以及应对经济危机的财政政策建议，紧跟当前经济热点问题，也是本书的一点创新之处。

### （五）不足之处

第一，作为全书的出发点，本书虽然提出了“国际经济协作”

的概念，但对国际经济协作趋势的论述是不充分的，对“国际经济协作”内涵的理解和阐述还很片面。

第二，在中国不断完善社会主义市场经济体制的过程中，国家干预经济的程度会比较高，即使实现了建立社会主义市场经济体制的目标，从一些新兴的市场经济国家的发展来看，国家干预经济的程度仍然会较高，这是由发展中国家追赶型经济策略所决定的，在这种情况下，财政政策与货币政策，以及财政政策与其他宏观经济调控政策，如就业、贸易、汇率等方面的政策的界限是很模糊的，因此，本书在讨论财政政策措施时，对一些具体措施所做的界定具有一定的机械性。

第三，由于笔者水平有限，本书在论述过程中很难把握诸如材料取舍及其相互间内在的逻辑关系等方面的问题，这可能会导致讨论的方向和得出的结论出现偏差，甚至谬误。

### （六）后续的研究

第一，由于参与的个体不同和调控方式的不同，国际经济协作是否能够作为区别于计划经济体制和市场经济体制的一种新的国际经济体制，应该在密切关注经济全球化和区域经济一体化最新进展的基础上继续进行研究，不断丰富“国际经济协作”这一概念的内涵。

第二，从博弈理论出发，运用数量经济学的方法，为国际经济协作背景下的一系列财政政策措施提供定量分析的支持，达到加强和改善运用财政政策进行宏观调控的目的。

第三，向更宏观的方向，深入探讨超越财政政策、货币政策等一系列宏观调控政策的一体化政策，或者向更微观的方向，深入探讨制定中国发达地区和欠发达地区参与经济全球化和区域经济一体化的具体政策措施和安排。

# 第一章 经济全球化和区域经济一体化的理论和文献综述

亚当·斯密1776年出版的《国富论》创立了财政学，在这本书的第五篇“论君主或国家的收入”中，亚当·斯密对立宪君主的义务及财政的职能进行了阐述。在亚当·斯密之后相当长的时期内，财政职能以及西方财政学都没有大的变化，这一时期财政的突出特点是对应“小政府”而存在的“小财政”，这一特点顺应了当时资本和市场自由发展的根本要求，公共支出规模较小、活动范围较为狭窄的状况从财力上约束了政府的活动规模与范围，从而使得国家只能充当“守夜人”的角色。虽然在亚当·斯密发表《国富论》之后不久，德国的历史学派就提出了从国家干预主义出发的财政理论，但是由于受当时特定历史条件的限制，没有也不可能在资本主义国家成为主流。1929～1933年的世界经济大危机，是资本主义世界有史以来最严重和最深刻的一次危机，这次危机的空前严重性和持久性，宣告了自由放任传统经济理论的破产，也成为经济学说史上的一个重大的转折点。一些经济学家开始注意到并主张政府干预理论，例如英国的经济学家凯恩斯早在1926年就发表了《自由放任主义的终结》一书，他力图证明，借助于国家在支出和税收方面的主动政策和对货币流通和信贷的调节，可以消除因总需求不足而形成的固有的失业和经济危机。1936 年，凯恩斯发表了他的代表作《就业、利息和货币通论》，提出了系统的就业理论和国家干预经济的一系列政策主张，为政府运用财政政策、货币政策对经济运行进行宏观调控提供了理论支持。

20 世纪 30 年代，也就是凯恩斯理论出现的同时，在德国，又出现了弗莱堡学派，这一学派既不同于传统的经济自由主义，也不同于以凯恩斯为代表的各种形式的国家干预主义。该学派与后来的伦敦学派、现代货币学派、理性预期学派和供给学派一起被称为新自由主义。他们反对政府干预经济，主张政府的责任是制定和执行私人经济活动应遵守的规则，鼓励竞争，为市场经济的顺利运行创造适宜的环境。20 世纪 70 年代，西方经济陷入了长期的滞胀阶段，凯恩斯主义者没能提出有效对策，里根和撒切尔夫人分别在美国和英国采取的新自由主义经济主张取得了成功。冷战结束后，经济全球化的兴起为新自由主义理论的发展提供了更广阔的空间，同时，新自由主义的实践也成为经济全球化理论的产生和发展的前提和基础。

确切地说，经济全球化理论不是一种理论，而是一个理论群或集合，各种经济学派都感受到了它的威力并在不同程度上予以认同，因为在此之前的所有经济理论都试图在全球化出现之后寻找自己发展和生存的空间。由于经济全球化理论本身还需要完善，因此现在还很难说哪种理论占了上风或成为主流，但是有一点很明确，不同的国家，无论其采用哪种经济理论或主张，都会融入经济全球化过程中，根据自身发展的需要，依据不同的经济理论制定经济政策，从而强化国家政府的作用。各个国家政府在应对经济全球化带来的挑战时，不约而同地重视区域经济一体化理论和新地区主义经济理论的研究和应用，因而区域经济一体化理论成为经济全球化理论的一个重要组成部分。

# 一、财政调控理论的产生和发展

## （一）财政学创立初期的德国国家干预主义财政理论

在亚当·斯密的《国富论》之后，也就是19世纪的大部分时间内，当时的德国政治上处于封建分封的割裂状态，有三百多个小邦，各邦国的税制和财政制度各自独立、各行其事，这种政治上的不统一阻碍了经济的发展，也成了德意志资本主义发展的障碍。相对于英国、法国等国家的自由主义经济状况而言，德国的经济是落后的，因为此时英国、法国等国家已进行过产业革命，而德国尚未进行。由于认识到德意志邦国结成关税同盟与英国相抗衡的必要性，李斯特、内贝尼乌斯等人提出保护关税主义的主张，1818年普鲁士的保护关税和1834年结成的关税同盟，意味着德意志产业资本势力正在逐渐加强，并成为其后德国统一的现实基础。同时，德国的资本和市场的发展都是缓慢的，需要寻求国家的支持和保护。向资本主义转换，走改良的道路，也必须发挥国家的作用，这是当时德国财政理论发展的现实基础。所以说，德国历史学派与德国民族主义的兴起有着非常紧密的联系，并被认为是对英国启蒙运动和古典经济学的反应。

德国历史学派兴起的另一个原因是德国自身的社会问题，也是19世纪中期德国的社会经济发展现实，即自由贸易不能解决一个和英国完全不同的国家的工业化问题，德国历史学家要求国家在经济事务中起重要作用，主张在贸易理论上使后进资本主义国家的现实政策与先进资本主义国家的理论相结合。这时候的历史学派虽然还不能看成是国家干预主义的开端，但却可以看成是结束德国自由经济政策的开端。

德国财政学理论的系统化是在19世纪前期由李斯特、罗雪尔、卡尔·迪策耳和海因里希·劳等历史学派而确立的，他们认为，英国、法国流行学派的自由贸易原则的实现必须有一个前提，那就是存在包括一切国家在内的世界联盟和存在持久和平的世界局势。如果没有这个前提，自由贸易只会使先进国家永保其垄断地位，而后进国家则永远处于落后的地位。事实上，自由贸易的前提并不存在，因此，实行世界主义经济学是行不通的，只能实行国家经济学。只有实行国家经济学，后进国才能赶上先进国，才能最终实现世界联盟，实现真正的自由贸易。

德国历史学派划分为旧的和新的两个时期，旧历史学派存在于19世纪40～70年代之间。1841年，李斯特在其代表作《政治经济学的国民体系》一书中提出经济发展阶段论，主张在贸易理论上使后进资本主义国家的现实政策与先进资本主义国家的理论相结合。1843年，历史学派的创始人罗雪尔出版了《历史方法观的国民经济学纲要》一书，这一著作的最大成就是提出影响经济生活的非经济因素，他尝试着使用比较归纳法以及不同的时代、民族、国家和文化的比较，来发现一国经济发展的规律。对于新历史学派来说，19世纪70年代的经济危机是在经济学中要求国家干预的重要出发点。在经济政策方面，新历史学派著作的特点是希望通过国家干预消除经济自由主义的负效果，这时掀起的讨论是围绕政府应该如何干预这一问题进行的。

19世纪后半期创建德国财政学黄金时代的三个主要人物分别为史泰因、谢夫勒和瓦格纳。史泰因在其1860年出版的《财政学教科书》中认为，“财政学是具有高深词义的科学，财政学并非从孤立的自身开始，也不是从独立的自身而告终，财政学应为庞大的国家全体的一个组成部分，或者说把财政学理解成国家学的基础。”也就是说，应把财政学置于国家经济学体系内来研究，这就要求从比国家经济更高的国家观念出发来研究国家财政的概念。国家财政的任务是，共同体国家为完成其目的从行政方面提供经济手段，以最终形成每个人的经济资本为目的。新历史学派的代表人物瓦格纳只写了四卷《财政学》，虽然没有完成，但他通过吸收调整和总结，使财政学形成一个体系。瓦格纳财政理论提出了关于国家是财政的主体的问题，即国家是强制性的机构，国家强制性地获得产品是正当的，并且整个历史都是这样的，它的基本方式是税收和征用，其主体是代表国家的政府。瓦格纳的研究赋予了国家指导经济过程的重要作用。财政经济的职能，就是向作为强制性经济最高形式的国家提供其所需的收入。财政经济的特征，来源于服务性的公共实体，尤其是国家本身的职能。瓦格纳指出，在社会政策层面，国家的作用已经由过去自由放任的资本主义警察国家和中立的财政政策，发展到要求扩大国家活动。总之，财政经济是把行政上代表国家的机关，即政府作为经济主体的个别经济。

德国的历史学派所主张的国家干预主义与当时的古典经济理论不同，试图从国家的角度，把人类经济行为放在社会心理学中进行研究。尽管历史学派的研究是在19世纪的德国发展起来的，对其他地方影响很小，但以德国历史学派为代表的国家干预主义，其着眼点在于当时落后的德国，希望通过国家干预，保护德国经济的发展，其意义在于，它重视政府的作用，为国家干预找到了一种理由，因此它的一些基本理论对当前研究财政政策仍然是十分有用的。特别是国家干预主义的财政理论在20世纪市场大规模失效时表现的作用尤为明显，虽然20世纪30年代开始的财政调控经济的理论依据不是历史学派的财政理论，但它也同样强调国家干预，因此，二者有许多相似之处。

### （二）凯恩斯主义经济学的宏观调控理论

20世纪30年代，西方世界发生了一场前所未有的经济大危机，否定了亚当·斯密创立财政学以来的自由竞争时期经济秩序通过市场机制自动调节就能够自动达到和谐的结论，表明自由放任的市场，尽管在一定程度上可以解决社会收入公平和宏观经济稳定等问题，但随着市场经济的发展和规模的扩大，宏观经济波动的规模日益扩大，波动频率日益频繁，自由的市场经济具有的天然缺陷所形成的危害也日益严重，如果任其发展，最后将只能是以市场经济制度的灭亡而告终，所有这些都给凯恩斯的主张提供了坚实的背景。凯恩斯在其 1936 年出版的《就业、货币与利息通论》中提出，自由放任会导致有效需求不足，因此主张国家干预经济生活，运用财政政策扩大政府职能，即调节消费倾向和投资引诱职能。在凯恩斯之后，虽然有的国家某一时期奉行的并不完全是凯恩斯主义的财政政策，但其政策也是基本上采用了凯恩斯主义的政府干预经济的内容。20 世纪 30 年代至今的经济实践，证明了凯恩斯主义所主张的政府干预在一定程度上的有效性。它改变了财政政策的作用，将其提高到干预手段的显著地位。凯恩斯的《就业、货币与利息通论》彻底推翻了支持自由放任政策的旧经济理论，提出了新的经济理论，使政府的积极财政支出政策符合经济原则，以解决失业问题并克服经济的萧条。《就业、货币与利息通论》所开出的处方，被认为在救治西方社会痼疾——失业、贫穷与不平等上，收到很大成效，第二次世界大战后西方资本主义国家在凯恩斯主义经济理论指导下，经历了长达 30 年之久的高速经济增长，但因长期运用这种政策，结果又产生通货膨胀、资源浪费、国际通货危机等新的弊病。

产生于 20 世纪 70 年代、兴起于 20 世纪 80 年代的新凯恩斯主义，在 20 世纪 90 年代有了突飞猛进的发展，新拓展的新凯恩斯主义形成了既不同于传统政府干预学派又不同于自由经济主义的第三条道路经济学。与旧凯恩斯主义相比，新凯恩斯主义的一个特点是考虑了全球化对经济、政治和社会的综合影响。在经济全球化时代，经济全球化已经极大地弱化了传统宏观经济政策的对国内经济的调控作用，产业和金融资本的流动性进一步削弱了宏观经济政策的效应。然而，国家仍然在发挥作用，尽管已出现政府偏离单一民族国家的趋势，有时它呈现出向下的分散化趋势（如在一个国家中，中央政府向地方政府放权），有时又呈现出向上集中的趋势（如欧盟），但是，政府仍然发挥着重要作用，尽管政府的角色正在发生转变。新凯恩斯主义认为，全球化对政策变化的影响是综合的，作为“第三条道路”经济学基础的新凯恩斯主义的经济政策主张，既超越旧社会民主主义偏好的凯恩斯主义需求政策和产业政策，又超越自由经济主义所强调的市场自由化和简化规制的政策。新凯恩斯主义的宏观经济政策的目标是：保持低通货膨胀，限制政府借款，促进经济增长和提高就业水平。新凯恩斯主义主张适度的国家干预，认同了新古典经济学关于“对经济过度频繁干预导致了滞胀”的观点，财政政策已经从单纯的扩大公共开支、克服经济危机发展到对经济进行深度和广度的调节，把财政政策的调控范围延伸到经济运行的内部，并强调调控的质量，以维持经济的长期发展，这种注重经济内部结构调整的主张是国家干预学说的深化。

### （三）反政府干预理论——新自由主义经济理论的产生和发展

20世纪70年代，西方国家经历了第二次世界大战后两次最深重的经济危机，整个经济长期陷入滞胀，而凯恩斯主义者却提不出有效对策，从而使他们信奉的经济思想陷入危机，走向衰落。与此同时，新自由主义的各种流派有机会汇合成一股巨大的潮流，在古典自由主义的基础上，结合凯恩斯主义理论，成为当代西方发达国家的主流，主要包括弗莱堡学派、伦敦学派、现代货币学派、理性预期学派和供给学派。

20世纪40年代末至50年代初，以弗莱堡学派代表人物艾哈德为代表的基督教民主联盟同社会民主党内的凯恩斯主义者展开了一场激烈的论战，结果是新自由主义的主张被两党接受，从此，这一学派就成为联邦德国的主流派，联邦德国的经济奇迹创造了新自由主义取得成功的范例，但是这一范例却是一个例外，因为第二次世界大战后西方其他各国都奉行凯恩斯主义。与弗莱堡学派同时代的伦敦学派形成于20世纪三四十年代，其代表人物有罗宾斯和哈耶克等人，他们坚持自由放任，反对任何形式的国家干预。1947年4月，哈耶克在瑞士沃州佩勒兰山召开会议并成立佩勒兰协会，其宗旨是一方面要反对凯恩斯国家干预主义，另一方面为建立一种自由的、不受任何约束的政治经济模式奠定理论基础。

20世纪50年代中期，在美国已经出现反凯恩斯主义的学派，即现代货币学派，其代表人物是弗里德曼，他反对国家干预经济，坚持自由放任的信条，认为市场自发力量可以使经济自然地趋向平衡，经济的动荡都是由于实行政府干预市场经济的错误的财政货币政策造成的。因此他反对凯恩斯主义用扩大政府财政支出的财政政策来消除失业，提出了所谓“自然失业率”的概念。产生于20世纪50年代末和60年代初的理性预期学派本来是现代货币学派的一个分支，其代表人物卢卡斯和巴罗等人利用20世纪70年代凯恩斯主义陷入危机的有利时期，在新古典经济学自由市场理论的基础上，运用理性预期的方法，对宏观经济理论进行了反思，对凯恩斯主义理论和政策进行了抨击，他们认为，凯恩斯主义的理论是错误的，政策是无效的，违反了西方经济学关于合乎理性的这一基本的假定。根据该假定，人们的预期是合乎理性的，在理性预期条件下，宏观经济政策总体上说根本无效。理性预期学派没有给政府在经济事务中以任何权力，认为政府可以彻底地退出对经济的干预。

新自由主义在经济全球化以前主要停留在理论上，其实践也有地域限制，主要流行于发达国家，甚至某一种新自由主义理论只流行于某一国家。在经济全球化的条件下，新自由主义的目标是建立全球秩序，但是新自由主义在实践上具有对发达国家和发展中国家实行双重标准的特点。那些接受新自由主义经济主张的发达国家由于第二次世界大战后长期推行国家干预主义并收到实效，因此实行新自由主义并不彻底。但是，发达国家在拓展其全球市场过程中却要求广大发展中国家推行新自由主义经济政策和经营模式，其主要政策主张主要为私有化、价格的自由化、资本市场自由化、紧缩的财政政策和贸易自由化。这些政策在发展中国家获得了一些成功经验，但总地来说，却都不同程度地存在问题：第一，新自由主义政策使发展中国家过分依赖外资，外资一旦撤离，经济就陷入困境；第二，新自由主义在发展中国家造成了越来越严重的财富分配不均问题；第三，新自由主义缺乏有效的公共政策；第四，从国际范围看，新自由主义无法全面促进世界经济均衡发展，非洲的贫困、亚洲的金融危机和拉丁美洲国家的经济金融动荡都是证明。新自由主义主张的核心是尽可能弱化国家的作用，主张市场对经济的绝对统治，要求发展中国家减少对经济的干预，把有关主权让渡给国际货币基金组织和世界银行等国际金融机构。由于主要的国际组织都是由发达国家控制，所以说，新自由主义貌似推行市场自由化，实质上是图谋让强国担负起组织和管理世界经济的任务，阻止弱国拥有保护自己市场的机制和手段，保证其企业对弱国的垄断。① 因此，新自由主义理论和实践虽然在经济全球化过程中得到了发展，但却不能为经济全球化进程提供理论支持，更不能得到众多发展中国家的认同。

### （四）国际财政理论研究的进展

根据张幼文等著的《世界经济一体化的历程》一书，从更广更深的意义上给世界经济一体化下的定义是，“再生产过程各阶段上国际经济障碍的消除。”② 从这个意义上说，现在所说的全球化，

① 李其庆主编：《全球化于新自由主义》，广西师范大学出版社，2003 年版。

② 张幼文等著：《世界经济一体化的历程》，学林出版社，1999 年版。

很大程度上是一种趋势，现实仍然是国际化，国家依然是经济活动的主要范围和管理者。在实现国际经济一体化之前，在开放的市场经济条件下，每个国家的财政问题都具有国际性，即市场经济中的国家财政活动通过国际经济交往与其他经济中的国家财政活动相互联系在一起所发生的相互影响及其相互协调的性质。马斯格雷夫夫妇在写于70年代，并在20世纪80年代多次再版的经典教科书《公共财政理论与实践》中指出，财政问题中，最新最有趣的问题是与国际背景有关的作用问题。这就使传统上被局限于国家财政范围内的许多问题，如财政在国际贸易、资本流动、国际组织（如联合国、世界贸易组织）、贫富国家关系等问题的应用上，变得越来越重要。

现代财政理论表明，国家财政存在的客观前提在于国民经济中的市场失灵。同样，国际财政存在的客观必然性体现在国际市场失灵上。[①]

1. 国际公共产品的提供。公共产品的受益空间有大有小：有地方受益的地方公共产品，有全国受益的国家公共产品，也有国际受益的国际公共产品。根据现代政府间财政关系理论，前两类公共产品是由国家财政，包括中央财政和地方财政来提供的（地方公共产品原则上由地方财政提供，国家公共产品则由中央财政提供），而国际公共产品唯有国际财政才能提供。

2. 国际外部效应的存在。国际外部效应，是指一国的活动可通过国际市场以外的渠道影响到另一国的福利。国际外部效应的存在会使得某个国家的一项活动所产生的一部分成本或效益转归另一个国家，这种外部成本或外部效益的存在，使得按照等价原则交换的市场机制无法解决国家间资源的有效配置，客观上要求有关国家

① 以下关于国际市场失灵和国际财政存在形式的讨论参见董勤发：《国际财政研究》，上海财经大学出版社，1997年版。

进行合作，以解决这种市场失灵问题。

3. 国际垄断的存在。一个国家或国家集团或许拥有足够强大的市场力量，把某些商品的价格进行人为的哄抬或压低。这种国际垄断的存在，破坏了国际市场机制的有效调节，只得求助于外部力量，以此来弥补国际市场的缺陷。显然，这种外部力量只能来自于国际性干预。

4. 国际经济的相互依赖。在国际经济相互依赖的条件下，各国中央政府的宏观稳定政策已不可能如同在封闭经济中那样，其政策的成本和效益可完全内部化。恰恰相反，在一个相互依存的世界中，一国政策调整的部分效益和成本将扩散到其他国家中去，因此，一国的宏观稳定政策有待其他国家的合作。

国际财政作为一种弥补国际市场失灵的特殊的国家干预手段而存在，与国家财政所面临的问题虽有颇多雷同，但它的范围不再局限于单个国家的主权管辖范围之内，而是涉及多个国家的财政收入与支出。显然，国际财政和国家财政是有区别的，表现在涉及的范围之广与所需的国际政策协调的性质上，它需要各国间的相互谅解与合作。

从当前的国际财政运行的情况来看，国际财政存在的形式究竟如何呢？是采取多国财政合作还是靠超国家的财政干预呢？回答是十分明确的，当然是前者。从历史上看，第二次世界大战结束以来，国际上曾酝酿着一种谋求实现世界政治经济一体化的思潮，企图建立一个超国家的有效的全球性的权力机构统筹世界经济，协调一体化下的国家关系，其中，包括对国际经济的干预。这种机构起作用的前提是各国之间要做出更大的主权让渡，把国家的一些重要职能让给国际机构，但是由于各国强调国家主权的传统观念根深蒂固，各国依然坚持自身的权益，不肯放弃独立自主的方针政策，因而这种理想远未能够实现，那种超国家财政干预也只好成为泡影。虽然第二次世界大战后出现了联合国等一系列国际组织，但其权力和真正有效的世界权力机构所应有的相距甚远，这些国际机构充其量不过是对各项国际事务（包括国际经济事务）在各国间进行一定程度的协调。既然没有一个真正有效的世界权力机构，就不可能有一个制定、颁布和执行国际课税和支出方案的国际财政当局，更不可能形成一个有效的世界范围的全球财政制度。

一直以来，财政仍然作为以国家或政府为主体的分配关系，它的出现总是以权力机构的存在为前提，因此，国际财政只能采取多国财政协作的存在形式。国际上多国财政的合作若按其合作程度由低到高加以排列，则前后次序大体上为财政协调、财政同盟和财政一体化。这三种多国财政合作形式既有联系又有区别。财政协调强调财政合作的自愿性，是国际上多国财政合作的最一般的形式，现有的各种国际税收协定就属于财政协调这种形式；财政同盟则强调财政合作的强制性，是区域性经济组织中所采取的财政合作形式，如欧洲经济共同体内部废除关税、统一增值税就是这种形式；财政一体化是最高级的财政合作形式，在这种财政合作形式下，各国财政政策目标的制定和手段的管理都是共同体当局的事务，并要求各成员国统一财政制度，这当然是一种理想的财政合作形式，实际上就是超国家财政干预。然而，只要在以后的国际政治格局中存在国家主权，完全的国际财政一体化就只能是纸上谈兵。

在国际上，马斯格雷夫较早地认识到国际财政的重要性，在国际税收协调方面，他认为，每个国家都必须解决如何向本国居民的国外收入和外国人在本国的所得进行征税的问题，必须解决如何向进出口产品课征产品税和营业税的问题。这些决定，通常与其他国家相联系，国际税收协定是协调这些事件的途径之一。他还结合关税与贸易总协定、共同市场政策以及进出口情况，对开放经济中国际间的稳定作用问题做了分析，并对开放经济中财政政策与货币政策的组合问题进行了探讨。

罗森在他的《财政学》中也提到了国际公共产品以及国际层次上的外溢性、垄断和收入分配等问题，但由于没有“世界范围的政府”的存在而停止了进一步的讨论。

托洛维斯基在其《国际宏观经济动态学》中认为，人们早就意识到一个国家中政府政策具有向国外的扩散效应。乔安·罗宾逊（1937）引入“以邻为壑”的政策这一概念说明国家间进行的博弈，它是指每个国家以其他国家的利益为代价，试图去增加就业。一项旨在增加一个国家就业的政策，通过改善其自身的贸易收支，反而恶化了其贸易伙伴的贸易收支，引致了国外经济的紧缩。罗宾逊确认了几种贸易收支的这一类改善可能获得的方法，如外汇贬值、工资削减、出口补贴以及运用关税与配额工具对进口实施限制。罗宾逊还认识到由贸易伙伴采取的策略性行为的作用以及对不利的行为作出反应的报复性行动的潜力。由罗宾逊所确认的四类政策中，关税受到最大的关注，这导致了关于最优关税政策与商业政策的大量广泛的文献。经济大得足以影响其贸易条件——通过关税的适宜选择从而使该经济利用其垄断能力实现利益最大化的事实，已被广泛地认识到。但是，几乎所有的这种文献都被确定在传统的纯贸易模型的框架内，而非在一个跨期的宏观经济框架内。宏观经济政策效应也会产生国际扩散，其扩散的两个领域已经被广泛地讨论，第一个是货币政策协调与汇率体制选择的领域，第二个是在策略性方面受到关注的财政政策领域。对第二个领域的分析典型地立足于跨期效用最大化（有时只有一个或两个时期），并且从精神实质上接近于已发展的方法。如关税、财政工具可产生相对的价格效应—或跨期，或暂时的——产生了向国外的扩散。每个国家中的政策制定者可以寻求利用这些财政工具优势，来为自己谋求利益。哈马达（1966）以及弗尔德斯汀和哈特曼（1979）的早期工作是在一个简单的静态外国投资模型中检查策略性税收政策的。托洛维斯基（1988）在一个静态的两商品实际贸易模型中检查了策略性政府（消费）的支出。戴维瑞克（1981）应用一个动态模型进行了同一类型的分析。该模型在利用对数型效用函数的条件下，保留静态分析的许多特征。哈马达（1986）在一个两时期、单一商品框架中考虑最优策略性支出政策。库奥（Kehoe，1987）及查瑞和库奥（Chari and Kehoe，1990）检查了随着世界中经济实体数目的增加，合作与非合作财政政策之间的差异。古什（Ghosh，1991）在一个世代交叠模型中强调了税收是扭曲性的这一问题。布特和克莱热（1991）在一个税收是非扭曲的世代交叠模型中探究了合作的收益。最后，列维与布洛希勒把动态博弈论应用于欧洲货币联盟中的财政政策协调问题。

在《国际宏观经济动态学》的第八章，托洛维斯基运用一个两国模型，采用博弈论的基本方法，讨论了政策制定中的一些策略及其所产生的扩散效应，认为各类不同类型的政府支出会产生不同类别的外部性，包括国内与国外，它们将引发不同的策略性行为。托洛维斯基还特意强调，讨论财政政策策略问题时，假设每个国家的政策决策者的目标都是为本国谋求福利最大化，博弈的起点是非合作的，在制定他们各自的决策中，其外国竞争对手，即外国政策制定者的行动给定。在此假设的基础上，讨论政府的支出形式（消费或生产）和融资形式（税收政策）时，国家间策略性交互作用有两个特别重要的特点。第一，采用存在资本积累的一个跨期最大化宏观经济框架，扩散集中于跨国性储蓄与投资的配置，以及它们对经济的相对净资产头寸的含义。第二，我们揭示国家进行策略性互动的方式主要依存于可贸易资产的国际化配置，这反过来决定跨国的收益与损失配置。因此，关于合作收益的结论对政府支出的性质及每种形式的支出所产生的外部性十分敏感。每一个政策制定者寻求利用其给外国产生的外部性，都会导致政府支出的非帕累托最优的纳什均衡。作为对非合作行为的一种替代，托洛维斯基假设在两个经济中，政策制定者进行合作，以便最大化他们共同的福利。这样一种均衡是帕累托最优的，并且这里令人感兴趣的问题是非合作行为偏离帕累托最优的程度。①

综上所述，国内外对国际财政问题的研究早已不再局限于马斯格雷夫的国际税收协调问题，国际财政论的发展拓宽了财政学的研究范围。随着经济全球化趋势的加速，针对国际经济问题的财政对策将成为新时期必须解决的重要问题。这种研究范围的拓宽，使得财政理论在指导实践方面更为有效。中国改革开放30年来的经济发展，为中国财政理论的形成、发展和创新提出了挑战，中国财政理论的创新必须立足于国际经济，要靠研究和发展新的国际经济环境下的财政理论来解决问题，国际财政概念的提出以及国际财政研究方面的新观点会对中国新时期财政理论的形成和发展带来重要影响。

## 二、经济全球化和区域经济一体化理论的发展

20世纪60年代以后出现的跨国公司活动和国际贸易的迅速增长增加了跨国经济互动与资源流动量，使民族国家之间的经济关系以及国家之间的关系发生了质变，进而增加了一个国家通过调整财政政策、货币政策来调整国内经济进而影响国际经济关系的复杂性。国家之间经济关系的重要纽带之一——国际贸易的内涵在新的背景下具有两层含义，一是与一体化成员国的贸易（没有关税壁垒，但存在政治、国家界限）；二是与一体化集团以外的贸易（既有经济壁垒，又有政治、国家界限）。这种变化涉及国内税收、关税、产业结构调整等问题。另外，各种层次的经济

① 以上两段讨论参见［美］斯蒂芬·J. 托洛维斯基：《国际宏观经济动态学》，上海财经大学出版社，2002年版。

一体化运动使我们有可能去追求类似“世界效率”的目标。例如，二次世界大战后出现的小范围的区域性经济一体化组织和绝大部分国家参与的世界贸易组织的建立，使得类似“世界效率”和“区域效率”成为经济共同体的现实目标，对一国财政涉外关系的研究开始演变为对国际间相互财政关系的研究，即从一国的角度研究它与其他国家的财政关系，演变为从国际观点研究各国相互之间的财政关系。然而，在今后相当长的时期内，只要在国际政治格局中存在国家主权，在国际经济关系中就必然存在国家利益，我们仍然生活在一个与别国经济利益存在着矛盾甚至冲突的主权国家里，从全部博弈收益方面来看，既有可能是正和博弈，也有可能是零和博弈和负和博弈。于是，以市场经济体制下经济利益最大化的“世界效率”之类的目标一般不可能为各自拥有自身权益的主权国家所追求，只能谋求实现最高的“国家效率”。层出不穷的各种类型的国际区域经济合作组织也促使经济全球化理论和实践不断发展。

### （一）经济全球化理论

系统的经济全球化理论的大量文献是在近三十年来不断高涨的经济全球化和国际区域经济一体化的浪潮中出现的，主要是系统地论述财政、货币等方面政策一体化对国家经济和全球经济的影响。现在，虽然经济全球化已成为全世界各国的通用之词，但至今有关它的精确定义，仍然是见仁见智，归纳起来，主要有四种即新马克思学派或称“新左派”、新自由派、怀疑全球化派和转型学派（洪朝辉，2000）。

因此，经济全球化实际上是各个学派都认同或感受到的一种巨大的威力和必然趋势，是世界范围内市场经济发展到一定程度的必然结果，它是以经济的市场化、贸易的自由化、生产和投资的跨国化为基础的，由市场力量所推动的、超越民族国家和地区界限的全球经济的发展态势。经济全球化可以定义为跨区域的贸易、资本、信息、市场、企业和人口的扩展过程，对地球所有区域的民众和社区都存在相当的广度、强度和速度的影响。这一扩展过程的最主要表现是同类国家在限定区域内的区域经济一体化以及基于开放理论在贸易层面和宏观政策层面所进行的不同国家或区域集团在不同地域间进行的广泛的交流与协作。

全球化的概念和理论出现时间虽然较长，但直到20世纪90年代才是真正意义上的全球化时代。之所以这样讲，是因为全球化进程在20世纪90年代发生了质的变化，这种质的变化不仅体现在信息技术的变革推动的经济活动领域、活动主体快速增长的全球社会领域，以及信息快速传播、文化相互交织的文化领域中，更体现在全球制度化建设中。冷战结束后，市场在全球取得合法性，为资本的全球扩张提供了制度基础，而世界贸易组织、国际货币基金组织、世界银行、联合国等机构的改革和调整，使全球规则的形成获得了更强大的制度支持。墨西哥金融危机，尤其是1997年亚洲金融危机的爆发全面暴露了全球化本身的弱点以及潜在的破坏力，使人们更全面地认识到全球化的两面性以及各种社会制度的相互协调、相互支持在解决全球化、全球性灾难问题上的必要性和迫切性，这直接促成了20世纪90年代全球化理论的多样性和复杂性。

### （二）区域经济一体化理论

说到经济全球化时，经常使人联想到区域经济一体化或国际经济一体化，但必须注意到二者的差别，经济全球化表述的是各国经济相互联系和相互依赖的状态，主要属于经济层面上的问题；区域经济一体化或国际经济一体化则是表述全部或部分国家通过建立具有法律约束力和统一制度为基础的权威性的国际组织机构，来统筹经济运行，它更多属于制度和法律层面上的问题。区域经济一体化理论核心是关税同盟理论，是随瓦伊纳的开拓性研究（Viner,

1950）的发表而开始成型的。关税同盟的主要特征，一是对从成员国的进口免征关税；二是对从世界其余地区的进口征收共同对外关税；三是根据一致同意的准则分配关税收入。关税同盟理论对资源配置、成员国福利、整个集团乃至世界的影响主要体现在对以下因素的影响上：（1）资源配置和国际生产专业化；（2）规模经济的开发利用；（3）贸易条件；（4）要素生产率；（5）利润率；（6）经济增长率；（7）收入分配。①

瓦伊纳的研究为全球化理论奠定了基础，关税同盟理论只是经济全球化理论的一个组成部分，根据区域经济一体化的传统理论，要实现区域经济一体化的发展目标，通常必须经历一个渐进的、由低级到高级的发展过程，特定的一体化组织大致可分为六种类型，依次是优惠贸易协定、自由贸易区、关税同盟、共同市场、货币同盟和经济联盟，欧盟是传统的地区经济一体化发展水平最高的一个组织。

### （三）新地区主义

20 世纪 90 年代，在传统的区域经济一体化和新自由主义经济全球化迅猛发展的同时，新地区主义作为应对全球化挑战的战略而大受主权国家的推崇，逐渐成为一股同全球化并行发展的世界潮流。

新地区主义是国家面对经济全球化采取的一种积极反应和策略，体现了国际经济和国际政治的互动，在一定程度上是以超越民族主义的形式出现的。地区融合进程体现了一种民族国家主权的转移，但这并不意味着民族国家会丧失国家主权，而是将转移出来的主权赋予在一个地区形成的组织或共同体来行使，这个组织或共同

① 本段内容参见 Peter Robson，戴炳然等译：《国际一体化经济学》，上海译文出版社，2001 年版。

体就拥有超越民族国家性质的权力。这种结果就使得各国共享主权，民族国家活动空间扩大了。

新地区主义是相对于旧地区主义或传统的地区主义来讲的，一个最明显的特点就是开放性。它不仅强调在发达国家之间或发展中国家之间的一种合作与联合，而且还强调在发达国家与发展中国家之间的协调。此外，新地区主义也强调地区与地区之间、区域内外之间的合作，并且对一些非国家行为体的作用和地位予以认可。新地区主义的发展已经将贸易投资自由化与发展中国家的发展问题联系起来，发达国家希望更多地获得发展中国家的市场，把发展中国家特别是其中的新兴市场纳入到发达国家主导的世界体系之中；发展中国家则试图与发达国家结合在一起，利用发达国家的资金和技术，促进国内政治经济的改革和发展。新地区主义使得各国不仅可以参与区域内的经济合作，还可以参与世界范围内的经贸合作，使占世界大多数的中小发展中国家的力量能够通过地区组织和制度化的合作与联合发挥出来，以国家联合的形式形成了国际关系中新的力量来源或权力中心，限制传统大国不顾中小国家利益主宰国际政治、经济事务的局面，有利于国际社会多极化的发展。①

综上所述，经济全球化和区域经济一体化的理论和实践表明，随着经济全球化和区域经济一体化的发展，一国的财政政策的影响，不再仅仅局限于国内，而且还会影响到其他国家。实行扩张性财政政策的国家，由于进口需求的增加，会对出口国产生影响，可能对出口国有利，也可能不利。实行紧缩性的财政政策的国家，也会产生类似的结果。因此，一国财政政策的制定，必须考虑到该项政策对他国的影响，而且还要虑及他国可能作出的反应。如一国只着眼于自身的利益而采取某一项政策的效果，可能会因有关国家采

① 肖承锋："从新地区主义视角看中国多边外交战略"，《国际问题论坛》，2004年第1期。

取相应措施而抵消。因此，国家积极参与区域经济一体化的目的主要有两个：一是希望通过与本地区其他国家的联合以减轻过快的经济全球化带来的消极影响；二是借助区域集团，提高自己的实力，并从经济全球化中获得更大份额的利益。参与区域经济一体化国家调控政策的特点：一是每个参与其中的国家，宏观调控政策的对象是单个国家无法单独解决的区域性或者全球性问题，需要相关主体的合作。二是调控的主体是多元的。通常包括民族国家、政府间国际组织、非政府组织以及个人，这些不同主体在问题的确认、解决和评价上承担着不同的功能，在很大程度上是互补的。特别值得注意的是，国际组织的数量不断增加，作用和涉及的范围不断扩张，在全球或区域经济调控的制度化建设中的作用越来越突出。三是调控并不是单一层次的，而是多层次的，它主要包括四个层次：次国家层次、国家层次、区域层次和全球层次。这些层次并不是相互独立的，而是相互连接、互相促进的。在这样一个开放的背景下，作为国家参与经济活动、调控经济运行的主要手段之一的财政政策以及相应的财政理论研究取得了重要的进展。

## 三、开放条件下财政政策与货币政策模型及宏观调控政策的外溢性

如果把凯恩斯主义仅仅局限于凯恩斯的经济学，无疑是过于狭窄了，因为所谓的凯恩斯主义经济学，包括诸如希克斯、汉森、克莱因、萨缪尔森和其他倡导新经济学的经济学家们多年的著述和阐释，还包括其他经济学派对凯恩斯主义政策主张的改良。其中，希克斯 IS－LM 分析的观点已被广泛接受和承认，成为凯恩斯主义经济学的本质组成部分。这个模型很容易同总供给和总需求分析相协

调，从而能够将实际量值和名义量值统一起来。同时，将这种分析拓展到开放经济的简单一步——从而弥补凯恩斯《就业、货币与利息通论》的一个主要缺陷——也拓展了政策含义的范围。另外，在适应性预期形成的影响下，长期和短期之分允许导出短期和长期总供给曲线，进而使自然失业率概念与短期干预政策的理论基础协调一致。图 1－1 概括了充分就业均衡状态下的这种宏观经济观点，给出了充分就业（自然）产出水平下的 IS－LM 均衡（对应于价格水平 P）和 EB（外部平衡）。外部均衡不仅与预算平衡（税收等于政府支出）相适应，而且也与自然产出水平（用垂直的长期总供给曲线表示）条件下的短期总供给和短期总需求均衡相适应。这样，就不会存在诸如实际的、名义的、预算的或金融的力量来干扰这种均衡。

在经济全球化和区域经济一体化理论发展的同时，开放条件下的宏观调控政策研究也以此为基础迅速发展起来，以市场共性为基础的资源配置机制的国内外相互连接是市场经济开放性的集中表现。从经济史角度来看，开放经济是市场经济发展的必然结果，因为国内市场的局限性要求世界市场的形成，而世界市场对资源配置的有效性又决定了开放的发展。因此，随着经济全球化和区域经济一体化理论和实践的不断深化，开放条件下的宏观调控政策的研究也取得了重要的进展。诺贝尔经济学得主罗伯特·蒙代尔在 1963 年开始的一系列论文中开创了开放经济的货币政策和财政政策（所谓稳定政策）分析，蒙代尔－弗莱明模型将对外贸易和资本流动引入封闭经济的 IS－LM 模型，从而证明了稳定政策的效果取决于国际资本流动的程度。特别是，蒙代尔证明了汇率制度深远的重要性：在浮动汇率下，货币政策强而有力，财政政策无能为力；而在固定汇率下，两个政策的效果恰好相反。

图 1－1　凯恩斯主义的观点

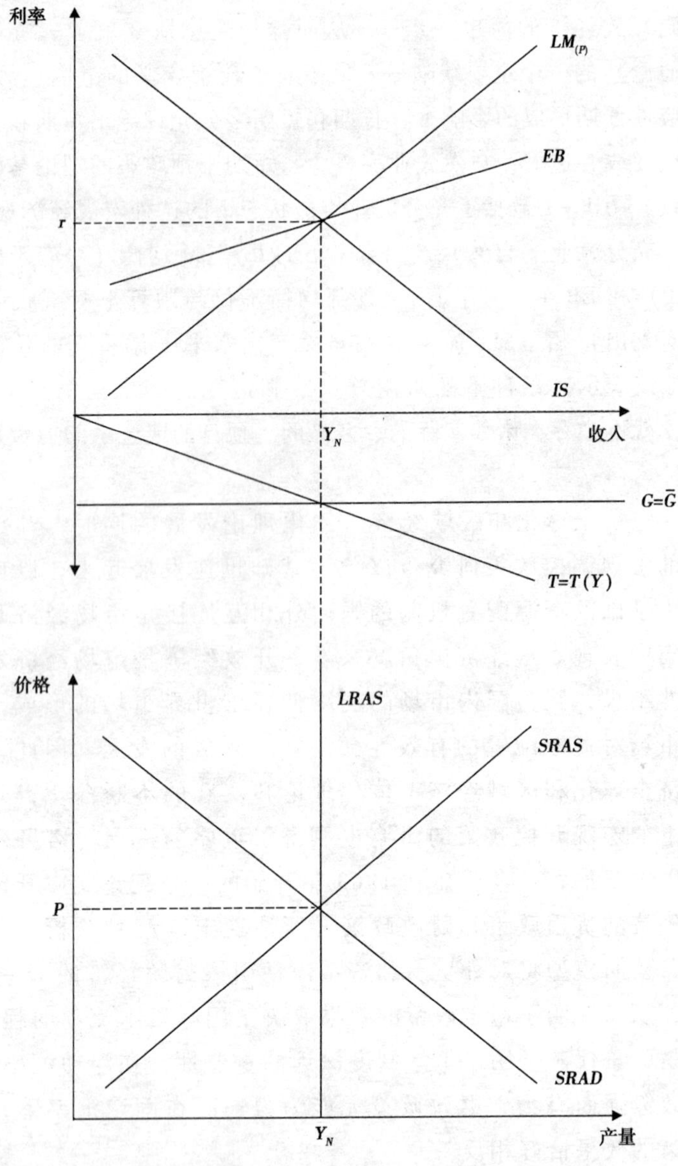

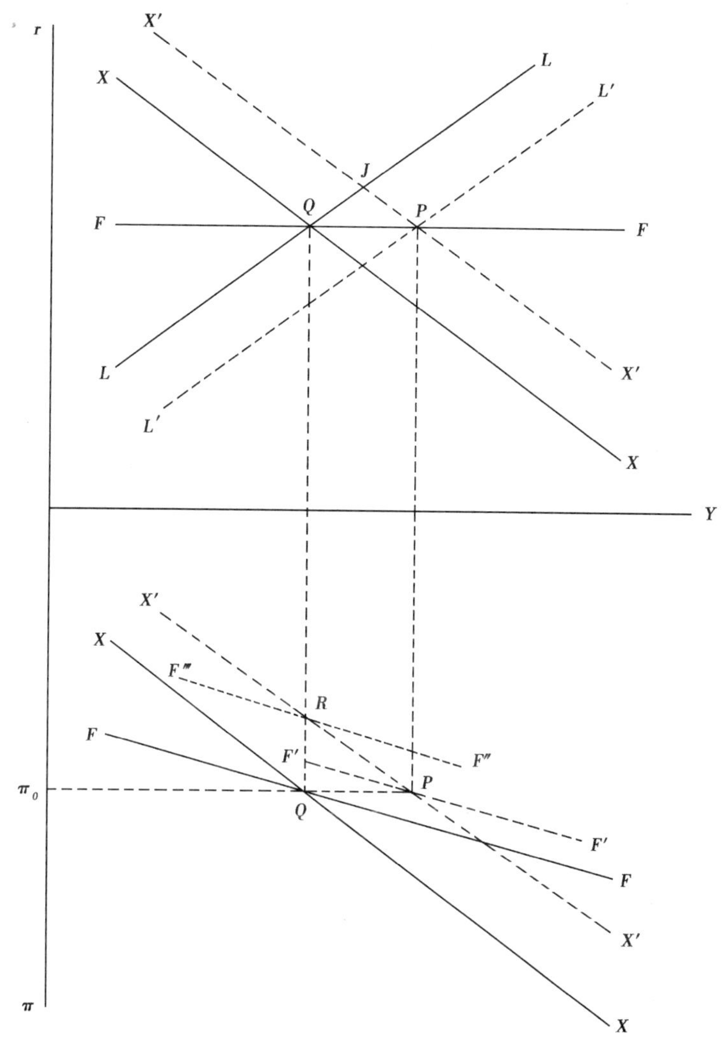


图 1－2　蒙代尔—弗莱明模型的财政政策效果①

① 《国际宏观经济模型》，见蒙代尔：《蒙代尔经济学文集》第三卷，中国金融出版社，2003 年版。

图 1－2 上半部分，$XX$ 描述利率和收入的关系（给定汇率）。沿着 $XX$，商品市场没有过度需求（内部平衡），$LL$ 描述货币市场的类似关系，$FF$ 描述由世界利率水平所主导的外部条件。同理，在图 1－2 的下半部分，$XX$ 描述内部平衡，$FF$ 描述外部平衡，二者都是收入和汇率的函数。上半部分的内部平衡线只适用于给定汇率的情况，即下半部分中的 $\pi_0$ 所表示的汇率，而下半部分的外部平衡线只适用于资本流动的初始水平。政府支出增加将上下两部分的 $XX$ 移动到 $X'X'$，因汇率固定在 $\pi_0$，所以收入和货币需求将增加。利率有上升趋势，资本流入，国际收支改善，货币供应量增加，$L'L'$ 成为新的货币市场线。经过这个瞬间的“存量调整”过程之后，外部资本流入足以使 $F'F'$ 成为新的外部平衡线，均衡点都是 $P$。但是，若汇率浮动，货币供应量则保持不变。政府支出增加给利率以上升的压力，汇率升值。$FF$ 移动到 $F'F'$，$R$ 成为新的均衡点，在 $R$ 点外汇价格降低，但产出和就业没有变化。

蒙代尔发展出的动态模型，阐明了长期的国际收支不平衡是如何产生的以及应当如何消除。这种国际收支货币方法被认为是分析开放经济稳定政策最基本的长期模型，从该分析方法所得出的许多真知灼见经常被人们，尤其是被国际货币基金组织的经济学家用于制定实际的经济政策。

在蒙代尔的开拓性贡献之前，稳定政策理论不仅是静态的，而且是假定国家的经济政策由一个机构统一协调和集中实施。相反，蒙代尔用一个简单的动态模型，深入探讨了两个政策工具—货币政策和财政政策—应当如何针对两个政策目标，即外部平衡和内部平衡，才能使经济逐步向两个政策目标靠拢。这意味着两个不同的政策当局——政府和中央银行——应当各自为自己的稳定政策工具负责。蒙代尔的结论直截了当，一目了然：要防止经济陷入不稳定，政策工具和目标的结合必须取决于工具对目标的相对效率。

政策工具和政策目标的最优动态配置可以通过稳定性分析来决

定，从而得出有效市场分类原理，即调节政策工具必须分配给它能够最直接发生效力的政策目标。在第二次世界大战以后建立的国际货币体系下，两个储备资产中心（美国和英国）通过公开市场等量买进或卖出政府债券，是冲销了储备资产的自动调节效果。实际上，冲销干预把调节负担转移给了世界其他地区。

同样，政策失败通常源于政策工具的不合适，或者政策目标太多和无法实现。货币政策在固定汇率下对刺激经济毫无效果，在浮动汇率下则效果显著；财政政策在固定汇率下对刺激经济效果显著，在浮动汇率下则效果甚微或毫无效果。实际情况是，在固定汇率下货币政策的效果并没有完全丧失，相反，货币政策效果传递到国外；在浮动汇率下（以及资本完全流动）财政政策效果也并没有完全丧失，而是传递到世界其他地区。

蒙代尔—弗莱明模型提供了开放条件下宏观经济政策崭新的思维方式，属于国际化的 IS－LM 模型，蒙代尔发现，该模型应用最好的三个国家是世界上最大的三个经济体：美国、日本和德国，它们拥有强大的货币。这绝非偶然，三国不仅是世界上最大的三个经济体系，而且是最富裕的三个经济体系，拥有发达的资本市场。它们实施财政扩张时的各种条件，都能够保持货币紧缩。很少有发展中国家适合同样的结论，原因之一是发展中国家实施财政扩张政策时，通常都伴随着银根放松和外部投机资本对本国货币的冲击情况的发生。对许多发展中国家来说，货币政策和财政政策没有多大区别，原因是：首先，这些国家没有以本国货币交易的发达资本市场；其次，紧跟财政赤字之后，很快就出现货币扩张。所以，蒙代尔说："我个人不用蒙代尔—弗莱明式的国家宏观经济模型来分析发展中国家的经济问题，我希望我的学生们也不要这样做。"①

① 《国际宏观经济模型》、《一般货币与宏观经济理论》，见《蒙代尔经济学文集》第二卷和第三卷，中国金融出版社，2003 年版。

蒙代尔的学生多恩布什在论文《汇率经济学》（1986）（Exchange Rate Economics：1986）中扩展了蒙代尔—弗莱明模型，分析了美元在20世纪80年代的波动，其在模型中直接融入了财政赤字变量，主要是考虑财政政策变动对美元汇率的影响。多恩布什的模型说明了过渡期的财政扩张会导致汇率升值，因此，政府支出和税收的持续变动将导致实际汇率的持续变动，这种扩展分析提供了80年代美元变动的一种解释。弗兰克尔和雷兹恩在他们的模型中融入了蒙代尔—弗莱明模型产生以来最主要的扩展，形成了一个综合的宏观经济分析框架，他们的分析主要集中在三个方面：一是宏观经济政策的短期和长期效果；二是政府预算通过债务和税收融资的政策含义；三是汇率制度在这方面的作用。他们认为："20世纪80年代，世界经济经历了财政政策巨大且不协调的变化，实际利率大幅度且频繁变动，实际汇率波幅很大以及私人部门支出的明显变动。在此期间，各国的财政政策各行其道。美国采取了扩张性财政政策，而其他国家实行的是相对紧缩的政策。主要国家采取的这些政策通过一体化的商品市场和资本市场影响着其他国家，从而使各国越来越关注其他国家所采取的政策措施。"① 到了20世纪90年代，七个最大的工业化国家作出很大努力，调整其支出和税收政策，使之更加合理，这些变化中的很多变化，其影响超出了本国范围。弗兰克尔和雷兹恩在他们的著作中建立财政政策的国际效应模型，特别注意了实际汇率、短期和长期利率、经常项目调整及外债规模在国际传导机制中的作用。在财政政策对相互依赖的世界经济的影响方面，巴特里尼、雷兹恩和西曼斯基回顾了1990年依赖七国集团国家采取的主要财政措施，集中考察了四种财政工具，即间接税、劳动税、资本税及政府支出（包括转移支付），评价了这些

① 弗兰克尔和雷兹恩，郭庆旺、刘茜译：《世界宏观经济学：全球一体化下的财政政策与经济增长》，经济科学出版社，2005年版。

措施的宏观经济影响。总的情况是，财政调整最初导致产出下降，但随后是经济复苏。从比较长的时期来看，财政政策工具选择的不同会带来明显不同的影响，而且财政政策的出台时间起关键作用。

## 四、国际经济协作背景下的中国财政理论研究以及公共财政政策框架

1978 年以来，伴随着中国的改革开放，中国的财政政策实践和理论是一个不断变革，并在量变的积累之后产生一定质变的过程，这一进程可分为三个阶段：第一阶段是 1997 年亚洲金融危机之前，中国的财政政策主要是针对国内经济运行中出现的问题以及财政自身的理论、制度建设等；1997 年爆发的亚洲金融危机，中国作为一个区域性的大国在亚洲经济稳定中的作用被显示出来，中国开始实施积极的财政政策来应对亚洲金融危机和美国 9·11 恐怖袭击给经济带来的不利影响，可以说是中国财政政策发展的第二阶段，理论界开始就建立公共财政框架问题展开讨论，中国财政的公共化进程有了质的飞跃；第三阶段是加入世界贸易组织之后，特别是 2003 年以来，中国面临着人民币升值的压力，成为世界经济舞台上令人瞩目的焦点，中国财政政策和理论的研究开始具有了全球视野。

### （一）改革开放以来的实践使财政理论的创新进入崭新的阶段

从党的十一届三中全会到十四大前，全国上下在对社会主义再认识的基础上，形成了建设有中国特色的社会主义理论的轮廓。全国财政理论研究也结合财政改革与发展的实际，发挥和发展了一系列财经科学理论观点。包括：关于中国社会已经是社会主义社会，但又正处于不发达的社会主义初级阶段的观点；关于社会主义的根本任务，是始终坚持以经济建设为中心，不断解放和发展社会生产

力的观点；关于财政体制改革必须始终坚持财权与事权相适应，集中与分散相适应，效率与公平相结合，调动各方面积极性的观点；以及脱离国情、超越国力、违背规律、急于求成、大起大落，是中国经济工作最重要的教训的观点等等。所有这些理论观点，为经济体制和财政的改革提供了理论上的依据和支持。

为适应社会主义市场经济的发展要求，中国政府从 1994 年 1 月 1 日起实行分税制管理体制，并建立了政府间财政转移支付制度，重点是实施税收返还和均等性转移支付。1995 ~ 1997 年的三年间，财政收入增加 3433 亿元，明显增强了政府的宏观调控能力。特别是为抑制 1994 年开始的新一轮经济过热，在运用财政政策、货币政策等宏观调控措施的过程中，注重运用市场经济手段，从市场经济的基本原则出发，通过经济政策和体制改革等措施进行宏观调控，这次宏观调控本身就是政府管理经济方式的重大变革，具有非常重要的现实意义，成为政府通过改革促进发展，达到宏观调控目标的成功范例，实现了经济的“软着陆”，为抵御后来的亚洲金融危机的冲击奠定了扎实的基础。

1997 年 9 月，在党的第十五次全国代表大会上，江泽民作了《高举邓小平理论伟大旗帜，把建设有中国特色社会主义事业全面推向二十一世纪》的报告。报告明确指出：集中财力，振兴国家财政，是保证经济社会各项事业发展的重要条件。要正确处理国家、企业、个人之间和中央与地方之间的分配关系，逐步提高财政收入占国民生产总值的比重和中央财政收入占全国财政收入的比重，并适应所有制结构变化和政府职能转变，调整财政收支结构，建立稳固、平衡的国家财政。

### （二）积极的财政政策丰富了中国开放条件下的财政理论实践与研究

1997 年 7 月，亚洲金融危机首先在泰国爆发，并很快波及东南亚各地。由于亚洲国家和地区是中国的主要贸易和投资伙伴，随着亚洲金融危机的蔓延，这些国家的经济动荡对中国外贸发展和外资流入造成了极大的冲击。在这种国际经济环境急剧变化和国内市场约束的经济形势下，中国经济发展面临着严峻考验。政府针对国内经济运行中出现的有效需求不足和通货紧缩等新问题，从1998年开始实施积极的财政政策。在实施积极财政政策的7年间，采取的积极财政政策措施有：第一，是增发长期建设国债，加强基础设施建设。1998～2004年共发行长期建设国债9100亿元，安排国债项目资金8643亿元，投向农业、交通、城市基础设施等领域，并逐步增加了西部开发、重点行业技术改造、生态环境建设等领域，注重城乡、区域、经济社会等协调发展。第二，调整税收政策，增强税收调控功能。结合加入世界贸易组织的谈判，以及出于鼓励投资、支持引进国外先进技术设备的需要，将关税总水平逐年下调。为刺激居民消费，对居民储蓄存款利息恢复征收个人所得税，并从1998年起分8次提高出口退税率。2004年又对出口退税机制进行了改革。第三，调整收入分配政策，结合非税收入政策，培育和扩大消费需求。全国财政社会保障经费支出的比重从1998年的7.2%提高到2004年的12.4%，有效地发挥了社会保障的自动稳定器作用。收入分配政策的调整、实施，进一步增强了居民的消费能力，有效地拉动了内需。第四，完善财政管理体制，加大对中西部地区转移支付的力度，中央财政通过加大对地方转移支付的力度，大大增强了地方特别是中西部地区的财政保障能力，有力地促进了区域和城乡的协调发展。

从所采取的积极财政政策措施可以看出，通过7年的积极财政政策的实践，运用财政政策进行宏观调控的理论也得到充实。一是政策选择正确。针对经济运行中出现的需求不足、经济乏力的特殊形势，及时实行扩张型的财政政策，立足于快速启动经济。二是政策取向合理。积极财政政策的着力点既注重总量扩张又着眼结构调整，使短期的政策效应与中长期政策效应有机地结合起来。三是政策配合协调，注重与货币政策的双向协调，在资金筹集上，定向向国有商业银行发行国债；在资金运用上，注重财政投资与银行信贷资金在基础设施建设上的密切配合等等。

### （三）“和平崛起”战略要求财政政策必须具有全球视野

在2003年10月举行的论坛会议上，温家宝总理使用了“亚洲崛起”的提法。2003年底温家宝总理在哈佛大学发表演讲时提出了“和平崛起”的思路，而且阐述了“和而不同”的理念，他反复强调，“中国的发展和崛起是和平的崛起，我们要走一条和一些大国不一样的道路，这条道路就是和平崛起的道路。”2004年10月，中国首次参加西方七国财政部长和中央银行行长会议进行非正式对话，这是中国介入世界经济事务的一个新动作，是中国和平崛起迈出的新步伐。在“和平崛起”战略指导下，中国将用自己的行为方式积极参与国际多边合作，通过发挥建设性的作用，努力使国际游戏规则的制定、修改和执行趋于公正、公平和均衡，并以自身的实际地位和实际利益为基础和前提，承担中国的大国责任和国际义务。正如前中国财政部长金人庆所言，中国的经济发展得到了包括西方最发达的七国在内的全世界的重视，没有中国的参与，世界的很多宏观经济政策就可能很难决策，即使做出了决策，也很难实施。因此，国际经济协作背景下的财政政策作为“和平崛起”战略的重要组成部分必须具有全球视野。

2005年，在联合国成立60周年纪念大会上，胡锦涛主席提出了“和谐世界”的新理念。2005年10月胡锦涛在第七届二十国集团财政部长和中央银行行长会议开幕式上的讲话《加强全球合作，促进共同发展》中明确提出，在经济政策合作领域“要加强各国宏观经济政策的对话和协调。现在，各国经济的相互联系、相互依存日益紧密，各国特别是主要经济体的经济状况对世界经济发展会产生深刻影响，世界经济状况也会对各国经济发展产生重要作用。世界各国特别是主要经济体，不仅要采取负责任的经济政策，进行必要的经济结构调整，维护主要储备货币汇率的相对稳定，防止贸易保护主义，而且要加强宏观经济政策的对话，特别是要加强在一些涉及世界经济发展全局和各国共同利益的重大问题上的协调，以共同促进世界经济平衡有序发展。”“和谐世界”源于中华文化的深厚积淀，是中国“和平崛起”战略目标的明确表述。

财政政策方面，要充分发挥财政政策在保持经济增长、促进结构调整和体制改革方面的独特功能。在扩大居民消费需求、加大“三农”支持力度等方面发挥财政的收入分配功能，调节投资与消费的比例关系。第一，继续解决发展不平衡的问题。具体说来有城乡差距问题、区域差距问题、贫富差距问题。中央关于“十一五”规划的建议，在解决发展不平衡问题上，明确提出了要更加注重社会公平，推进农村发展的新对策。第二，继续扩大就业。到2005年底，中国的劳动力总数已经超过7.7亿人，要为7.7亿人提供就业机会确实是“世界性难题”，所以，千方百计扩大就业和再就业是各级政府的重要任务。第三，社会保障问题，城镇职工的养老、基本医疗、住房以及农村最低生活保障的实验等，都会成为“十一五”期间的重头任务，并需要在2006年完善或打好基础。第四，协调社会各阶层、各利益群体之间的矛盾和关系。

# 第二章　国际经济协作是各国参与全球经济博弈的最优策略

从财政学理论的发展过程来看，无论是财政学创立阶段的国家干预主义，还是后来的凯恩斯理论和蒙代尔的开放条件下的宏观经济模型，都是对经济发展新形势的高度概括，国际经济协作趋势和经济全球化理论的不断发展必然会拓宽财政学研究的领域。

现代意义上的经济全球化治理问题以及由此带来的全球化理论的发展，实际上是20世纪60年代以后出现的跨国公司活动和国际贸易的迅速增长的结果，这一结果增加了一个国家通过调整财政政策、货币政策调整国内经济进而影响国际经济关系的复杂性。首先，两次世界大战后，凯恩斯主义宏观经济学的盛行，要求政府较大规模地发挥社会福利方面的功能，如保证充分就业水平、建立社会安全网、提供医疗及社会保障等。政府作用的这一改变，使身处今天相互依赖世界中的政策制定者们更加难以应付。其次，两次世界大战使战前的殖民地集团竞争体系崩溃，以独立的民族国家为竞争单位的世界经济格局成为主流，而且在商品竞争方面，更多的是相同或相似产品正面的国际竞争，而不是以前的非竞争产品的交换，贸易部门和作为经济竞争个体的独立民族国家更大地暴露在国际竞争的压力之下。

在目前国际经济竞争与合作不断扩大的新背景下，由于没有一个超国家政府权力的存在，以国家为主体的财政政策不再由纯经济理论所决定，而是受到各个参与方的影响，是所有国家进行利益博弈的结果。例如，目前的许多国际经济的重要问题都具有博弈论的特征：两个国家或者世界贸易组织成员之间关于共同削减关税而进行的谈判；国际债务以及类似巴西和墨西哥等欠发达国家的违约威胁；建立并保护类似欧盟的关税同盟；为了提高国际贸易价格而建立的与石油输出国组织类似的卡特尔；美国和其他发达国家近年的赤字政策、日本国际收支的持续盈余等国内宏观政策的国际影响；旨在使向欠发达国家出口商品的多变价格变得稳定的国际政策合作；“南北对话”过程中考虑的国际收入的重新分配问题等等。这些例子都在不同程度上存在战略上的相互依赖性：一个参与者的最佳策略依赖于其他参与者的行为，从而形成了一种国际经济协作背景下的博弈格局。

在这种博弈关系中，由于竞争与合作范围的扩大，参与经济竞争的主体已经发生变化，所有独立国家政府作为竞争第一层次的参与者，都希望经济全球化给自己带来好处。因而，在这个过程中，所有独立国家的政府都将不再是市场经济体制下运用财政政策实施宏观调控的绝对主体，而是形成了一种在全球经济竞争中相互影响、互为主客体的关系，从而国家的宏观调控不得不越来越多地考虑来自国际经济的外部影响，同时也要考虑一项货币政策或财政政策措施的出台给其他国家和世界经济带来的影响。这些影响都增加了单一国家和整个世界经济体系在全球化过程中收益的不确定性，所以，全球化的世界经济客观上需要以独立国家政府的政治、经济利益博弈均衡为基础，确立一种新的宏观经济决策协作机制来指导和调控全球经济运行，全球化的过程及其各个阶段的后果也必须通过政府间采取协调一致的政策措施而被明智地和创造性地加以管理。这种管理机制是一种控制着国际秩序的机制，不是凌驾于国家主权之上的超国家权力。在这种机制下，独立国家政府谋求合作与协调，保证通过有限的集体行动来获取利益。因此，这种机制并不一定要求对国家强加法律约束，而是要求通过传递信息来减少国家之间交往的成本并以此维护国家间的协议，就像在完备的市场机制中那只“看不见的手”调节各个经济人个体的行为，使他们井然有序地进行各种交易一样，国家的行为并不仅仅由它们的理念和目标所指引，而是由超越它们之上的一种共同的框架—博弈理论—所约束。

## 一、一个简单的两国博弈模型

一个标准的博弈问题包括：参与者集、每个参与者的策略集、参与者从中选择所要采取的策略，以及每个参与者的效用函数。如果所有参与者的效用之和是零，好比分一个大小既定的“饼”，就是零和博弈。但是，由于存在帕累托改善，在经济学的大多数博弈中，效用总和，或者说“饼”的大小是随分饼的方式而变化的，这就涉及到非零和博弈问题。非零和博弈同时包含矛盾与合作的因素。达到一个效用总和相对更高的结果是符合参与者的共同利益的，这是经济全球化、区域经济一体化不断发展过程中国际经济合作关系存在并不断深化的基础。但是在效用总和中所占份额的问题上，参与者的利益存在矛盾，在这种既矛盾又合作的情况下，非零和博弈可能是合作性的，也可能是非合作性的。然而在国际经济关系中，即使是非合作博弈，博弈双方面临的也并非一定是“囚徒困境”，因为在国际经济关系中的博弈是重复的，并且允许博弈双方进行充分的信息交流。如果在行动之前，参与者能够达成有约束力而且可实施的协议，那么，这个博弈就是合作性的协调博弈；如果不能保证参与者信守诺言的约定，则协调失败，即非合作性的博弈。根据协调博弈的理论，协调博弈并不单独停留于参与方之间的冲突，而是相互作用的博弈参与方的收益来自于合作而非冲突，只有当参与方通过策略的协调采取相同行动时，他们才能获得更高的收益，即协调博弈假设。随着博弈参与方之间协调程度的增加，其收益也随之增加。协调博弈理论提供了由不合作到合作、由低水平合作到高水平合作的分析工具，通过研究宏观领域的合作与协调，为国际协作背景下独立国家政府功能重新定位。下面就从一个简单的博弈模型开始，讨论国家之间如何从非合作博弈走向政策协调的。

如图 2－1 所示，我们可以假设参与博弈的只有两个参与人 A 和 B，每个参与人都有策略 1——独立行动和策略；2——协调行动可供选择，在这个同时行动的博弈中，有两个纯策略纳什均衡，两个策略组合的收益分别是（1，1）和（2，2）。

| | | 参与方B | |
|---|---|---|---|
| | | 策略1 | 策略2 |
| 参与方A | 策略1 | 1，1 | 1，0 |
| | 策略2 | 0，1 | 2，2 |

图 2－1　一个简单博弈的收益矩阵

在非合作状态下，每个参与者的独立行动都无力协调另一个参与者的策略选择以达到符合帕累托最优均衡的策略组合而获得最大收益（2，2），导致博弈过程停留在非效率的均衡状态。因为在非合作状态下，导致帕累托最优的纳什均衡（2，2）策略组合具有一定的风险性，即每个参与人对另一个参与人是否会选择策略 2 都抱有很大疑问，参与人在这个策略环境中不能协调他们的选择，这种风险占优的策略选择会导致博弈结果为帕累托次优的策略组合（1，1），尽管这一策略组合似乎是一种合理的非合作结果，但显然是一种协调失败的策略组合。

如果考虑到国家间的经济竞争或博弈过程并不是前面假设的简单的一次博弈，而是动态的无限多次的重复博弈，那么博弈的这一重复特性，为合作的各方就提供了审时度势的空间和权衡得失的机会，各方会考虑到未来效应，因而可以放弃眼前利益，采取政策协调策略，达到帕累托最优的均衡状态。在重复的过程中，任何一个博弈参与者都会意识到合作要远比互相欺骗更为有利，因此，经济博弈具有参与方策略相互作用的性质，合作与协调行为可能在非合作的环境里出现。协调博弈的参与方之间策略相互作用的结果，这些相互作用既可能在时期内存在，也可能跨期存在，于是，在博弈中有一个内在的自然的传导机制，重复进行的博弈过程能使博弈参与方了解其他参与者的行动，参与方活动水平和延时持续存在正相关，从而在一定程度上减少博弈双方策略选择方面的不确定性，这就为国家间通过协作采取协调一致的政策以获得最大收益提供可能。例如在图 2－1 中，参与者 A 在进行博弈策略的选择之前，向另一个参与者 B 传递了合作的信息，或者其合作的意向通过以前的策略选择已经被另一个参与者所了解，在这种情况下会对另一个参与者的策略选择产生影响，从而导致另外一种均衡（Farrell，1987)，在该均衡中如果满足下列条件，博弈前的信息沟通将被认可：(1）遵守承诺对传递信息者事实上是最优行动；(2）预期接受者会相信该信息。也就是说，博弈参与方考虑到采取策略 2 的风险性，需要充分的证据表明另一个参与者也采取同一策略，结果，参与国 A 用事先所传递的合作的信息，作为一种单向的廉价商议来克服另一个参与者选择策略 2 的风险性，博弈双方通过选择收益优先的策略而达到帕累托最优的策略组合（2，2)，这就是一种成功的协调博弈，即正和博弈。

经济全球化和区域经济一体化的高度发展和信息技术的不断进步在很大程度上使国际社会中的博弈者能够很清晰地了解对方的利益结构和决策的方向，从而大大降低了合作的风险，并且各个国家利益的公开化使不同的行为者更容易找到与自己利益相同或相近的合作者，因此，对合作前景的预期也大大提高了。图2－1所示的简单博弈收益矩阵是一个特例，更一般的表达方式如图2－2所示，协调博弈必定存在帕累托改善，均衡位置会向效用边界线方向移动。由于帕累托最优的资源配置是指不存在其他的配置方式使得某些参与者能够得到改善而没有人受到损害，因此，这一结论的证明很简单，如果博弈结果不是帕累托最优的，那么由定义可以知道，一定存在另一种所有参与者都更偏好的结果（至少某些参与者得到改善，而对其他参与者无影响）。图2－2中的A点是收益可能性边界内的一点，从这点开始，存在帕累托改善移动，如沿箭头所指的方向。如果能够无成本或以较低成本（收益协调收益大于协调损失）达成有约束力的协议，就会出现帕累托改善；非帕累托最优点不可能是合作博弈的均衡结果。当然，一个博弈可能有多个帕累托最优点，这些最优线形成了收益边界线。如前所述，从A点向收益边界线的移动需要博弈参与方的协调行动，但由于国家利益的竞争，协调博弈过程中博弈参与方可能倾向于选择不同的帕累托均衡结果，即在帕累托改善过程中沿着收益边界线移动，这就构成了博弈参与方的矛盾与冲突。

从一个国家内部来看，按照传统的经济理论，政府多半都鼓励竞争，而且在市场经济条件下，合作和勾结不容易，因此，非合作博弈的情形较多。而在国家间的经济关系中，协调博弈完全可以通过政府间的谈判和协议得以实现。下面就用两个国家的博弈模型来说明两个国家是如何从独立决策走向协调博弈的。

有三种因素是决定这种协调博弈参与方各种策略行为的关键：博弈者的数目、相互的影响及其对未来的预期。在这种国家间的博弈中，国家实力决定相互影响的程度和参与者的预期。所以，图2－1所示的博弈模型只是一种特殊的情形，即参与博弈的是实力相等的两个国家，两个国家可以通过政策协调达到帕累托改善的目

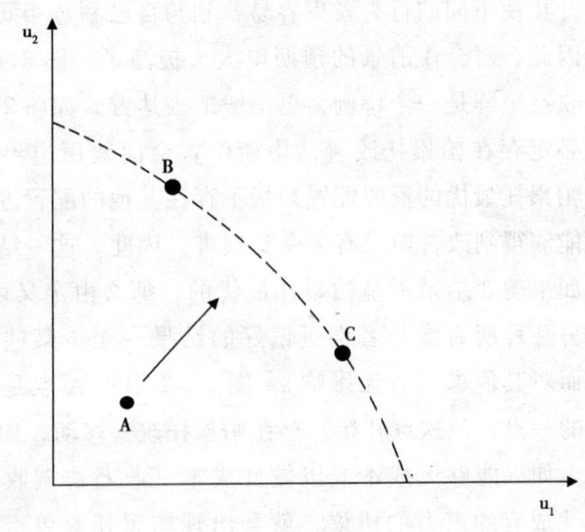


图 2－2 帕累托改善

的，增加的收益两国平分。同时，由于两个国家实力相等，一个国家违背政策协调的约定而改变策略，另一个国家可以通过报复措施抵消其违约收益。但在实际的国家经济关系中，这种情形根本不存在，因此，下面我们假设两个实力不相等的国家，并对其博弈过程中的策略和收益进行分析，来说明两个国家是如何从非合作博弈开始，克服不确定性风险并进行政策协调的。

在图 2－3 所示的博弈模型中，假设参与博弈的两个国家分别用国家 1 和国家 2 代表，每个国家可以有两个策略选择，用策略 1 和策略 2 表示（从策略 1 到策略 2 的过程是从独立决策到相互协调的过程），国家 1 和国家 2 的收益用 $x$ 和 $y$ 表示，括号内的数字表示两个国家的策略组合，前面的数字代表国家 1 的策略，后面的数字代表国家 2 的策略，在博弈过程中每个国家的收益是两个国家策略组合的函数。我们假设两个国家实力不同，国家 1 的实力则比国家 2 大一些，因此，在初始状态下，$x>y$。

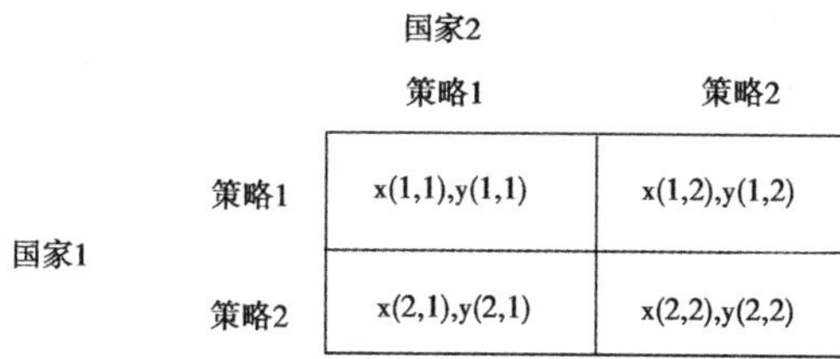


图 2－3　两国博弈的收益矩阵

我们已经假设从策略 1 到策略 2 的过程是从独立决策到相互协调的过程，因此，如果一个国家的独立决策选择策略 1；另一个国家选择协调策略 2，结果是，一方面，选择策略 1 的国家会从另一个国家的协调策略中获得额外收益，而选择策略 2 的国家却不能从另一个国家的独立决策中获得额外收益；另一方面，由于两个国家选择不同的策略，政策效果会相互抵消而使两个国家的收益总和减小，也就是前面提到的分“饼”的方式影响“饼”的大小。因此，两个国家的收益函数存在以下关系：

$$x(\boldsymbol{1},2) > x(\boldsymbol{1},1) > x(\boldsymbol{2},1) \quad (2-1)$$

$$y(2,\boldsymbol{1}) > y(1,\boldsymbol{1}) > y(1,\boldsymbol{2}) \quad (2-2)$$

从不等式（2－1）、（2－2）可以看出，由于帕累托改善的情况 $x(2,2)$、$y(2,2)$ 还没有出现，在独立决策的情况下两个国家选择策略 1 的风险最小。①

但是两个国家通过政策协调可以增加两个国家的收益，即存在帕累托改善。在初始状态下，如果一个国家首先选择策略 2，既有获得更大收益——$x(2,2)$ 或 $y(2,2)$ ——的可能，又有因另一个国家选择策略 1 而蒙受损失——$x(2,1)$ 或 $y(1,2)$ ——的风险，即

$$x(\boldsymbol{2},2) > x(\boldsymbol{1},1) > x(\boldsymbol{2},1) \quad (2-3)$$

① 每个国家选择的策略用斜体加粗的字体表示。

$$y(2,2) > y(1,1) > y(1,2) \tag{2-4}$$

因此，按照协调博弈理论，由不等式（2-1）—（2-4）可知，在两个国家独立决策的非合作博弈中，每个国家都倾向于采取风险占优的策略，即不等式（2-1）、（2-2）所表示的情形。

但是两个国家可以通过政策协调消除不确定性，达到帕累托改善的目的，这时，不等式（2-3）、（2-4）就简化成

$$x(2,2) > x(1,1) \tag{2-5}$$

$$y(2,2) > y(1,1) \tag{2-6}$$

如图2-4所示，从A点移动到B点表示两个国家因策略协调而出现的帕累托改善的情形。图中所示的直线AB是不改变双方初始收益对比关系的均衡，即增加的收益仍然按初始时的比例划分。实际上，帕累托改善不一定沿着直线AB线移动，只要在图中AHG的区域，不等式（2-5）、（2-6）就都成立，因此AHG就是两个国家都因为帕累托改善而增加收益的区域。由不等式（2-5）、（2-6）可以得出：

$$[x(2,2) + y(2,2)] - [x(1,1) + y(1,1)] > 0 \tag{2-7}$$

但是图2-4中还有两个区域AGCD和AFEH，虽然不等式（2-7）成立，但是不等式（2-5）、（2-6）不同时成立，在区域AGCD中，$x(2,2) < x(1,1)$，$y(2,2) > y(1,1)$；而在区域AFEH中则相反，$x(2,2) > x(1,1)$，$y(2,2) < y(1,1)$，所以至少有一个国家不属于帕累托改善的情形。

由于不等式（2-7）成立，说明通过政策协调“饼”已经变大了，因此，两个国家存在结成比政策协调更紧密的经济联盟的可能性，他们可以通过达成明确的利益转移或损失补偿协议使国家间的政策协调关系得以维持，如区域经济一体化的财政补偿协议，这一点在后面的分析中还会提到。

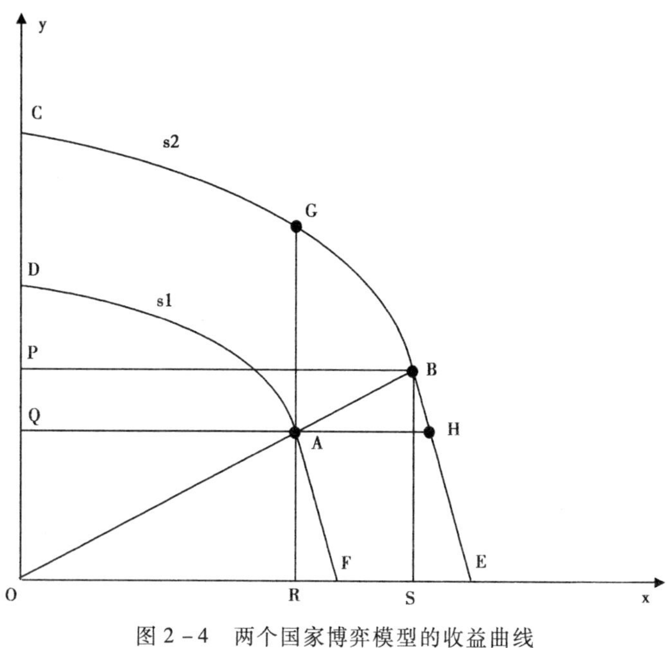


图 2－4　两个国家博弈模型的收益曲线

## 二、两国博弈模型的分析

在实际的国际经济关系中，虽然较多的情形是两个国家之间的关系，但从来没有模型中那种不受其他国家影响的纯粹的两国关系，国家采取的策略也不是模型中假设的单一策略，而是一组策略的组合，在博弈过程中存在很大的不确定性，下面就结合前面的两国模型做具体的分析。

从图 2－4 的分析中提到，在帕累托改善区域 AHG 中，如果博弈均衡结果沿直线 AB 移动，则两个国家每次进行政策协调努力的边际收益相等，但由于经济运行的不确定性，博弈结果更有可能落在 AHG 区域内的其他地方。因为两个国家实力不同，AHG 又被划分成两个收益空间 AHB 和 ABG，在这两个区域中，作为个体的国家的最大利益与国家间策略协调的共同利益是不一致的，这就涉及到合作或策略协调收益不平等的问题。理论上说，收益空间的面积越大，博弈结果落在其中的概率就越大，通过政策协调获得的相对收益也越大。如图 2－4 所示，如果博弈结果在 AHB 中，则实力较大的国家在政策协调过程中的边际收益率大于实力较小国家的边际收益率，即

$$\Delta x / x\ (1,\ 1) > \Delta y / y\ (1,\ 1) \tag{2-8}$$

反之，如果博弈结果在 ABG 中，则实力较小的国家在政策协调过程中的边际收益率大于实力较大国家的边际收益率，即

$$\Delta y / y\ (1,\ 1) > \Delta x / x\ (1,\ 1) \tag{2-9}$$

无论哪种情形，都会改变两个国家的实力对比，由于在 AHG 中不等式（2－5）、（2－6）的存在，这种边际收益的差别尚在可以容忍的范围之内。即使如此，这种改变博弈双方实力对比关系的博弈结果仍将成为博弈双方竞争的导火索，也就是合作不稳定的根源。同样可以看出，在图 2－4 中存在 AGCD、AFEH 两个区域，说明即使两个国家都有政策协调的动机并采取了实际行动，也会因为经济运行的不确定性而不出现帕累托改善的情形。博弈结果在这两个区域中时，不等式（2－8）、（2－9）同样分别成立。这样的结果属于不稳定状态，博弈双方都会重新调整策略而达到新的均衡。只要博弈双方能够组成某种形式的经济联盟，并在联盟框架下继续合作，博弈结果就将会从两个方面趋近于 AHG。

我们现在可以从理论上得出这样的结论，在两国博弈中，实力越小的国家，对应的 ABG 和 AGCD 的面积越大，意味着其获得较大边际收益的空间越大，采取政策协调策略的预期收益越高，在博弈中采取协调策略的动机越大，但是，ABG 的面积越大，AHB 和 AFEH 的面积就越小，实力越大的国家对政策协调策略的预期收益

就越低，从而越缺乏在与小国博弈中采取协调策略的动机。这似乎与现实的情况不符，现实中不同规模、不同区域的国际经济合作组织都是由实力相对较大的国家发起的。其原因在于实力的大小是一个相对的概念，实力较大的国家往往可以暂时牺牲自己的收益而维持联盟的稳定，以期把联盟作为依托，在与自己实力相近的其他实力较大的国家争夺主导权的过程中占据有利的地位。

博弈的策略是一把“双刃剑”，一个国家用来对付实力比自己大（小）的国家的策略也同样会被实力比自己小（大）的国家用来对付自己。国家之间实力的对比关系往往会因为时间或空间的变化而发生变化，同时，博弈的策略也往往是一系列的组合策略，国家实力大小及其采取的策略也都没有明显的区分标准，是一种相互交织的复杂过程，实际上，我们既能看到各个国家策略的协调，又能看到他们之间无休止的谈判甚至对抗。因此，后面的讨论将按照国家实力的大小及其在博弈过程中的利益分配关系，把国家间的合作博弈关系简化成下面几种情形。

### （一）实力较小的国家的博弈策略

对小国来说，由于自身较小的市场规模、对外部世界的较高依存度、较弱的抵御外部冲击的能力和参与国际经济事务的谈判交易能力决定了它们参与区域经济合作的主要动力来自于以获得市场准入机会为代表的经济收益，因此，小国或实力较小的国家在世界经济运行中常常处于从属地位。在参与博弈的过程中，它们一般有两种策略，第一种是倾向于同大国合作的策略，积极参与大国主导的区域性经济合作组织，但其实际的收益与前面分析的理论预期并不一致，因为在这种大国主导的区域经济合作中，是由大国制定策略及协调的规则，协调收益的分配也同样由大国主导，这种情况更确切地说是一种小国对大国的政策依附，实力越小，依附性越大，政策协调的成分越少。大国之间的竞争在一定程度上会使小国获益，但如果以大国为核心的区域经济组织一旦形成，小国能否继续获益还是一个未知数。因此，就有了第二种策略，不甘心依附于大国的小国之间的保证型博弈策略，多个小国存在共同的合作利益，即通过组成相对稳定的经济联盟，作为一个整体参与国际经济博弈并共同分享协调收益，改变与大国实力的对比关系。小国之间所达成的区域贸易协定是克服它们较低讨价还价能力和较高谈判成本的有效途径。小国之间的保证型博弈的关键是博弈参与方遵守承诺，认识到采取合作会给对方和自己带来更大的收益，即合作前的初始位置与收益最大的帕累托边界线之间的距离较大，有较大的收益增加空间，亚洲金融危机之后东盟的迅速发展就是保证型博弈的具体实践。

### （二）实力较大的国家的博弈策略

实力较大的国家在博弈中同样面临两种策略，一是现实中常见的大国与小国结成不同形式的经济联盟并进行政策协调的情况，在这种情况下，大国与小国参与区域经济合作的优势和劣势及收益函数存在差异，它们的成本与收益体现在不同的领域。大国在联盟中具有绝对的主导权，它可以通过制定政策协调的规则来保证其收益。但有的时候大国出于长远考虑可以暂时牺牲自己的利益以维持与联盟中小国的关系。在北美自由贸易区中，美国和墨西哥之间就是这种典型的博弈关系。二是大国与大国之间，或者大的经济集团之间的博弈，由于实力大小或者国家大小是相对概念，因此，这种博弈可能是世界性的，如美俄、欧美、中欧、中美之间，也可能是区域性的，如中日、中俄、中印、英法之间等，大国之间的博弈关系与已经讨论的小国与大国、小国与小国之间的博弈关系不同，大国之间共同的利益不在于收益，而在于争夺国际经济规则的制定权，减小因策略协调失败而造成的损失，维持现有的收益水平和保持已经取得的利益优势，这一共同的利益决定了大国之间进行策略协调的动机和方式，因此，大国之间存在激烈的竞争，谈判往往是旷日持久的。

### （三）多个国家在一个共同的框架下分享政策协调收益

这种机制的好处在于扩大了帕累托改善区域，即图2－4中AHG部分，因为如果把所有国家看成一个整体，由世界经济中占主导地位的大国或区域一体化集团主导，通过谈判实现大范围的政策协调，为世界经济的运行提供稳定的外部环境。这时，不等式（2－7）成立即可认为是帕累托改善，那么图2－4中帕累托改善的区域则从AHG扩大到CDFE，但在实际操作过程中，这种关系常常是以前面提到的两个国家之间或两个利益集团之间的关系为基础。

多边博弈关系往往是多个双边博弈交织的结果。前面讨论的模型一直局限在假设只有两个国家的情形，如果是像WTO机制这种多个国家参与的情况会怎样呢？实际上，多个国家的情况仍然可以通过简化成两个参与方的情况进行讨论，如可以考虑一个国家和其余所有国家之间的博弈，或者是两个不同的国家联盟，也许更常见的情形是一个国家同时参与多个两国博弈，同样还是国家的实力决定了在博弈过程中的动机和预期收益。前面的分析表明，在两个国家的博弈中，可能只有一方获益，可能双方都获益，也可能双方都不获益。为了双方都能获益，国家间需要根据一定的规则进行相互的政策协调，以国家个体的最大利益与国家间合作的共同利益是否一致为标准，可以将国家间的政策博弈分为合作型博弈和非合作型博弈。国家间的博弈属于哪种类型取决于国家间实力对比关系以及由此决定的利益分配关系。

在国际策略协调博弈中，两个国家可以从最简单的非协调博弈开始，最终实现合作博弈。上面的博弈模型只是合作模型的基本形式，要实现稳定合作，一般涉及到以下几个重要因素：一是参与者相互作用的预期行为以及他们彼此联系的决策过程；二是快速地察觉并对对方的决策迅速作出反应的能力；三是博弈者都对长期的利益更感兴趣；四是博弈双方有着相似的利益结构和偏好取向。这些因素对各个国家在没有超国家权力存在的国际经济协作的背景下，因国家实力和收益预期差别导致的策略差别对合作会产生影响，在美国哈佛大学学者利莎·马丁（Lisa L. Martin，2001）的一篇分析多边主义的文章中，以保证型博弈、协调型博弈、协作型博弈和劝说型博弈四种模式来分别概括四种不同的国际经济协作形式。这几种博弈模式极端抽象，很难准确反映现实生活中的每个国际合作事例，但对 WTO 多边框架下的国家制度、经济协作等现象的解释却让我们从中得到启发。首先，保证型博弈，指存在合作的共同利益，无论对集体还是对个体，相互合作都是一种最优的选择，但是，存在合作的共同利益并不意味着双方就一定会合作，合作就一定会成功，给各个博弈方带来更大的收益是建立合作的关键。解决这一问题的措施不需要对非合作行为采取强制和惩罚型的手段。在国际社会中，不乏保证型合作的实践。例如，为解决一些共同面对的问题或应对新的挑战，各种类型和规模的区域性合作组织纷纷涌现。其次，协调型博弈与保证型博弈一样，都有利益的一致性，并且都有两个均衡。二者所不同的是，保证型博弈中的两个均衡，一个是最优的，一个是次优的，谈判和博弈的目标是从帕累托次优达到帕累托最优，而协调型博弈中的两个均衡则不分彼此，都是最优的，关键是要确定选择哪一个最优。由于在这种形式的博弈中，没有一个占主导地位的均衡，博弈双方能否合作，关键是通过协商、调解，并在两个均衡结果之间作出选择。协调博弈过程中一般不存在背叛和欺骗的问题，因为背叛和欺骗会导致谈判破裂，所带来的收益对双方来说都是最差的。因此，在协调型博弈中，双方总会达成某种协议，有协议总是好的，关键是达成什么样的协议。国际社会中的贸易争端就属于这种博弈的类型。2005 年中国与欧盟、中国与美国就纺织品贸易争端谈判时，尽管双方常常各不让步，甚至还高举制裁的大棒威胁对方，但最终谈判并没有破裂，而是达成了妥协，双方都知道，达不成妥协，采取极端的制裁措施，对任何一方都有损害。在协调博弈中，合作是最重要的，博弈双方以此为基础选择何种策略则成为该种类型博弈所要解决的关键问题，即收益分配问题。

由于上述两种博弈模式都有利益非对抗性的特点，所以我们可以把这两种模式统称为合作型博弈。但是，在博弈过程中，每个参与者追求自身利益最大化，并不必然导致集体利益的最大化，反之亦然，即通过谈判可以使集体利益最大化，但对于个体来说，可能次优的预期收益都实现不了，这就存在着个体和集体的利益冲突。当这种利益冲突出现时，博弈就变成了协作型博弈。在协作型博弈中，博弈参与方在考虑策略时也不一定依据传统的新古典方法，[①]而是假设政府除了追求国家福利最大化目标外，还考虑国内政治支持、国际形象以及长远经济利益。

在国际政治、经济生活中，无论是在WTO框架下和不同规模、层次的区域合作组织框架下，还是在不同的区域合作组织之间，甚至仅仅在两个国家之间，这种利益冲突都非常普遍，这就是本书所说的国际经济协作背景。在这一背景下，对协作型博弈的分析就非常重要，为了达到帕累托最优，需要所有的参与方都避开各自的主导战略，或者说尽量避免主要目标的冲突，每个个体能否暂时放弃各自的主导战略，采取合作性的集体行为，去追求和守护共同利益是协作型博弈能否达到帕累托改善的关键所在。

前面对三种博弈模式的分析都是基于博弈参与方实力相等的假

① 新古典方法将政府政策的目标函数设定为谋求国民福利最大化，体现在国际贸易上，两国非合作博弈下为纳什均衡关税，而合作博弈下均衡关税为0，即自由贸易是最优的。

设进行的，但实际上在国际经济关系中，博弈参与方之间实力不相等，甚至相差悬殊的情况更为普遍。由于博弈参与方的实力不对称，所以就意味着合作可能在违背某一方意愿的情况下发生。前面已经提到，从理论上分析，实力较弱的小国参与合作的收益空间远远大于大国，但在国际经济合作实践中，无论是多边的还是双边的国际合作，都由大国主导，因为大国是强势的一方，有制定合作规则的能力，并且使弱势方接受这一规则，对弱势方而言虽然不是最优的一种选择，却是一种次优的选择，这就是合作博弈的第四种模式，即劝说型博弈。

在实际中，很难对国家之间的博弈行为作严格的划分，四种博弈类型往往是交叉的，或者是在不同的阶段、针对不同问题采取不同的博弈模式。由于博弈的类型不同，合作的难易程度以及采取的制度安排也不同，但最终都会走向合作，因为在无限重复的博弈过程中，博弈方经过权衡得失，考虑到未来效应，完全可以放弃眼前的利益，采取合作策略，实现帕累托最优的均衡。一个典型的重复博弈的例子就是 1997 年的亚洲金融危机。在这一博弈中，每个国家都选择了自身利益最大化的策略，如日本对危机初始阶段不管不顾，甚至在危机中还采取了一些损人利己的做法；韩国和东盟国家则纷纷求助于国际货币基金组织，以稳定本国金融体系；中国在考虑自身利益最大化时更注重未来的收益，在当时本国利益受损的情况下，仍坚持人民币不贬值。结果是，金融危机横扫了整个东亚，没有哪个国家能够在这场灾难中渔利，各国都遭受了空前的打击。日本最终没能逃脱危机的侵害，并在危机过后受到了亚洲国家的一致谴责。求助于货币基金组织的国家，不得不在后来的一段时期内接受该组织的监督和要求，金融体制陷于被动，中国坚持人民币不贬值的做法成为阻击亚洲金融危机的最后屏障。这次危机表明，各个国家在危机中互不合作，都以追求自身利益最大化为目标，结果得到的却是一种最坏结果。由于国际经济协作的博弈过程是可以重复的，因此，在亚洲金融危机之后，中国、日本、韩国三国与东盟国家的合作步伐大大加快，各个国家都能够接受亚洲金融危机的教训，在以后的危机中将采取合作的策略，避免陷入集体困境，通过谈判，探讨不同层次的合作，积极参与建立自由贸易区，为寻求自身利益和集体利益的最大化提供了可能。

总之，是国际经济协作背景下博弈的重复性特征，为参与博弈的各方提供了审时度势的空间，使各方有权衡得失的机会，再加上对未来效应和收益的考虑，完全可以放弃眼前利益，采取合作策略，实现帕累托最优的目标。在这种获取长远的和较大的利益的驱动下，国家有可能会不断重新选择和修正自己的政策措施，最终选择合作的策略。

## 三、国际经济竞争中博弈策略与政策协调实践

帕累托最优的有效性是就特定参与者而定义的，并不代表任何更广泛意义上的有效性，如寡头博弈中的帕累托最优的结果产生于该产业达到了某种共谋的结果并且产业利润实现最大化之时，从社会整体的角度来看，这显然不是有效的。从 20 世纪 50 年代出现博弈理论到 20 世纪 90 年代纳什获得诺贝尔奖，说明博弈理论得到了广泛的认可，如果说利益最大化是指导市场经济运行的一只“看不见的手”，则博弈理论也是一只指导国家间经济协作的“看不见的手”，决定了冷战结束以来经济全球化和区域经济一体化组织的快速发展，所有国家作为个体为了实现共同利益，经过复杂的谈判和不断的博弈，谈判和博弈的结果则是不同的经济政治联盟的形成和宏观政策协调机制的出现。在这个过程中，许多基于传统经济体制理论制定的宏观经济调控政策在各个方面都会在原来的基础上发生一些变化。第一，调控政策的决策过程发生了变化。国家政府在

制定宏观调控政策时，不但要考虑国内经济稳定和发展的需要，还要越来越多地考虑来自国际经济的外部影响，同时，还要受到区域经济组织条约和世界贸易组织规则的限制，以及一项货币政策或财政政策措施的出台给其他国家和世界经济带来的影响，所有这些无疑会使决策过程复杂化。第二，调控目标和政策效果的变化，最主要的是在新的竞争环境下政策目标主要是弥补国内制度范围和市场的范围不断地国际化过程中出现的缺陷与不足。例如，亚洲金融危机表明，世界经济需要一个制度性基础结构，当市场被具有三种职能的制度支持着时，它将会很好地进行运作，这三种职能为：调控市场行为、稳定总需求、重新分配风险和利益回报。世界市场也是如此，一个真正全球性的金融市场将会要求那些具有调控、最后贷款者和安全网等职能的制度也同样具有全球性。第三，政策工具的变化。政策工具的变化主要是传统宏观调控政策工具的丧失，例如在区域经济一体化程度最高的欧洲，欧洲中央银行的成立和欧元的诞生，使所有成员国家丧失了汇率政策这一有效工具，一些小的或者说是实力较弱的成员国几乎还丧失了其他几种传统货币政策工具，而那些在一体化内部起主导作用的国家虽然在一定程度上还具有一些运用货币政策的自主性，但这些政策工具的操作方式和作用效果却发生了变化；在财政政策方面，1991 年的《马斯特里赫特条约》规定了成员国的赤字水平和债务水平，使以赤字融资和债务融资为主的传统财政政策受到了严格的限制。虽然欧洲一体化的模式并非其他区域经济一体化的标准模式，但一直在致力于区域经济一体化进程的国家和地区都会不可避免地面临传统调控政策缺失带来的各种问题。第四，政策传导机制的变化。最明显的就是 20 世纪 60 年代以后出现的跨国公司活动、国际贸易的迅速增长和随之而来的金融全球化的结果，都在不同程度上增加了一个国家通过调整财政政策、货币政策调整国内经济进而影响国际经济关系的复杂性。

### （一）世界贸易组织（WTO）的博弈分析

WTO是一个独立于联合国的永久性国际组织。该组织的基本原则和宗旨是通过实施市场开放、非歧视和公平贸易等原则，来达到推动实现世界贸易自由化的目标。它的职责范围除了关税与贸易总协定原有的组织实施多边贸易协议以及提供多边贸易谈判场所和作为一个论坛外，还负责定期审议其成员的贸易政策和统一处理成员之间产生的贸易争端，并负责加强同国际货币基金组织和世界银行的合作，以实现全球经济决策的一致性。多边贸易体制是各个独立国家的政府都试图放弃独立的理性行为而达成并遵守国际贸易“游戏规则”的努力，从而使它们能够分享合作博弈所带来的利益。国内有人从WTO的体制、规则与谈判等几个方面进行了基于博弈论的经济学分析。①

第一，WTO的互惠机制体现了多边合作的一种规则导向方法，成员方通过谈判对某些行为准则达成一致并承诺遵守。例如，在削减关税过程中，当外国削减关税时，本国贸易条件改善，出口增加，但外国福利水平下降；当本国削减关税时，外国贸易条件改善，本国进口增加，福利水平下降；当各国承诺同时削减关税时，贸易条件由于保持不变，但贸易流量却增加了，福利水平也相应提高。

第二，WTO关于最惠国待遇的规定是将双边互惠贸易协定多边化的最简便而有效的方式。WTO的谈判开始基本上集中与双边平衡减让的交换，然后通过无条件的最惠国待遇多边程序推广，而且这种最惠国待遇适用无条件原则（当然存在优惠安排和给予发展中国家优惠待遇的例外），因此，一个国家如果背离其以前对某

---

① 参见盛斌：“WTO体制、规则与谈判：一个博弈论的经济分析”，《世界经济》，2001年第12期。

个贸易伙伴所做的承诺就要付出更大的代价，这意味着它要向所有WTO成员做出补偿。与双边贸易相比，多边贸易协定由于这种最惠国机制上的特点，使它的承诺信号变得更加可靠，加大了一国违约的成本，因此，能吸引越来越多的国家加入，使WTO体制对贸易自由化的推动进入良性循环状态。

第三，WTO的争端解决机制体现了平等、迅速、有效和有约束性的原则，它对案件的处理作了更严格的时间规定和程序安排。从前面的博弈模型分析，可以得出，作为监督博弈参与方履行承诺的争端解决机智的主要功能包括：（1）该机制本身就具备加强约束任何成员方通过“废弃和损害”行为进行违约的作用；（2）WTO从程序开始就鼓励磋商与调解，而且在后续的程序中也随时希望双方达成庭外解决，用博弈模型的语言来说就是确保成员国不要违约；（3）当争端解决机制进入到最后强制执行阶段时，在寻求最终的多边补偿之前排除任何单边行动，使合作得以延续。应该特别指出的是，多边争端解决机制能够克服双边关系中存在的实力不均衡问题，因为在两国的贸易战中总是大国损失更小。而在多边框架下，违约将受到所有相关方的联合报复，增加了违约方的成本。

第四，谈判是驱动多边贸易体系的动力。2000年以前，关税与贸易总协定（GATT）和WTO经过八轮多的谈判，GATT/WTO的缔约成员的平均关税率从40%降到4%，[①] 就是典型的通过重复博弈过程从非合作博弈的关税策略到合作博弈的关税策略的渐进过程。在动态的重复博弈过程中，从最初的关税水平开始削减，相互的出口量开始增加，由于规模效益的存在，企业的生产成本逐渐下降，避免贸易战的长期收益上升，于是通过新的谈判使关税水平继续降低。在多边贸易谈判中让所有参与方都接受协议的一个必要条件是，谈判参与者对现状或者谈判失败情况下的任何预期状态都有

① Bagwell, K. and R. W. Staiger, Gatt—NBER Discussion Paper Series 8005, 2000.

所改进。多边谈判有时会陷入僵局，甚至处于破裂的边缘，在这种情况下，在多边谈判中投入的资源越多，放弃精心设计的平衡方案的可能性就越小。最后一刻的全面解决是博弈的最戏剧性的结尾，面对谈判破裂的威胁，各方都会做出最艰难但又是最优的选择——达成协议。

### （二）区域经济一体化实践

目前世界上公认的比较大的经济体有三个，即北美、欧洲和东亚三个地区，这三个地区的经济一体化步伐正在逐步加快，处于这三个地区的各个国家在融入区域经济一体化的过程中，为了协调一体化内部的政策，对本国的财政政策及其他贸易、金融等宏观调控政策都做了不同程度的调整，下面就应用上面的博弈分析框架来具体分析北美自由贸易区、欧盟的发展历程，以及中国近年来参与亚太地区区域经济合作组织和世界贸易组织过程中为促进区域经济一体化的发展，在政策协调方面所做的努力和采取的策略。

1. 美国的全球战略与北美自由贸易区。在大国事务中，领先国家的地位从来就不是一成不变的。美国由于拥有世界上最强大的经济实力，所以它一直致力于推行多边自由贸易体制的运行，但是，20 世纪 70 年代以后，美国经济增长速度相对减慢，随着欧洲经济一体化进程的加快和亚洲地区国家日益加深的多层次地区经济结构，美国与欧盟、日本之间的经济实力差距明显缩小，在国际经济中的主导地位受到的挑战日益增大。为了巩固美国在全球经济中的地位，20 世纪 80 年代中期，美国开始改变其对外经济战略，它在推进多边自由贸易体制运行的同时，开始重视区域性贸易协议，把缔结地区贸易协定作为走向全球自由贸易的跳板，把地区性协议作为将来在贸易、投资、环保和劳工标准等新领域实现多边自由化的样板。从里根政府开始，在公平贸易的口号下，美国在具有优势的地区和领域实行贸易自由化，而在那些对美国经济构成挑战的地区和经济领域则实行保护主义，这标志着美国贸易政策的重大转折。

地区性贸易安排或者区域性一体化经济集团，一般由社会经济发展水平相对接近的有关国家组成，这样可以大大减小实际运行中的调整成本。对美国来说，由于其市场规模较大，对外部世界的依存度较低，抵御外部冲击的能力和参与国际经济事务的谈判交易能力较强，所以源于贸易创造和贸易转移的区域一体化组织对其经济的影响不大。以《北美自由贸易协定》（NAFTA）为例，在它成立之前，墨西哥对来自美国的进口产品所征关税税率大约为10%。而美国对来自墨西哥的产品所征的关税税率低于10%。据估计，NAFTA对美国宏观经济的影响很小，只相当于国内生产总值的1%（甚至小于季度国民收入账户的统计误差），劳动力就业的影响也就是几万人（Fernandez，Portes，1998）。大国参与区域经济合作的主要动力来自于传统经济收益之外的非经济收益。因此，随着欧洲经济一体化进程的加快和亚洲地区国家日益加深的多层次地区经济结构，美国为了不失去在全球经济中的支配地位，决心利用当前的区域经济一体化趋势，以北美自由贸易区和美洲经济圈为依托，一方面积极支持墨西哥、智利等国家加入亚太经合组织，借助美洲国家的力量确立美国在亚太地区的地位；另一方面，美国利用北美自由贸易集团与欧盟对话，促使欧洲和北美自由贸易集团签署自由贸易协定。

《北美自由贸易协定》一共包括19个主要条款，约2万条规定，主要涉及三国之间的商品、劳务贸易和投资自由化、知识产权保护、贸易争端解决等诸多方面。

第一，在关税和非关税方面的目标是，到2008年建成一个取消所有商品和贸易障碍的自由贸易区，实现生产要素在区内的完全自由流动。具体安排是分四个阶段实现关税税项和税率减免。在《北美自由贸易协定》生效后，三国间约65%的制成品关税立即取消；在15年的过渡期内，最终完全取消产品关税，同时取消产品配额、许可证等各种非关税壁垒。

第二，农业发展和农产品贸易是美国、加拿大、墨西哥三国共同关注且涉及到各国切身利益的重大问题。多年以来，为了增强本国农产品的国际竞争力，三国政府都对本国的农业及农产品出口实施补贴政策。北美自由贸易区建立后，自1995年6月起，美国国会开始着手修改《1990年农业法》，决定从1996～2002年，逐步减少政府的农业补贴。墨西哥加快了农业政策调整进程，1995年春，削减了对玉米和小麦的补贴。加拿大则取消了对其国内西部农业实施了近一个世纪的粮食运输补贴。

第三，应美国的要求，《北美自由贸易协定》条款中增加了环境保护方面的内容，对三国间的跨境环境保护有极大的帮助。三国环境合作委员会展开三边合作计划鼓励区内的信息、技术和经验交流，推动实施可持续发展农产品贸易项目，禁止使用危险化学药剂，为社会提供环境管理系统的信息与指导，制定保护野生动物和自然生态系统战略等。1994年以来，北美发展银行与边境环境合作委员会在美国、墨西哥边境兴建环保基础设施41项，耗资约10亿美元，使900万边境居民从中受益。

《北美自由贸易协定》是世界上第一个出现的由发达国家和发展中国家组成的经济一体化集团，由于经济发展水平迥异的两种不同类型的国家处在一个区域经济集团中，因此在北美自由贸易区中既存在美、加发达国家之间的水平形态的经济合作与竞争，又存在着美国、墨西哥之间和加拿大、墨西哥发达国家与发展中国家之间的垂直形态的经济合作与竞争，而且二者相互交织在一起，形成了一种有别于欧盟或其他区域经济集团的区域经济合作新模式。这个特点决定了美国、加拿大、墨西哥之间既有加强经济合作的愿望和基础，又有利益上的矛盾和冲突。

北美自由贸易区的建立就是前面分析的实力不同的国家通过博

弈达到政策协调的一个例子。从美国和加拿大两个发达国家的角度来看，一方面积极支持墨西哥、智利等国家加入亚太经合组织，借助美洲国家的力量确立美国、加拿大在亚太地区的地位；另一方面，美国、加拿大利用北美自由贸易集团与欧盟的对话，促使欧洲和北美自由贸易集团签署自由贸易协定。从墨西哥、智利等发展中国家来看，通过与两个发达国家，特别是美国这样在世界经济中占主导地位的国家建立自由贸易区，可以作为北美自由贸易区成员参与国际经济竞争与合作。这个特点决定了势力相差悬殊的国家之间加强经济合作并进行政策协调的愿望和基础。

根据《北美自由贸易协定八周年》的总结报告，1993～2001年，北美自由贸易区内的贸易翻了一番，从2970亿美元增加到6220亿美元；加拿大向美国、墨西哥两国的出口额增长了95.7%，达到2290亿美元，而向区外国家出口额仅增长了5%；墨西哥向美国、加拿大两国的出口额增加了225%，达到1390亿美元，而同期向区外国家出口额增幅为93%；美国向加拿大、墨西哥两国的出口额增幅为87%，达到2650亿美元，增幅明显高于美国向区外国家出口44%的增幅。

特别是在帮助墨西哥度过金融危机的过程中，由于意识到墨西哥政治经济和社会的稳定对美国的安全有重要的影响，克林顿政府曾经不顾美国国会的反对，向墨西哥提供了200亿美元的贷款，紧接着又说服世界银行、国际货币基金组织向墨西哥发放300多亿美元的贷款，加拿大也承诺提供10亿美元的紧急援助贷款。从一定意义上说，美国、加拿大两国在挽救墨西哥金融危机方面做出的努力，挽救了新生的北美自由贸易区，显示出北美自由贸易区在区域经济合作方面起到的积极作用。目前，北美自由贸易区发展很快，美国设想的美洲自由贸易区和西半球经济一体化战略也取得了重要进展，虽然在知识产权、政府采购、劳务以及竞争性策略方面仍然存在激烈争论，但美国主导的美洲或更大范围的一体化的趋势已经不可逆转。

2. 欧盟经济一体化与成员国财政政策转变。欧洲联盟是目前世界上最典型、最成功、发展水平最高的经济一体化组织。在其发展的过程中，虽然有不少挫折，但还是获得了很快的发展。随着欧盟一体化程度的不断加深，在各个不同的发展阶段，各成员国都为了对外采取同样的政策措施，默许逐步让渡本国的部分主权。特别是欧元的启动，标志着各国将失去自主制定货币政策的权利，同时也标志着各国间不存在汇率变化，汇率政策将成为历史。1997 年通过的《稳定与增长条约》又对各国的财政政策限制提出了很高的要求，对将来的一体化进程有更积极的影响。

1991 年的《马斯特里赫特条约》规定了成员国的赤字水平不得超过当年国内生产总值的 3%，公债规模不得超过国内生产总值的 60%，使以赤字融资和债务融资为主的传统财政政策受到了严格的限制。按照凯恩斯的理论，在失业率较高和低经济增长的情况下，国家政府通过采取扩张性的财政政策，可以在短期内取得经济增长速度加快、失业率降低等效果，而这些扩张性的财政政策与《马斯特里赫特条约》规定的标准是背道而驰的。尽管在《马斯特里赫特条约》签订后的几年里，欧盟成员国各国财政状况恶化，受低经济增长的制约，失业率居高不下，使各国政府限制财政赤字和公债规模的努力遇到极大阻力，但在德国等国家的坚持下，《马斯特里赫特条约》的标准仍然得以推行，因为各国深知，如果没有财政政策的协调，欧元和欧洲货币联盟就会不稳定，过高的财政赤字和债务负担将对欧元和欧洲中央银行造成牵制，使其不能很好地运作。在这些共识和共同因素的推动下，欧元区各国才能暂时牺牲国内利益，积极削减本国的赤字和公债规模。伴随着欧元的使用，更深层次的财政政策协调开始列入议事日程。尽管现在的要求仅对各国的赤字和公债做出规定，但由于财政政策已经是欧元区各国仅有的传统政策工具，各国的财政政策既要考虑内部经济发展的需要，又要缓解外部冲击可能造成的局部动荡，而实际情况是，各国目前的经济规模、经济发展水平很不一致，所以彼此间的政策协调就显得十分迫切和相当重要。可以预见，各国在统一货币政策后，面临的最大问题将是财政政策的协调，而财政政策的协调将成为今后财政政策统一和欧盟一体化程度进一步加深的开端。

欧盟的发展历程充分证明了不同发展水平的国家之间从竞争到政策协调这一必然的博弈结果。虽然欧洲一体化的模式并非其他区域经济一体化的标准模式，但正在致力于经济一体化进程的国家和地区都会不可避免地像大部分欧盟国家一样，面临传统调控政策缺失带来的各种问题，欧盟的各项政策对中国在协调区域发展，控制地区差距扩大以及参与国际区域一体化组织等各个方面都有一定的启示。

第一，区域经济一体化必须有内在的依据：首先，以有关国家共同利益作为客观依据；其次，以共同的一体化意愿作为主观依据。开始阶段的欧洲煤钢共同体、经济共同体和原子能共同体等正是主观愿望和客观依据密切结合的结果，若缺乏共同利益作为客观依据，则区域经济一体化永远是“纸上谈兵”。同时，妥协必须与基本的共同利益为基础，必须以不牺牲基本原则为依据。

第二，区域经济一体化必须建立在明确而详细的共同协议基础上，并且要落实相应的有效的执行和监督机制，以确保协议内容的全面公正执行。这里以财政政策的协调和监督机制为例，来说明欧盟监督机制的运行过程。监督和协调欧盟成员国的财政预算政策的组织机构，包括欧盟理事会、欧盟委员会和成员国政府。欧盟理事会（Council of EU）是对欧盟成员国财政预算协调和监督的最高决策机构，根据《马斯特里赫特条约》和《稳定与增长公约》的所有规定，对成员国财政是否出现过度赤字和是否实施惩罚具有最终决策权。欧盟委员会负责对欧盟成员国的财政预算进行协调和监督，行使提出各种动议的权力，监测成员国的经济财政状况。成员国政府的主要职责是，实现各自的中期经济发展稳定规划和中期经济趋同规划规定的中期财政预算目标，在实际财政状况与目标出现偏差时，立即采取措施进行纠正。

第三，循序渐进，既要有超前发展一体化的雄心，又要承认现实及时做出调整。欧洲一体化的实践和理论证明，区域经济一体化有其从低级到高级演进的各个阶段，但实践中也有其特殊性，客观进程不可逾越，但超前雄心可以促进发展。1970 年维尔纳计划以 10 年时间建成经济与货币联盟的流产是一次企图超前实践的失败之作。而 18 年后的《德洛尔报告》基本上属于超前设想。1991 年底，统一大市场尚未实现，《马斯特里赫特条约》便决定经济与货币联盟的时间表，也是一种提前设想。

第四，对称与不对称并存。一方面，区域经济一体化组织内部必须谋求调整和调节的对称，这意味着公平或平等；另一方面，较富和较强的国家必须对支持较穷和较弱的国家做出承诺，这意味着不对称、不公平和不平等。例如，为实现成员国经济表现趋同以推进一体化，欧共体设立的结构基金并扩大其规模，德国和法国对此做出了较其他成员国更大的贡献。

第五，区域经济一体化越深入，经济政策和制度越需要由协调转向趋同，相应地，越需要就成员国重要经济指标订立明确的目标。经济政策和经济表现的趋同是区域经济一体化的必要条件，也是衡量区域经济一体化程度的重要指标。

3. 亚太地区区域合作组织的特点。欧洲统一大市场和北美自由贸易区的建立标志着美欧之间新一轮竞争的开始。综观全球区域经济合作的格局，目前只有亚太地区基本上还是一块尚待开发的处女地，未来大国将会把竞争的重点转向这一地区。中国正处于东亚地区的中心，我们可以对这一区域经济合作的格局和发展方向做出较全面的判断。

第一，经济合作的空间进一步扩大。由于亚洲特殊的历史背景，各个国家参与区域经济合作的目标是多元的，其中，非经济目标的权重会上升，即使纯贸易收益不大，与其他国家和区域组织的经济合作也可能发生。

第二，由于自由贸易区协定对大国有着特殊的功能，一些亚洲小国寄希望于缔结双边自由贸易区协定改善自己的博弈地位，而中国、日本、韩国等经济大国则希望缔结多边自由贸易区协定并希望成为区域内的主导者。同时自由贸易区协定又避免了大国让渡独立贸易政策（乃至整个经济政策）制定权的风险。因此，在可预见的将来，自由贸易区协定将是最普遍的一种区域贸易协定形式，尤其是在大国与小国之间。

第三，大国之间的竞争日益转变为区域经济合作组织之间的竞争。美欧各自的区域组织已经或将要形成，中国虽然已经成长为一个有影响力的大国，但还有很长的路要走。能否形成新的三足鼎立格局要看未来东亚区域经济合作的进程。

综上所述，中国所处的亚太地区的区域经济合作具有组织松散、非机制化、非排他性的特点，另外，亚太地区的区域合作层次多，一些国家往往参与了不同层次的区域合作，或者说参加不同层次区域合作的成员互相交叉重叠的现象相当普遍，包括了前面博弈模型中所讨论的所有博弈形式，这是东亚地区特定的历史文化背景和政治经济社会的发展状况的必然反映。所有这些都决定了亚太地区合作的多样性、开放性和松散性，而且越是大型层次或大范围的区域合作，这些特征就越突出。因此，从一个国家的角度研究这种国际经济协作趋势下的财政货币政策协调是宏观调控政策研究的一个新课题。

# 第三章　国际经济协作背景下财政政策的国际比较

国际经济政策协调强调，在利益发生冲突或无法确保相关国家的经济利益同时达到最大化的情况下，就财政、货币、汇率、贸易等宏观经济政策在有关国家之间展开磋商、协调，或适当修改现行的经济政策，或联合采取干预市场的政策行动，以减缓各种突发事件和经济危机带来的冲击，维持和促进各国经济的稳定增长，以寻求各参与协调国家的整体利益趋于最大化。第二次世界大战后，凯恩斯的政府干预理论成为西方发达国家制定宏观经济政策的主要依据。国际经济相互依存的加深使得西方各国的宏观经济政策都产生溢出效应，因而就有了进行国际协调的需要。真正意义上的国际经济政策协调出现于第二次世界大战后，成立的联合国成为协调国际事务的常设机构，而经济领域的协调则主要体现在《布雷顿森林协议》、《关税与贸易总协定》的签订和国际货币基金组织、世界银行的建立上。

第二次世界大战后直到20世纪70年代，国际经济政策协调是在布雷顿森林体系的基本框架下运行的，尽管该体系是以美国为中心、更多地代表了发达国家的利益，但它毕竟是多个国家共同协商产生的新型国际经济制度，在第二次世界大战后所起的作用是明显的。在此期间，世界经济与贸易的发展水平超过了历史上的任何时期，发达国家再也没有出现像20世纪二三十年代那样的全球性经济危机。实践证明，世界上各个国家间国家和国际组织之间政策协调的顺利进行需要有对长远利益的认识，同时也需要有实力的国家担当更多的义务和责任去推动合作。

1973年，美国向全世界宣布美元与黄金脱钩，标志着布雷顿森林体系的崩溃及美国在世界政治经济领域的霸权相对削弱。在此背景下产生了七国集团：一是七国首脑会议。1975年11月，在法国总统德斯坦的倡议下，法国、英国、联邦德国、意大利、美国和日本六国首脑在巴黎郊外朗布依埃召开第一次首脑会议，加拿大与欧共体相继于1976年、1977年出席。20世纪70年代中期以来，七国首脑会议每年举行一次，讨论世界经济政治的协调问题。二是七国财政部长及中央银行行长会议。该部长级会议从80年代中期开始在首脑会议以外对国际宏观经济政策进行协调，是七国集团宏观经济政策协调的重要决策者。很多重要议题都是由七国财长与央行行长会议通过后，再提交首脑会议签字对外发布的。从20世纪70年代中后期开始，七国集团在国际经济政策协调方面发挥了越来越重要的作用，其主要内容包括：

1. 财政政策协调。在每年一度的七国集团首脑会议和财长会议上，七国首脑和财长就各国的政府预算、税收政策的协调等进行讨论协商并达成一定的协议，以促进各国经济的持续增长。

2. 货币政策协调。随着经济全球化的深入，一国货币政策产生的“溢出效应”会对其他国家产生影响。为避免出现以邻为壑的政策，七国集团对各国货币政策进行协调，主要是协调利率政策，即通过各国中央银行行长和财政部长会议来协商并确定政策方向，通过各国国内的宏观政策加以实施。

3. 汇率政策协调。布雷顿森林体系瓦解以来，主要工业国家实行的是管理浮动汇率制，外汇市场干预成为各国中央银行特别是发达国家中央银行进行汇率调节的主要手段。

4. 贸易政策协调。从第一次首脑会议开始，七国集团凭借其强大的政治经济实力，对历次多边贸易谈判产生了重大的影响，并在一定程度上决定了世界贸易体制的发展方向。

5. 金融危机救助贷款。作为世界主要工业大国，七国集团的一个重要职能就是要形成有效的危机反应机制，面对金融危机充当最后贷款人的角色，以抑制金融及经济恐慌。

## 一、20世纪70年代以来日本财政政策效果评价

美国和日本的协调模式属于劝说型博弈。在这一博弈模式中，日本能够成为美国的“小伙伴”，分享于美国合作带来的好处。但美日合作是一种不对等的合作，处于弱势一方的日本，接受了美国的诸多不平等的条件和约束，如1985年的《广场协议》。对于日本而言，美日合作并不是它的最佳策略，因此，这种实力不对等情况下产生的利益分配不均衡的合作关系，随着双方实力的变化，双方特别是弱势的一方会不断寻求新的合作模式，改善合作中的利益分配关系。美国之所以能够加入这种合作，并非仅仅通过指挥比它更弱小的伙伴按照规定的方式行动来实现的，相反，必须与日本一起寻求共同利益，而且在要求日本与它保持一致时，本身也必须做一些调整来相互协调。

以第一次石油危机为分界，日本在20世纪70年代中期终止了其将近20年的高速发展势头，从那时开始到20世纪90年代初期，日本经济仍然取得了高于其他发达国家的发展速度，但为了推动日元国际化，日本采取了与西方发达工业国家主动协调的财政政策、金融政策，其代价是极其惨重的，泡沫经济破灭后，是连续十余年的经济萧条，因此，分析日本从石油危机以来到泡沫经济破灭期间的财政政策、货币政策，对我们理解日本经济和把握正确的前进方向，找到一条持续发展的道路十分必要。

### （一）两次石油危机对日本经济的影响

从20世纪60年代开始，日本经济对石油这一进口能源的依赖也日益加深（见图3－1）。1973年10月爆发的石油危机，加上全球性通货膨胀的袭击使日本经济1974年首次创下第二次世界大战后负增长的纪录，经济结构调整被迫沿着工资和能源价格迅速上升的新价格体系方向推进。1979～1980年的第二次石油危机期间，原油价格的涨幅超过了第一次石油危机，再一次沉重打击了包括日本在内的石油消费国。

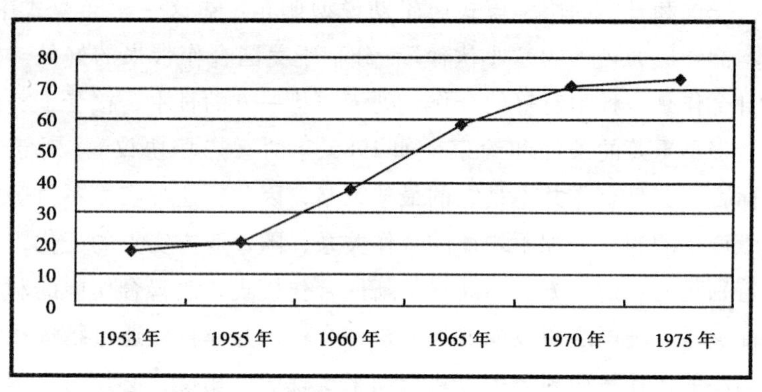


图3－1 石油消费占日本能源消费的比重（%）

### （二）两次石油危机之后日本经济增长模式转换和财政政策调整

两次石油危机的冲击造成了第二次世界大战后日本经济的转折，尽管其对实体经济部门的影响是短期的，但对日本经济增长模式的转换和财政政策、货币政策调整的影响却持续了相当长的时间，政策调整的效果对后来泡沫经济的形成也有至关重要的作用。

石油危机爆发后，为了控制石油价格上涨触发的通货膨胀和负利率问题，日本财政政策、金融政策开始收口，既定公共投资政策向后推迟，对控制通货膨胀真正发挥作用的货币政策，主要体现在对货币供给的管制上，1973 年第二季度，$M_2$ 同比增长下降，短期贷款利率上升，同时马歇尔 K 线持续下降至 1974 年底，从 1975 年开始，日本物价趋于稳定。正是由于日本比其他发达国家迅速、彻底地采取了上述金融紧缩的政策，物价才得到及时控制。

在第一次石油危机之后的第四届伦敦发达国家首脑会议上，国际上要求美国、日本、联邦德国三个经济大国率先摆脱经济萧条的呼声高涨，促使三个大国通过采取协调一致的景气刺激政策扩大经济规模，通过国际协调贯彻凯恩斯主义的经济政策。在 1978 年的波恩发达国家首脑会议上，美国、日本、联邦德国三大国通过协调一致同意实行明确的经济扩大政策，努力实现经济增长 5%～6% 的目标，根据这项协议，当时的日本福田内阁两次修正预算，1978 年预算草案比 1977 年增加 20.3%，公共事业费增加 34.5%，表现出非常积极的扩张主义态势，1978 年日本政府实际支出增加 9.3%，增幅与经济高增长期持平。由于实行连续的积极预算，日本自 1977 年起对公债的依存度均在 30% 以上，开始实行积极的财政政策（参见图 3－2）。

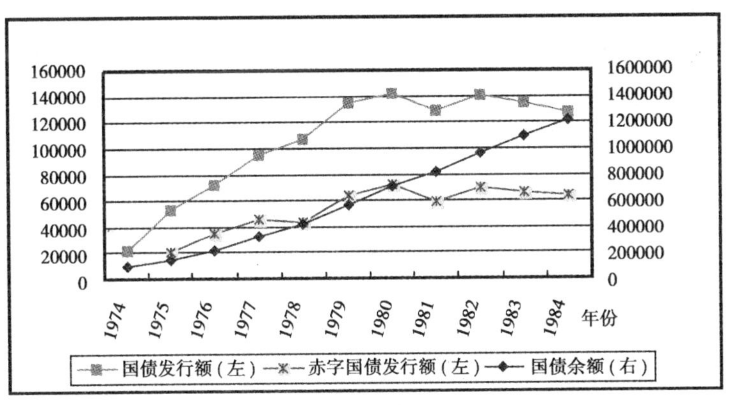


图 3－2　日本 1974～1984 年国债发行、余额变化（亿日元）

日本赤字国债发行一直持续到1989年，对刺激经济、扩大国内需求起到了重要作用，使得日本与20世纪80年代经济合作与发展组织各国平均增长率相比，经济保持了相对较高的增长水平。但也引发了由于囤积国债对民间资金需求的挤出效应和财政投资刚性化的问题，而且在浮动汇率体制下资本在国际间移动日趋活跃，巨额财政赤字可以引发市场对提高利率的预期，为后来日元的升值埋下伏笔。

### （三）1985年的《广场协议》和日元的升值

1985年9月22日发表的《广场协议》是发达国家五国（日本、美国、联邦德国、法国、英国）财政部长会议在纽约广场宾馆发表的干预外汇市场的声明，美国承诺将努力削减财政赤字；联邦德国承诺要通过减税刺激经济发展；日本承诺扩大民间消费，扩大国内的有效需求。根据这项声明，1美元兑换237日元的汇率在两年半的时间内升至1美元兑换120日元，20世纪80年代初期美元升值、日元贬值的格局一举扭转为日元升值、美元贬值的局面。

表面上看，《广场协议》是日本为了实现其从经济大国到政治大国的转变而对美国的让步，但实际情况是，在此之前的经济刺激政策使发达国家意识到经常收支赤字的严重性，美国经常收支逆差滋长保护主义的势头，若不予以控制，则有可能引发相互采取破坏性报复行为的危险，进而严重危害世界经济。《广场协议》承认20世纪80年代前半期美元汇率大幅度偏离了均衡汇率，美元升值是造成对外不均衡的根源，强调外汇汇率对纠正不平衡的作用，最终使降低美元汇率的目标迅速实现。

从《广场协议》发表，到1989年5月，日本多次下调法定贴现率，目的在于扩大内需，通过内需的扩大带动进口增加，从而达到削减贸易顺差的目的。宽松的货币政策刺激了企业金融资产投资的热情，突出特点是制造业贷款增速下降，非制造业等其他行业贷款增幅逐年扩大（见图3－3），为后来的泡沫经济的形成和破灭埋下“祸根”。

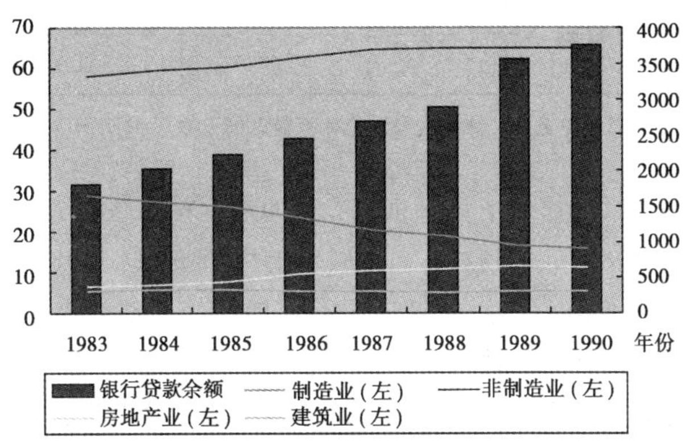


图3－3　银行贷款余额（1000亿日元）与行业占比（%）

值得一提的是，《广场协议》的意义在于首次提出了国际性政策协调的理念，并付诸实践。宏观经济政策不仅被运用于国内景气的对策，且在设定某项国际目标的基础上加以运用的尝试不能不说是划时代的。此外，1986年东京圆桌会议后成立的政策协调性专门机构G7（在前面五国的基础上增加了意大利和加拿大），采用7国可以彼此监督的多角监督形式，建立了完备的政策协调机制。

### （四）泡沫经济的形成和破灭

研究表明，日本在1985年《广场协议》后财政政策、货币政策的过度反应导致了泡沫经济的形成，1987年“平成景气”之后，日本多次丧失了提高利率的机会，导致20世纪80年代后半期，日本经济从股价、地价乃至绘画等领域的几乎所有资产价格全面暴涨，形成了泡沫经济，随之而来的是十多年的经济不景气（见表3－1）。

表 3-1 1981-1991 年和 1992-2002 年 GDP 增长和波动比较

| 时期 | 年均增长率（%） | 标准方差 | 波动系数（2/1） |
|---|---|---|---|
| 1981~1991 年 | 4.02 | 1.2789 | 0.3132 |
| 1992~2002 年 | 1.15 | 1.3509 | 1.1747 |

资料来源：据日本总务省统计局《日本统计年鉴 2005》表 3-1 计算。

在诸多因素的作用下，东京中心区的地价首先暴涨了起来，中心商业用地 1984 年增值 22%，1985 年增值 31%，1986 年增值 54%，1987 年增值 76%。被迁出中心区的住户，都获得了丰厚的搬迁费用。他们把这些钱用于购买近、远郊的房地产，又抬高了这些地区的房地产价格。从而使东京地区的房地产价格暴涨起来。其他城市也学习东京进行城市再建，于是日本全国地价也高涨了起来（参见图 3-4）。[①]

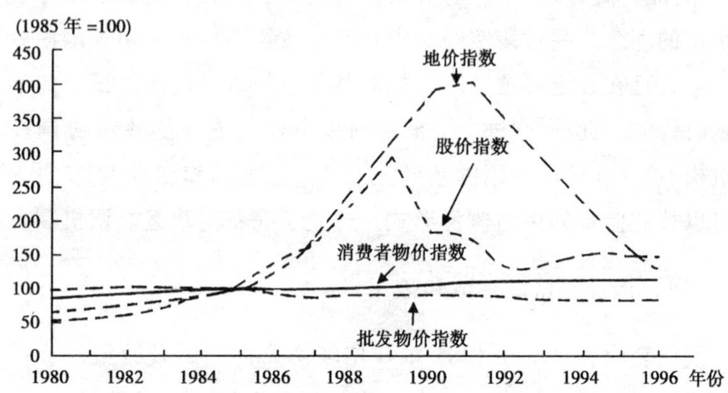


注：以 1985 年的指数为 100。

图 3-4 日本 1980~1996 年地价、股价、消费者物价和批发物价

① 求盛：《日本发展神话的崩溃》，经济科学出版社，2000 年版。

### （五）20 世纪 90 年代日本财政政策失误及其后果

泡沫经济崩溃后的日本经济不但增长非常缓慢，而且极不稳定。泡沫经济崩溃后的日本经济究竟在哪里出了问题？这个时期的日本经济衰退大部分可归因于民间消费和设备（非房地产）投资的低迷。前者对经济增长的贡献，除了 1994 年、1995 年和 1996 年之外，都不足 1%（见表 3－2）。后者跌落得更加厉害，有七年为负增长，只在 1996 年、1997 年和 2000 年超过 1%。民间消费特别是设备投资的跌落，表明日本经济陷入“流动性陷阱”。日本具有低消费、高储蓄的传统，在泡沫经济破灭之前，高投资率消化了高储蓄，弥补了消费需求的不足。泡沫经济破灭之后的经济减速，使民间对资本收益率的期待大大降低，导致储蓄规模远远大于投资规模，尽管均衡真实利率已经变成负数。民间消费和投资停滞，导致内需严重不足，物价下跌。自 1992 年以来，日本的物价总水平增长速度持续下降，并从 1995 年起进入了一个通货萎缩的世界。

**表 3－2　1981～2002 年日本 GDP 增长贡献因素**　单位：%

| 年度 | 民间消费 | 房产投资 | 非房产投资 | 民间存货 | 政府消费 | 公共投资 | 公共存货 | 净出口 | GDP |
|---|---|---|---|---|---|---|---|---|---|
| 1981 | 1.12 | -0.11 | 0.28 | -0.03 | 0.79 | 0.05 | 0.00 | 0.72 | 2.8 |
| 1985 | 2.28 | 0.19 | 1.71 | 0.10 | 0.49 | 0.26 | 0.03 | 0.17 | 6.0 |
| 1990 | 2.57 | 0.34 | 2.20 | -0.10 | 0.49 | 0.26 | 0.03 | 0.17 | 6.0 |
| 1991 | 1.65 | -0.53 | 0.22 | 0.16 | 0.45 | 0.32 | -0.02 | 0.34 | 2.2 |
| 1992 | 0.98 | -0.16 | -1.05 | -0.62 | 0.37 | 1.11 | 0.02 | 0.42 | 1.1 |
| 1993 | 0.97 | 0.15 | -2.45 | -0.66 | 0.43 | 0.68 | -0.04 | -0.11 | -1.0 |
| 1994 | 1.30 | 0.34 | -0.16 | 0.60 | 0.46 | -0.16 | 0.11 | -0.20 | 2.3 |
| 1995 | 1.28 | -0.29 | 0.44 | 0.38 | 0.58 | 0.63 | -0.02 | -0.63 | 2.4 |
| 1996 | 1.48 | 0.65 | 1.39 | 0.11 | 0.37 | -0.25 | -0.01 | 0.98 | 0.6 |

续表

| 年度 | 民间消费 | 房产投资 | 非房产投资 | 民间存货 | 政府消费 | 公共投资 | 公共存货 | 净出口 | GDP |
|---|---|---|---|---|---|---|---|---|---|
| 1997 | -0.43 | -1.0 | 1.17 | 0.17 | -0.13 | -0.47 | -0.01 | 0.98 | 0.6 |
| 1998 | 0.04 | -0.04 | -0.08 | -0.07 | 0.04 | -0.01 | 0.00 | 0.01 | -1.0 |
| 1999 | 0.23 | 0.14 | -0.04 | -0.21 | 0.71 | -0.05 | 0.02 | 0.06 | 0.9 |
| 2000 | 0.60 | -0.01 | 1.54 | 0.52 | 0.74 | -0.59 | 0.01 | 0.24 | 3.0 |
| 2001 | 0.71 | -0.30 | -0.29 | -0.54 | 0.43 | -0.3 | 5 -0.03 | -0.54 | -0.12 |
| 2002 | 0.58 | -0.08 | -0.54 | 0.40 | 0.34 | -0.32 | 0.01 | 0.79 | 1.2 |

资料来源：根据《日本统计年鉴2005》表3-1计算。计算方式是：某因素对GDP增长的贡献率=（该因素在t年的支出货币价值-该因素在t-1年的支出货币价值）/t-1年的GDP。

## 二、欧盟财政政策、税收政策的协调

欧盟从1951年法国、意大利、荷兰、比利时、卢森堡、联邦德国6个国家签定《巴黎公约》，建立煤钢共同体开始，到2004年的扩大后成员国达到了25个，欧洲经济一体化已经走过50多年的历程。在这50多年中，欧洲一体化循序渐进，大致经历了四个发展阶段（李善同、刘勇，2004）：第一阶段（1951~1965年），为单一领域合作阶段（或自由贸易区发展阶段）。先是法国、联邦德国、意大利与比荷卢（Benelux）等西欧6个国家在煤钢共同体范围内进行了合作；后是欧洲经济共同体（EEC）和欧洲原子能共同体（Euratom）的成立。第二阶段（1965~1992年），为经济和社会等多领域合作阶段。上述6个国家再加上英国、爱尔兰、丹麦、西班牙、葡萄牙和希腊共12个国家在欧洲共同体（EC）范围内，进行了以关税同盟和共同市场为目标的多领域合作。第三阶段

(1992～2002 年)，为经济和社会领域里的全面合作阶段。欧洲联盟取代了欧洲共同体，欧洲一体化加速，其成员国也由 12 个国家扩大到 15 个国家，初步建立了经济联盟，实现了货币制度的统一。第四阶段（2002 年开始制定《欧盟宪章条约草案》)，为政治一体化阶段。启动政治一体化进程，并接受新的成员国，成员国由 15 个扩大到 25 个国家。

### （一）欧盟的区域协调政策安排

在整个经济一体化过程中，欧盟十分注意加强各成员国之间的相互联系、交往和发展机会的均等，这些都或多或少地体现在欧盟区域发展的政策方面。

欧盟全面系统的区域政策的出现是在 1987 年，欧洲委员会制定了 1988～1993 年欧洲经济共同体结构政策，建立了结构基金和融合基金，有力地推动了共同体内部相对落后地区的发展。

1993 年，欧洲委员会又制定了 1994～1999 年度欧盟结构基金援助计划，共有六大目标：

目标一：促进落后地区的发展和结构调整；

目标二：扭转产业严重衰退地区的发展趋势；

目标三：消除长期失业现象，鼓励就业；

目标四：促使劳动力适应产业变化；

目标五（1)：调整农业和渔业结构，（2)：促进农村地区发展；

目标六：（因奥地利、芬兰和瑞典加入欧盟法案而特设）促进人口特别稀少地区的发展。

1999 年，欧盟委员会通过了总额高达 2600 亿欧元的欧盟2000～2006 年度结构措施政策的拨款法案，第三阶段欧盟机构基金援助目标有三：

目标一：是促进落后地区的发展和结构调整；

目标二：支持面临结构困难的地区实现经济和社会的转型；

目标三：支持教育、培训和就业体系和政策的实施和现代化。

总体上看，欧盟区域政策非常系统而且十分完善，就三个阶段的区域发展结构基金实践的结果来看，完全有理由相信只要欧盟继续坚持其行之有效的区域协调发展政策，欧盟地区间的差距必将大大缩小，区域协调发展的目标就一定能够实现。

### （二）欧盟的税收协调安排

税收协调问题提出的背景是区域经济一体化过程中日益严重的税收竞争。欧盟的一体化过程要求市场统一和最大限度地保持各成员国主权的有机结合。但是，欧盟的一体化趋势又必然会对成员国的主权构成威胁。税收政策、货币政策和预算政策的独立性一直被认为是国家主权的基本要素。货币政策的自主性由于欧元的实行在欧元国家消失，在其他国家也会因今后汇率和利率市场化而受到限制和越来越不受主权国家的控制。同样，由于受到《马斯特里赫特条约》的禁止，通过预算政策调控的余地也不大。而且，过度的预算赤字也会对国际资本市场产生不信任。在这些条件下，税收政策成为国家主权的最后防线之一，并已成为各国在吸引外国企业和外国资本竞争中的一个重要工具。

各国之间税收竞争产生的不良后果主要体现在税收收入的下降和不公平的税收制度上：税收收入的下降是税收递减效应的结果。所谓的税收递减效应，是指非合作税收博弈均衡的税率要低于帕累托意义上的最有效率的税率。

这种低于帕累托效率的非合作均衡是由于税收竞争使各个政府竞相降低税率以吸引和扩大可流动的税基。但从理论根源上讲，低于帕累托效率的非合作均衡产生的原因在于税收竞争产生了外部效应，因为各国政府是在非合作中制定税率的，即不考虑本国的税收政策对其他国家可能产生的外部效应。而国家税收减少后，又将不得不减少公共产品的提供，难以满足人们对公共产品和服务的需要。这是税收竞争的第一个后果。

税收竞争的第二个后果是国家把税收负担转移到流动性弱的要素上来。因为，如果对流动性强的生产要素（资本）征税或实行的税率较高，那么在税收竞争的情况下，一国就会面临税基流失的风险。由于对流动性活动的征税越来越困难，国家如果要维持现有公共服务的水平，就面临着要从劳动、消费和其他非流动性活动中提高税收的风险。这样一种转变，将使税收制度变得更加不公平，由于税基的减少，又将产生新的经济扭曲。从这些年来税收结构的变化中可以看出，流动性强的要素税收负担有减轻的趋势，流动性弱的要素税收负担有提高的趋势。有关研究显示，在1981～1995年间，欧盟储蓄收入税的有效税率平均下降了10%左右，对劳动的税收增加了7%。

税收竞争产生以上后果既损失效率，又有损公平原则。从违背公平原则的角度看，不是所有的纳税人都具有同样逃避税收的可能性：金融资本和工业资本由于流动性强能够得到免税，劳动者和不动产的税收负担将增加。考虑到资本收入大多是为社会最富有的阶层拥有，这种状况不仅不符合横向公平，而且不符合纵向公平，大企业和巨额资产的拥有者将是税收竞争的最大获益者。

税收竞争对效率不利的影响表现在它使投资和企业选址等经济活动的决策所需考虑的因素发生变化：人们的经济决策不再取决于对要素的收益和成本的对比，还必须考虑税收的因素。也就是说，生产要素（如资本、劳动力）在各地的配置不仅受要素收益高低的引导，而且要受各地税收政策的影响，结果是资源从最能得到有效使用的地区流出，流到其他使用效率不高，但税收政策优惠的地方，使整体经济效率受到损失。对劳动征税过重会对就业产生不利影响，激烈的税收竞争会导致采用复杂而成本高昂的反偷漏税的条例，增加税务管理成本，也不利于鼓励企业发展国际间的经济活动。因此，税收竞争被认为是一场没有赢家的竞赛。

1. 外部效应和辅助性原则。经济一体化和要素流动性的提高会增强税收的外部效应。取消成员国之间的边境控制，建立欧洲单一市场会影响各国间的交易以及商品和要素的流向，并对各国行使的税收主权构成威胁。总之，随着经济开放度的不断增大，各国间经济融合度的不断加深，各国税收政策的外部效应也将日益明显和日趋严重。从经济学角度看，解决外部效应的着眼点在于使外部效应内部化。就税收的外部效应而言，具体的解决方案木外乎有三种：市场的自由竞争、税收协调、税收的统一化。

第一种通过税收竞争的市场方法虽然也可以消除税收的外部效应，但付出的代价很大。例如，税收竞争有可能扩大收入分配的差距，资本收入者将因税收竞争减轻负担，而工资收入者将会增加税收负担。政府在纠正市场缺陷上担负重任，但税收竞争在扩大收入差距的同时，也使政府的收入下降。如此一来，政府的收入再分配职能必将难以实现。因此，从总体上看，不适宜用税收竞争的方法消除税收的外部效应。

对第二种和第三种办法的选择既需要从经济和实际操作上考虑，即国家有效地实行税收主权的可能性和不同税收制度的效率程度，也要从政治因素上考虑，即所期望的税收和预算管辖权的集中化程度。无论从经济分析角度看，还是从现有成员国在国内不同层次间政府事权分配的实际差别看，即使在经济上各地区间的联系非常紧密，也不宜对税收政策实行集中化，或者在税收领域协调所有的税收决策。在一定程度上存在地方选择上的差别是有效地实行地方民主所必需的。

在欧盟切实可行的方案应该是遵循《马斯特里赫特条约》第三条的辅助性原则。根据辅助性原则，只有在成员国不能有效地实行某种行动的目标，只能在欧盟层次上才能实现的情况下，欧盟才可以干预。换言之，事权的集中只是一种例外，只有当事权分散在各成员国造成的经济成本大于收益时才不得不对各国的事权进行集中。辅助性原则在预算和税收方面的体现就是，由于各成员国在社会保障体系及其资金来源、公共产品消费、国家管理作用等方面还存在差别，在欧盟范围内还没有一个真正的选举制度，欧盟的公众舆论还没有能够达到足够一致性进行决策，所以不宜把现有各国的预算和税收管辖权上交给超国家机构，即欧盟来实行。就目前状况看，欧盟各国税收协调的目标是在保持各成员国税收方面最大程度主权的同时，使各国间税制差别引起的经济扭曲最小化。

欧盟各国间税收协调的紧迫性还在于其特有的经济和政治原因：第一，生产要素流动的自由程度在欧盟内部比在世界范围内要大得多。欧盟国家的国际贸易有65%以上是在成员国之间进行的。随着单一货币的启动，汇率风险将不复存在。而利用各国间的税收差异获取经济利益的驱动力大则为增加。税收竞争将不仅限于资本所得税、企业税、增值税，而且同样会影响到社会保障税。第二，税收协调是欧盟建设形成中的一个重要因素。就近期而言，它有利于充分发挥大市场的专业化分工、规模经济的优势。因此，必须取消一切阻碍经济交易的因素和减少与经济活动有关的行政程序。从长期看，要尽量在税收结构上实行某种程度的趋同，为建立一个共同预算政策创造条件。

即使欧盟各国同意进行协调，道路也是漫长的。一个国家的税收制度是其历史发展过程中各个时期的税制演变而来的，各国税收总体水平和税收结构都存在差别。因此，协调过程不应该是各成员国税制向一个欧盟统一的税收制度接近或趋同的简单过程。如果在对某些税种进行协调时必须对成员国的税收结构进行较大改变，那么就应该让每个成员国有机会自己对本国的税收制度进行调整，使之与所要达到的目标相一致。

2. 税收协调的领域和程度。在还没有一个欧洲政治统一体和公认的超国家主权的情况下，让各国自己选择公共产品的消费水平以及社会保障的程度是合理的。当然，也应该尽可能让各国在资金筹措方面享有同样的自主权。税收的协调只能限于那些如果继续维持各国在这些税收上的差别将会给市场机制造成巨大扭曲的税种上（Sterdyniak et al，1991）。

第一，对主要影响家庭收入的税收不宜协调。个人所得税、雇工交纳的社会保障税、遗产税等应该由各国自己支配和控制。

第二，对影响企业的税收有必要进行协调。企业的生产活动在许多情况下是可以选择在不同地方进行的。

第三，所有的企业，不管在其产品市场上有没有竞争，在资金筹措上总是存在竞争，特别是在资本市场上。

第四，在资本具有高度的流动性和实行单一货币的情况下，对不同金融地区之间竞争条件的协调，以及对金融组织之间、投资机构之间竞争条件的协调，必然意味着各种规章条例的趋同，意味着对动产交易和中间机构征税方式的协调。

最后需要说明的是，各成员国之间在经济、政治、文化等方面的差别固然是影响税收协调进程的重要因素，但是现行的一致通过原则也是直接制约税收协调进程的不可忽视的因素。如果采用多数原则，许多有关税收协调方面的政策措施也许早就付诸实施，却因为个别国家的反对而夭折。现在，越来越多的人感到，如果要加快欧盟的税收协调进程，用多数原则取代一致通过原则是非常必要的。

## 三、经济全球化趋势下，世界各国税制改革趋势

1. 逐步降低公司所得税税率。为消除高税率对投资与生产的干扰，提高公司投资能力，加速资金流动，从20世纪80年代中期

开始，各国开始降低所得税税率。在进入21世纪之际，美国的减税方案又一次在其他国家产生了强烈反响，各国相继公布了连续几年的中期性持续降税计划。如德国2001～2005年，把公司所得税率从40%降至25%；法国自2000年开始降低公司所得税实际税率，主要是降低公司所得税10%的附加税率，2001年降到6%，2002年降到3%，2003年全部废除。另外，这种降税浪潮同样波及到发展中国家。

2. 降低个人所得税的税负。个人所得税从20世纪80年代起也一直处于下降通道。各国的做法大体包括两个方面：一是直接降低边际税率，简化税率级次；二是提高个人所得税的扣除额，缩小税基。美国国会2001年5月通过布什总统提出的减税法案，宣布未来10年内将减税1.35万美元，全面降低个人所得税税率，并简化税率级次，最低税率当年由15%降到10%；到2006年最高税率从39.6%降到35%，未成年子女的税收抵免额从500美元提高到1000美元。德国2001～2005年间，最低税率由22.9%降到15%，最高税率由48.5%降至42%，基本免税额由年收入13499马克提高到15011马克。

3. 公司所得税和个人所得税趋于一体化。目前，多数国家对个人和公司实行独立课税，即对公司税和个人税并行征收，对股息的经济性双重征税基本上没有消除，这也是美国、荷兰、卢森堡和瑞士等国家的现行做法。在合并课税论尤其是单一个人税派观点的影响下，世界各国纷纷采取措施缓解或消除这种重复课税，解决这一问题的方法就是公司所得税与个人所得税一体化。

4. 普遍开征增值税。在世界税制改革运动中，各国除了在以降低税率为主要措施对所得税制进行改革以外，还集中讨论并采取一些谨慎的步骤改变税种组合。这种税种组合的改变，通常是指所得税向一般消费税，如增值税转变。据国际货币基金组织统计，世界上开征增值税的国家已达100多个。而且大多数国家倾向于选择税基较窄的消费型增值税，基本税率也有提高的趋势。有关专家认为，这种趋势倘若持续下去，那就不是整个消费税种内部的此消彼长的问题，而可能真的变成增值税对个人所得税的削弱甚至取代。到目前为止，尽管美国尚未实行增值税，但是美国目前正在酝酿的对企业课征的统一税就是间接加法的增值税。如果这些方案在美国付诸实施，在联邦政府层次上，美国就有可能成为一般消费税占主导地位的国家。

5. 社会保障税发展迅速。从发达国家看，经济合作与发展组织国家的社会保障税占国内总税收的平均比重，1955 年为 14%，1965 年为 18%，1975 年为 22%，1985 年为 23%，1995 年为 25%。1995 年以后此项比重超过 30% 的有法国 43%，荷兰 42%，德国 39%，日本、奥地利、西班牙 36%，比利时 33%，意大利 32%，另外，经济合作与发展国家社会保障税在总税收中的比重变化显著，1965 年社会保障税（19%）比个人所得税（26%）低 7 个百分点，到 1994 年，前者（27%）几乎赶上了后者（28%），其中 16 个成员国的社会保障税超过个人所得税。美国从 1993 年起社会保障税已成了联邦税收的头号税种。从发展中国家看，社保税发展也非常迅速。

6. 反避税条款更趋严密、科学。经济全球化意味着传统意义的国家不再存在，资金、技术、资源在全世界范围内流动，哪里成本低、利润高就流到哪里去生产。公司的设立有了更多的自由，特别是有形和无形的跨国交易可以在国际互联网上进行，使按交易发生地课税变得复杂和困难。这意味着对政府来说，征税将越来越困难；对公司和个人来说，逃避税收变得越来越容易。国际逃避税的经常发生迫使各国税务当局，从税收立法到税务征管都不断推出新的反避税措施。可以想象，在各国政府都不遗余力地加强反避税工作后，各国税制中的反避税条款将更趋严密、科学。

## 四、国际经济政策协调的新进展

20 世纪 90 年代以后，国际经济政策协调表现出一些新的特点：

第一，全球性国际经济组织的协调作用下降。国际货币基金组织、关税与贸易总协定等的协调作用，主要体现为机构协调。但是，由于它们在运行过程中的缺陷，其协调作用已受到很大影响。例如，国际货币基金组织在处理亚洲金融危机中的表现，受到了许多经济学家和政治家的批评，因此国际货币基金组织面临着多方面改革的压力。再如，世界贸易组织也存在着各种制度缺陷，如谈判交易费用因其成员数量增多而不断增加，谈判耗时长、灵活性差，协议生效后的执行成本高、执行难等。近年来，要求世界贸易组织进行改革的呼声也不断出现，特别是 2003 年坎昆会议失败后，这种呼声更加高涨。

第二，七国集团的协调效力趋衰。20 世纪 80 年代中后期，七国集团宏观经济政策协调曾经达到高潮，但是收益不大，没有达到政策制定者预期的效果，甚至还给某些国家的宏观经济带来负面影响。1998 年俄罗斯被正式接纳为会员，七国集团更名为八国集团，但俄罗斯只参加政治议题的讨论，在经济问题上仍保持七国体制。世界经济发展的不平衡使这些国家之间在某些重大问题上的协调性降低，近年来，美国的单边主义倾向更加剧了这种趋势。美国推动国际经济政策协调的动因往往是为了解决国内经济问题，但它不从自身寻找原因，而是将本国的经济问题归咎于外国的经济政策，要求别国进行经济政策的调整。美国的这种做法越来越受到各国的抵制。

第三，区域经济政策协调及双边经济政策协调不断发展，区域自由贸易成为新潮流。在不违背世界贸易组织原则的前提下，区域合作是对多边合作的补充。相对于多边合作，区域或双边合作具有更大的灵活性，往往可以避开世界贸易组织谈判中无法回避的难题。世界贸易组织成员经济实力和发展水平的差异，也促使一些地域邻近、经济互补的国家考虑优先采取区域合作的方法。坎昆会议的失败使得区域合作掀起热潮。根据世界贸易组织的官方统计，到2006年3月，世界上已经签订的区域自由贸易协定达340个①，内部货物贸易量占全球贸易总量的比重早已超过50%。

在亚洲，除了亚太经济合作组织外，近年来一些次区域性的国际合作也获得了发展。亚洲金融危机之后，东亚地区成立了由东盟十国加上中国、日本、韩国三国的次区域性合作组织，即“10+3”，确立了首脑定期会晤、财政部长定期会商和政策对话等机制。目前，东盟十国已着手建立自由贸易区，并计划到2020年底之前创建一个类似欧盟的经济共同体。东盟已与中国确定于2010年建成自由贸易区，同时也积极同日本、韩国、印度和欧美国家商讨建立自由贸易区。

欧盟各成员国的政策协调是目前较高级别的国际经济政策协调。近年来，欧盟致力于促进欧盟各国向更加健全、更加紧密的经济联盟过渡。在实施东扩计划的同时，欧盟也积极开展跨区域的双边合作，先后与墨西哥、智利、南方共同市场、中东与地中海沿岸国家以及海湾国家协商建立自由贸易区，其中与南非、墨西哥的自由贸易协议已经生效。

美洲经济贸易合作得到进一步发展。一是北美自由贸易区向南延伸。美国与尼加拉瓜、萨尔瓦多、危地马拉和洪都拉斯四个中美洲国家达成自由贸易协定。二是拉美自由贸易区取得实质进展。南方共同市场和安第斯共同体签署了自由贸易协定，为南美国家建立

---

① 沈田宝：“发展区域贸易安排与我国外貌发展”，《法学杂志》，2007年第3期。

统一的大市场奠定了基础。三是推动建立美洲自由贸易区。将由北美自由贸易区、安第斯共同体、南方共同市场等联合组成，涵盖除古巴之外的所有 34 个美洲国家，从而建成世界上最大的南北区域经贸集团，但这一进程并不顺利。

第四，中国等发展中国家在国际经济政策协调中的作用逐渐增强。目前，尽管七国集团仍被视为“富国俱乐部”，但它已不可能完全无视发展中国家尤其是中国的存在。主要原因有：一是中国的快速发展和不断壮大的经济实力对世界经济的影响越来越大。中国已是世界第三大、亚洲第一大进口市场，没有中国的参与，国际经济政策协调很难决策，即使做出决策也难以实施；二是发达国家希望借此约束和影响中国，要求中国按其“游戏规则”办事。鉴于此，近年来七国集团频繁对中国发出邀请。2003 年 6 月和 2005 年 7 月，中国国家主席胡锦涛两次应邀出席八国集团首脑与发展中国家领导人对话会议，中国财政部长和人民银行行长也多次出席七国集团部长级对话会议。中国认为，作为一个发展中的大国，需要与七国集团建立必要的联系和沟通，积极参与国际经济政策协调和规则的制定，为中国的经济发展营造良好的外部环境。

在世界经济运行中，七国集团过去在国际经济政策协调中的重要性，与联合国安理会相提并论也不为过，所以有人称之为“全球经济理事会”。在新的国际经济形势下，该集团的作用并未完全消失，当务之急是进行更新和改革。目前，已提出两种改革方案：一是七国集团与发展中国家共同组成二十国集团，形成固定的对话和协调机制；二是把目前的七国改为四方协调机制，即美国、欧盟、日本和中国。虽然任何一种改革都很困难，但无论何种改革都意味着在 21 世纪的国际经济新秩序中，中国等发展中国家的重要作用将不容忽视。

# 第四章 "和平崛起"战略与财政政策调控能力的增强

在国际经济协作趋势——经济全球化趋势、区域经济一体化趋势和国际经济一体化趋势——不断发展的过程中，每个国家都有自己的经济和政治体系，都以自己的方式面对国际经济协作带来的挑战和机会。近年来，中国新一代领导人以及经济学术界一直在积极探讨一种在不给现有秩序带来冲击的情况下实现发展并给近邻各国和全球经济带来好处的崛起方式——"和平崛起"。中国"和平崛起"观点的提出，除了阐释多极主义诉求，消除"中国威胁论"的影响以外，也在试图以全球化作为实现自身持续发展的解决办法，向亚洲邻国和世界展示，中国并不想寻求霸权，同时也不再坚守过去在国际舞台上洁身自好的形象，而是告诉世界，中国正在积极和建设性地参与地区和国际事务，因为中国经济的持续增长，不只是必须依赖国内市场，还要依赖国际市场，是在国际经济博弈过程中不断探索的结果。如果说 1997 年亚洲金融危机中中国的表现标志着中国从一个发展中国家成为一个区域性大国，那么，2003 年以来人民币汇率问题以及 2004 年的宏观调控和积极财政政策转型、利率调整等问题引起的广泛的世界关注，则标志着中国已经迈出了从区域性大国到对世界经济有重要影响的经济大国的第一步，中国在崛起的同时，明白标示和平，回避霸权主义，强调其在亚洲和世界经济中的稳定角色。

## 一、“和平崛起”战略综述

崛起，是国际政治中的常用词，它通常所指的是一种现象，即一个国家相对力量的迅速增长。20 世纪 90 年代以来，海外关于中国崛起的报道和评论一直不断，不少人将 21 世纪称做中国的世纪，并且一些国家还把“中国威胁论”越炒越热。实际上，真正把中国经济发展同“崛起”联系起来，是在 2003 年博鳌亚洲论坛前后。在 2003 年 10 月举行的论坛会议上，温家宝使用了“亚洲崛起”的提法。2003 年 12 月 10 日温家宝在哈佛大学发表演讲时，不但提出了“和平崛起”的思路，而且阐述了“和而不同”的理念，这是中国政府高层第一次以“和平崛起”作为自身的角色定位。在这次演讲中，温家宝反复强调，“中国的发展和崛起是和平的崛起，我们要走一条和一些大国不一样的道路，这条道路就是和平崛起的道路。”温家宝还进一步解释说，“因为我们有自己的文化，源远流长的文化，这种文化的核心又是以和为贵，就是和的文化，当然我们还要和而不同，这种不同是相互补充，是相互借鉴，而不是冲突的来源。”

中国改革开放论坛理事长郑必坚在 2003 年的博鳌亚洲论坛上演讲时对中国的“和平崛起”做了准确的诠释，中国实行改革开放的 25 年来，已经开创出一条适合中国国情又适合时代特征的战略道路。这就是，在同经济全球化相联系而不是相脱离的进程中独立自主地建设中国特色社会主义这样一条和平崛起的新道路。关于这条道路，是同经济全球化相联系而不是相脱离，这本身就是中国的一个重大的历史性战略抉择。这个抉择，是在 20 世纪 70 年代摆在中国人面前的。当时，世界范围新科技革命和新一轮经济全球化浪潮蓬勃兴起。中国领导人把握住这个动向，做出了“当今的世界是开放的世界，中国的发展离不开世界”的重大判断，决心抓住历史机遇，把全部工作转到以经济建设为中心的轨道上来，实行对内改革和对外开放，并以农村包产到户和在沿海设立4个经济特区及14个开放城市作为起步，发展国内市场，走向国际市场。这样，才开创了中国改革开放的新时期。到了20世纪90年代，中国面临又一次历史性战略抉择，这就是经济全球化同反全球化两股潮流的对抗，以及亚洲金融危机的发生。中国领导人注意分析经济全球化的正面和负面效应，果断地确定了进一步积极参与经济全球化而又“趋利避害”的战略方针。这样，又把中国的改革开放推进到新的水平。

从经济意义上说，中国的崛起，包含两个方面的含义，一是中国GDP持续快速增长，与世界经济的融合不断加快；二是对其他国家的影响显著增强。在这个过程中，中国作为经济全球化和现行国际体系的积极参与者，将保持与美国等发达国家的合作性伙伴关系，维护国际体系的稳定，这对中国的经济增长至关重要。中国关心的是经济发展和社会稳定等内政问题，无意于在经济实力壮大过程中寻求霸权或支配世界事务，中国将进一步融入世界经济体系，以贸易和投资的发展等和平手段来获取世界资源，摆脱国内资源短缺、环境压力和社会矛盾的困扰，并通过不断扩大国内市场为国际社会带来更多的机会而不是威胁，从而实现“和平崛起”。实施“和平崛起”战略的基础，是经济的持续稳定增长。

中国在世界经济中扮演的角色越来越重要，中国年均GDP增长超过9%，占世界贸易份额从不到1%增加到6%。按市场汇率计算，2004年GDP调整之后，中国是世界第四大经济体和第二大商品贸易国。如图4-1所示，2005年，中国的出口占世界出口的比例迅速增长，其迅速增长的进口也强劲支持了周边国家的发展。

把中国经济崛起和历史上某些国家和地区的经济崛起进行系

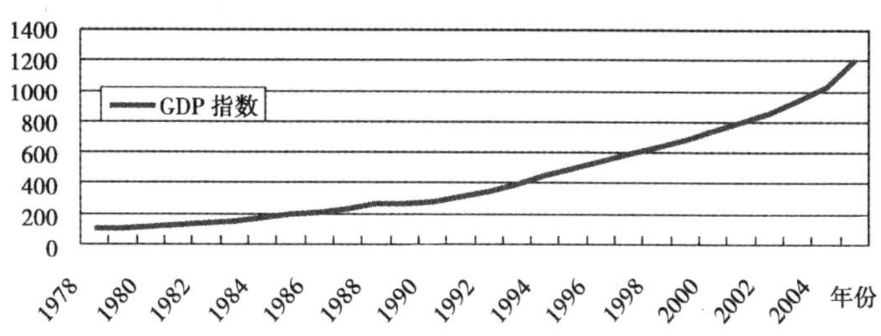


图 4-1 1978 年以来的 GDP 增长（1978 年 = 100）

统性的比较，尤其是把中国过去 25 年的经验与日本、亚洲“四小龙”当年经济崛起时的情况相比，找出中国经济崛起的特征，有助于分析中国经济崛起可能产生的影响。第一，中国崛起和历史上其他国家和地区十分相似，中国的经验并没有什么特别之处：一是中国目前经济增长速度完全正常，虽然以市场汇率计算的 GDP 占世界 GDP 的份额正在增加，但远远低于当年日本经济崛起时的水平，仅略高于亚洲“四小龙”；二是贸易壁垒逐步降低并消失，进出口迅速增加，特别是进口的快速增长能为其他国家和地区创造更多的生产和就业机会，这包括资源性生产出口国、发展中国家和发达国家；三是中国出口迅速增长，在日本、美国和欧盟等主要出口市场的份额不断上升，虽然出口主要还是以劳动密集型产品为主，但正在向多元化发展，中国产品的出口结构将不断升级，从以劳动密集型产品为主向更多资本密集和技术密集型产品转变；四是中国从主要国家和地区的进口迅速增长，尤其是从周边国家的进口增长更为迅速，这反映出中国作为地区性再加工中心和制造中心的地位不断增强，表明中国作为该地区增长引擎的作用将超过日本；五是中国已经成为越来越重要的初级产品进口国，在一些重要初级产品中的贸易份额逐步加大。第二，中国经济崛起呈现经常账户顺差。这一点与历史上的经济崛起有所不同，历史上许多国家在经济崛起时都呈现经常账户逆差。主要原因：一是中国改革初期高估的人民币币值回落以及贸易自由化进程加速，使得 20 世纪 80 年代人民币实际有效汇率贬值，促进了出口；二是虽然自20世纪90年代初期以来人民币名义汇率和有效汇率相对稳定，但在20世纪90年代后期劳动生产率的快速增长和较低的劳动力成本使中国保持了强大的出口竞争力。第三，中国在吸引外国资本方面还存在很大空间，有助于跨国公司分享中国发展机遇，拓展市场空间和经营空间。中国的外国资本流入数量相对GDP的比值小于历史上经济崛起国家的水平。例如，虽然中国吸引的外国直接投资增长迅速，但是和亚洲“四小龙”崛起时期（尤其是新加坡和中国台湾）相比而言，其数量并不多。相反，中国的政府和公共部门持有大量的外国证券，到2002年，中国是美国长期债券的第二大持有者，约为1650亿美元，占整个外国资产的6.5%。这主要是因为中国的资本账户目前还没有完全开放，金融市场还很不发达。第四，中国经济崛起将比历史上其他国家和地区的崛起产生更深远的影响。表现在中国对外开放和参与国际分工，促进了国际贸易和产业分工格局的转变，为全球产业结构的优化拓展了空间。中国吸纳劳动密集型产业和加工制造环节，处在全球产业链中的最后一环，即低附加值的环节，客观上推动了其他国家向更高技术含量和附加值产业的升级。

虽然到目前为止，中国经济增长及其对全球经济影响与历史上其他国家和地区的经济崛起非常相似，但有理由相信，中国最终将比历史上其他国家和地区的经济崛起发挥更重要的作用：一是在金融部门，国有企业以及劳动市场正面临着严峻的结构改革挑战，随着这些问题的解决，中国的快速增长和融合将会在长时间内持续下去；二是中国储蓄率长期保持在高水平，即使稍有下降，也可以使物质资本形成在中期内保持在一个高水平；三是中国目前的人力资本存量虽然比历史上经济崛起时的国家和地区低，但正在保持快速增长并拥有相当的潜力；四是低生产率的农业部门劳动力向高生产率的城市工业部门转移大大促进了中国经济的增长，并且修正之后的中国人均GDP在2004年达到1490美元，2005年达到1703美元，虽然有了较大幅度的提高，但仍然只相当于日本、亚洲“四小龙”崛起时的一小部分，还有很大的发展空间。因此中国的经济崛起将为世界经济的增长提供更大的空间，同时，也会比以前形成更大的冲击。

## 二、中国经济发展影响世界经济的渠道和程度

随着中国更加深入地融入全球经济，中国的经济地位不断提升，对世界经济的影响力日益突出，一方面，作为一个新兴发展中国家，中国经济发展模式对其他发展中国家迎接全球化挑战和维护自身发展的借鉴意义是独一无二的；另一方面，中国经济占全球比重由1978年的2.4%提高到2005年的4.6%，中国的快速发展从整体上提升和扩大了发展中国家在世界经济格局中的地位和影响。随着中国经济地位的上升，中国在全球贸易体系中的作用和责任不断加大，特别是中国加入世界贸易组织后，除认真履行开放承诺外，在完善多边贸易体系和推动多边贸易谈判中发挥了更加重要的作用，特别是帮助发展中国家在全球化中获得更加和平的发展环境。

### （一）贸易和金融是中国影响世界经济的重要渠道

1. 中国经济通过贸易渠道影响世界经济。一是国际产业分工的深化和细化，推动了日本、韩国等东亚国家将最终生产环节，尤其是劳动密集型加工制造环节转移至中国，中国劳动密集型产品的出口增加将使世界市场价格下降，使净进口相关产品的国家获益。中国国内需求扩大将使某些国家出口价格上升并从中获益，这包括生产资本密集型和技术密集型产品的国家以及生产食品、能源和中间投入品的国家。2004年，中国对亚洲周边经济体的贸易逆差突

破 1600 亿美元，对欧美贸易顺差则达 1130 亿美元。二是在市场力量的作用下，中国经济的发展打破了亚洲地区旧有的发展模式和博弈格局，2005 年，亚洲其他国家的经济总量已经超过日本，新的产业分工和市场格局的转变给东亚国家提供了新的机会。据东盟秘书处统计，2000～2003 年，中国与东盟双边贸易占东盟进出口总额的比重快速提高，而其主要贸易伙伴（美国、欧盟、日本）在东盟对外贸易中的比重均有所下降。三是中国作为东亚地区最大的贸易国，有责任维持并加强新的产业分工模式，东亚国家的协调发展将主要取决于中国未来的产业发展战略，中国将尊重已经建立起来的市场规则，成为东亚制造业生产链的中心，并融入到东亚经济的全面发展之中，减少未来的发展给东亚其他经济体带来的负面影响，参见图 4－2。

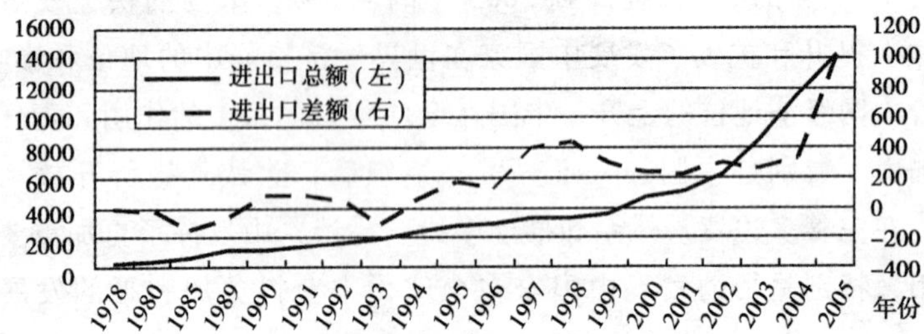


图 4－2 1978～2005 年中国进出口总额、差额（亿美元）

2. 中国经济通过金融渠道影响世界经济。一是 15 年来中国吸引外国直接投资规模的扩张不但使中国获益（主要是促进了贸易的增长），而且使外国投资者赚取收益的同时形成了投资方式多元化的格局。二是世界整体将从中国的发展中获益，虽然一些发展中国家将与中国争夺有限的国际资本，流入中国的国际资本多了，流入其他国家的资本自然就少了，但中国吸引外资对周边经济体的挤出效应并不明显，因为随着东亚新的产业分工模式的出现，区域外国家对整个地区的投资都在增加，促进了东亚各个经济体的产业结构升级。三是通过对中国的投资，促进东亚与中国双边贸易关系的增强。据统计，东亚是中国吸收外资的最主要来源地，如日本、韩国、中国台湾和东盟等，因此，中国吸收外资的最大受益者可能仍是这些国家和地区。

从另一个角度看，中国外汇储备到2005年底已经达到8188.72亿美元，中国对外直接投资将会增加世界其他国家的直接投资流入。一方面，这是缓解人民币升值国际压力的有效办法；另一方面，中国对外投资领域不断扩大，对贸易产生双向的促进作用，对东亚来说，未来中国将成为重要的外国直接投资来源国，在促进吸收投资国家就业和经济增长的同时，进一步推动贸易发展。

3. 中国经济通过世界贸易和金融渠道产生动态效应。这些动态效应虽然无法定量分析，却非常重要。中国经济崛起可能不仅仅会刺激要素积累和生产率增长，还要通过贸易条件效应、金融资本分配改善以及竞争加剧等形式刺激其他国家的改革，形成一种互动的动态促进效应。评价其对产出和福利动态的影响是比较困难的，但这些动态影响是有积极意义的，比静态影响更加广泛和深远。另外，从经济周期角度来看，中国与世界发达国家的经济相关性较小，对于缓解世界经济的周期性波动风险具有重要意义。但随着中国经济于世界经济的进一步融合，其经济周期将与世界同步。

### （二）中国经济崛起对世界经济影响的程度

1. 一个国家受到的影响程度取决于与中国的贸易模式是互补性还是竞争性。一方面，亚洲一些国家与中国属于贸易互补关系，从中国的加工贸易中受益，主要体现在中间产品和零部件对中国的出口迅速增长。虽然中国的出口正在沿着附加值链条不断上升，国内零部件的生产快速增长，中国贸易结构发生的变化，如纺织品的出口比重下降，机电产品比重上升，可能存在对东亚其他国家和地区的负面影响，使它们感受到来自中国的竞争压力，但随着产业内贸易逐渐占主导地位，这些国家仍会受益。另一方面，东盟和南亚国家与中国的贸易属于竞争性关系，由于存在与中国劳动密集型产品出口的竞争，一些东盟国家不得不进行大规模的调整。例如，中国服装出口增长将对这些经济体产生负面影响，尤其是一些国家曾经在世界贸易组织纺织品贸易协定的配额安排下获益，纺织品贸易协定的取消会给这些国家造成一定的困难，但其中一些国家可以增加向中国出口服装原材料来减小这一负面影响。另外，由于中国在这一地区吸收越来越多的外国直接投资，东盟国家必须做出结构调整，逐步采取措施保证技术创新和生产率继续提高。

2. 世界的福利水平将有所提高。国际货币基金组织预计，2002 ~ 2020 年，世界经济平均增速为 2.7%，福利水平提高 5.3%；发达国家经济平均增速为 2.0%，福利水平提高 0.1%；世界其他国家和地区经济平均增速为 4.6%，福利水平提高 0.1%；中国经济平均增速为 7.6%，中国占世界 GDP 的份额将增长为现在的 2 倍以上。由于中国劳动密集型工业品出口以及初级产品和技术密集型工业品进口额的扩大，中国贸易条件将恶化，下降 7.0%，但其整体的福利将大大改善，提高 126.1%（参见表 4 - 1）。

**表 4 - 1 到 2020 年中国经济崛起对世界经济的影响①** 单位:%

| | 福利 | 出口 | 进口 | 贸易条件 |
|---|---|---|---|---|
| 中国 | 126.1 | 86.6 | 85.7 | -7.0 |
| 发达国家 | 0.1 | 2.3 | 2.7 | 0.7 |
| 亚洲“四小龙” | 0.2 | 2.2 | 2.9 | 0.5 |
| 东盟 | — | 0.9 | 0.5 | -0.1 |
| 南亚 | -0.2 | 0.1 | -2.3 | -1.0 |
| 撒哈拉以南非洲 | 0.4 | 0.2 | 0.8 | 1.4 |

① 国际货币基金组织，《世界经济展望》，2004，http: //www. imf. org。

续表

| | 福利 | 出口 | 进口 | 贸易条件 |
|---|---|---|---|---|
| 墨西哥、哥伦比亚和委内瑞拉 | 0.1 | -0.7 | -1.2 | 0.3 |
| 拉丁美洲其他发展中国家 | 0.2 | 2.5 | 2.8 | 0.9 |
| 中东和北非 | 0.7 | -0.8 | 0.4 | 1.9 |
| 世界其他国家 | 0.1 | 1.3 | 0.6 | 0.4 |
| 世界 | 5.3 | 7.4 | 7.2 | 0.0 |

3. 不同的国家和地区受到的影响程度不同。虽然从总体上来说，中国经济崛起对世界其他国家和地区以及行业的影响是非常有限的，一般不超过1个百分点，但是某些国家和地区的某些行业受到的影响较大，如据国际货币基金组织的测算，东盟国家的纺织业的需求将会下降，因而产出将下降，进而导致产量减少12%，拉丁美洲发展中国家的农业将会从贸易模式的转变中获益，产出将增加4.0%。另外，劳动力市场受到的影响比较大，中国非熟练劳动力的实际工资水平虽然从绝对数量上来说是上升的，但相对于数量，劳动力的实际工资水平来说却下降了，这将使一些与中国竞争较为激烈的国家的劳动密集型制造业受到的影响较大。

## 三、中国财政政策理论和实践成为“和平崛起”战略的重要组成部分

中国的迅速崛起会引起国际之间的不平衡，要解决这个不平衡的问题：第一，我们是自主式的发展，不靠输出劳动力，不靠输出难民，而是靠自己的发展解决自己的问题。第二，我们是自我约束式的发展，中国还不能发展太快、太猛，如出口太多，如同“洪水滔天”，价格太低，如同“价格大战”，其他国家就受不了；如

进口石油、铁矿石太多，全世界适应不了，也接受不了。因此中国还要照顾到左邻右舍，考虑到方方面面，必须是自我约束的发展。第三，我们是自我调整的发展，国内发展要与国际发展相适应，扩大进口与出口增长相适应。第四，最重要的还是主动合作的发展，既要在全球层次上，又要在区域层次上，既要在多边层次上，又要在双边层次上开展合作，互通信息，作出必要的妥协，在许多方面要主动"先予之，后取之"，"先吃亏，后占便宜"。只有主动调整、主动合作、主动妥协，中国才可能和平发展，或者说和平崛起。

中国"和平崛起"的发展道路，指的是从20世纪70年代末，到21世纪中期中国基本达到现代化这样一个全方位的崛起，这条道路是对内政策和对外政策相统一的发展道路，国际经济协作程度的不断加深和中国经济逐渐融入世界的趋势把中国财政同世界上其他国家的财政联系起来，因此，这些年来中国财政政策的调整和财政理论的不断丰富，是中国财政调控能力的不断增强的结果，是中国"和平崛起"战略的重要组成部分。

以目前中国的改革开放和市场经济的发展势头，中国的崛起已势不可挡，中国的经济理论特别是宏观调控理论正在不断丰富和形成，在"和平崛起"这一指导原则提出之后，研究崛起的中国将对区域和国际政治经济秩序产生什么影响、周边国家如何看待综合国力不断上升的中国以及如何在崛起过程中保持和平等一系列问题，是未来一段时间中国学术界理论研究的重点，而以财政政策和货币政策为主要调控手段的中国宏观调控理论也将在中国参与国际经济博弈的过程中得到不断丰富。处于转轨过程中的中国经济正在日益融入全球经济体系，从微观和宏观两个方面来考虑，其财政政策作为政府参与经济活动的最直接的工具，对内担负着通过调控措施保持经济平稳运行的任务，对外则是通过一系列税收、补贴、投资、转移支付、公债和预算等政策安排，影响中国的对外贸易、汇率、国际收支、金融稳定、经济增长以及国家主权等各个方面，并由这些财政政策工具与社会再生产之间的内在关系共同构成财政政策的调控机制。

### （一）中国财政调控能力逐渐增强，积累了应对外部冲击的经验

1979年以来，伴随着对外开放政策的实施，中国财政在财政体制、税收制度、筹资方式、支出政策和宏观调控等许多方面发生了根本转变，在转变过程中，中国的财政调控能力逐渐增强，1978～2005年，中国财政收入从1132亿元增加到31649亿元，财政支出从1122亿元增加到33930亿元。2005年底，中国的国债总额超过3万亿元，其外债2810亿美元。1998～2004年实行积极的财政政策期间，发行长期建设国债超过9000亿元，促进了经济结构的调整，在国民经济面临通货紧缩的形势下，成功拉动了投资、消费和出口三大需求的增长。

1. 1979年开始的财政政策调整。党的十一届三中全会作出了把党的工作重心转移到经济建设上来的战略决策，1979年4月，中央正式提出对国民经济进行“调整、改革、整顿、提高”的八字方针，主要开展了财政管理体制改革、税收体制改革、企事业单位财务管理制度改革和国债发行方式的改进。

2. 适度从紧的财政政策。1988年的经济过热与通货膨胀以及随后1989年和1990年国民经济的低速增长，使决策部门认识到必须改变过去那种“一松就热，一紧就冷”的传统模式，争取做到既要为经济过热降温，又要保证国民经济的正常发展，防止经济运行中的大起大落现象再次发生。基于这样的思路，1993年下半年，中央适时提出了适度从紧的财政政策，对过热的经济实施恰如其分的宏观调控，实现高增长、低通胀的新的经济增长态势。

3. 1998年开始的积极财政政策。虽然到1996年底，前两年的

高通货膨胀成功地降了下来，实现了经济的“软着陆”。但1997年爆发了亚洲金融危机，对中国经济产生了很大的冲击，使经济整体上陷入了通货紧缩的状态，在这种情况下，中央于1998年启动了积极的财政政策——这在新中国成立以来尚属第一次。

1998年，中国经济首先面临来自外部的严重冲击。一是外贸出口锐减，1998年上半年出口同比增长7.6%，与1997年同期的26.2%和全年的20.9%形成鲜明对比；二是外商直接投资下滑，1997年亚洲国家和地区对中国直接投资占中国实际吸收外资总量的比例由80%以上下降到75.6%，1998年持续下滑至68.7%。其次，内部也存在有效需求不足、投资需求增长乏力的不利因素。

面对这种情况，1998年6月16日，《人民日报》发表《财政宏观调控与启动经济增长》的署名文章，提出转变适度从紧的财政政策，转向扩大财政举债规模和财政支出，增加投资，刺激消费，扩大出口，以此促进经济增长。

积极财政政策的一项主要措施就是增发国债，加强基础设施建设。1998~2004年，中国累计发行长期建设国债9100亿元。连续7年的积极财政政策使国民经济在通货紧缩的形势下保持了平稳发展的态势，给中国乃至亚洲经济都带来了积极的影响，使中国在世界经济增长乏力的情况下，呈现一枝独秀的局面。从投资需求看，全社会固定资产投资规模从1997年的24941亿元增加到2004年的70073亿元，增速则由1997年的8.8%逐年上升到2004年的25.8%，提高17个百分点；从消费需求看，社会消费品零售总额由1998年的29153亿元，增加到2004年的53950亿元，其增速由1998年的6.8%上升到2004年的13.3%，提高了6.5个百分点，消费需求的平稳增长，使通货紧缩的趋势得到遏制，也拉动了投资需求的增长；从出口看，从1998年的1837亿美元增加到2004年的5934亿美元，增速从0.5%上升到2004年的35.4%，出口的增长带动了投资需求和消费需求的增长（参见图4-3）。

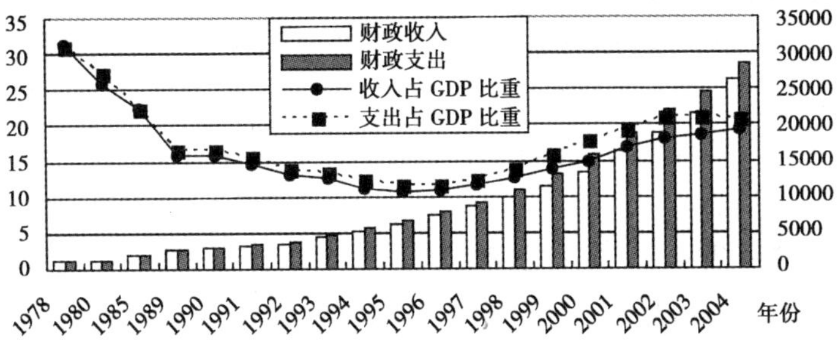


图 4－3 1978 年以来财政收支（亿元）及其占 GDP 比重（%）

数据来源：《中国统计年鉴 2006》。

4. 新一轮稳健的财政政策。2004 年 12 月 3 日召开的中央经济工作会议做出决定，从 2005 年起实行稳健的财政政策。中央经济工作会议指出：为应对亚洲金融危机，中国从扩大国内需求入手，连续七年实施积极财政政策，取得了显著成就。随着近年来经济环境发生明显变化，积极财政政策的着力点已经从扩大内需和拉动经济增长，逐步转向加强薄弱环节和调整经济结构。现在适当调整财政政策取向，实行稳健财政政策是适宜的、必要的。中央经济工作会议同时强调：财政政策的调整重点是适当减少财政赤字和长期建设国债发行规模，适当增加中央预算内经常性建设投资，财政支出要继续加大对三农、社会发展、区域协调和其他薄弱环节的支持力度，增加对深化改革的必要支持。

## （二）财政理论的日益成为“和平崛起”战略的重要组成部分

财政政策是国家实现宏观经济调控、实施宏观经济管理的一项重要政策工具。其具体内容由两个方面构成，一是政府的收入；二是政府的支出。政府如何实现自己的收入与支出，对国家社会经济格局有重大影响，所以财政政策是政府调控宏观经济运行的重要手段之一，在国际经济协作程度日益加深的情况下，财政政策的各个方面都会发生显著的变化。

1. 财政政策目标发生明显变化。对外开放程度的提高使得对外经济部门在国民经济中的地位更加重要，因为在相对封闭的经济条件下，宏观经济的均衡主要取决于国内均衡，国外因素不会或很少对国内均衡产生冲击。而在开放条件下，经济通过对外部门与国外经济体系建立了密切的联系，财政政策如果只考虑国内均衡，那么外部的不均衡则会通过各种途径冲击国内经济，最终破坏国内的均衡。因此财政政策不仅需要关注对内平衡，还必须要有抵消国内产品的国外需求、外国产品的国内需求以及外资流动等方面的变化对本国经济的影响，也就是说要关注经济的外部平衡。

2. 财政政策作用对象的范围扩大，财政政策工具种类增加。财政政策的目标决定了财政政策的对象必然是国民经济的运行过程，在开放条件下，国民经济的运行更加复杂了，因而财政政策作用对象的范围进一步扩大了，财政政策运作的领域也进一步拓宽了。它不仅作用于传统的居民、企业和政府部门的各种经济活动，还作用于涉外部门的对外经济贸易活动；不仅作用于商品市场、货币市场，还作用于国际贸易市场和国际资本市场。由于财政政策运作领域的拓宽，财政政策工具体系进一步丰富，具体来讲，收入政策的工具有税收水平和结构的调整与变动、国债（包括内债和外债）余额的控制、债务的期限结构、币种结构、债务率的控制等等；支出政策工具有转移支付的条件、政府采购支出的规模和结构变动、资本项目支出的调整等等。

3. 出于国际经济协作的需要，财政政策的制定和调整会受到来自国内和国外两方面的压力，波动程度将大大缩小，并具有一定的可预见性。财政政策有松紧之分，松的财政政策是指政府通过削减税收，增加开支来刺激总需求；紧的财政政策则是指通过增加税收、紧缩开支压缩总需求。在封闭经济的运行中，当政府调整政策的松紧程度时，受到来自国内的压力一般不会大到改变政策的程度，但对外开放条件下，财政政策调整的效应会迅速在国内和国外显现出来，从而很快面临来自国外其他经济体系政策调整带来的压力，这就使得在开放的条件下，财政政策的制定和调整变得更加谨慎和具有可预见性，避免剧烈的波动和突然的政策变化。

### （三）财政政策从不同的角度影响中国的经济运行

改革开放以来，中国财政理论的发展使得中国的财政政策，无论是政策工具，还是政策执行的效果及最终目标，都可以被划分成两个层次，一个是国际层次；一个是国内层次，“和平崛起”战略就是中国政府参与两个层次博弈的策略选择。财政政策从微观和宏观两个不同的角度影响中国的对外贸易、汇率、国际收支、金融稳定、经济增长以及国家主权等各个方面，成为“和平崛起”战略的重要组成部分。

1. 提高财政政策的透明度，为发展创造稳定、可预期的内、外部经济环境。在经济全球化加速发展的背景下，增进公共财政透明度的国际努力由来已久，发达国家、发展中国家和经济转轨国家都被卷入其中。财政透明度强调的是“向公众公开政府的结构和职能、财政政策意向、公共部门账户和财政预测”。[①] 国际货币基金组织在《财政透明度良好作法守则——原则宣言》中指出：“优良政府管理对于实现宏观经济稳定和高质量增长具有重要的意义，而财政透明度又是优良政府管理的一个关键方面”。提高财政政策透明度，对内不但是基于保障公共产品的制度安排，而且是政府有效提供公共服务、化解社会矛盾、减少社会风险、保持国家长治久安的制度基础；对外则有利于加强政府间的政策协调，维护国际经济金融秩序的稳定，增强投资者信心，保护跨国投资者的利益。

---

① 财政部财政科学研究所整理，国际货币基金组织编著：《财政透明度》，导言第2页，北京，人民出版社，2001。

按照世界贸易组织的规则，各成员国包括税收在内的各项法律、政策、制度、措施都必须予以公布，增加财政政策的透明度和可预见性，以有利于国际贸易的开展和国际政策的协调。世界贸易组织对国际微观投资行为的研究表明，一个国家在初始阶段的透明度越低，增加透明度的益处越大。① 中国在财政领域推出的部门预算制度、国库集中收付制度、财政支出绩效考评制度，以及按国际规范改进预算分类和预算科目，推行集中性的、以公开招投标为核心的政府采购改革，从不同侧面推进了中国财政透明度的进程。

2. 对财政赤字理解的改变和赤字政策的运用标志着适应社会主义市场经济的财政理论的形成。如果我们把 1978 年底党的十一届三中全会作为中国经济改革的起点，就会发现，在此之前，中国实行的是计划经济，无论是政府，还是理论界，实践都把财政赤字看成不好的东西，因此，财政政策的重心是维持财力的平衡。所以，1978 年以前，大多数年份确实做到了财政收支平衡略有节余，只有三分之一的年份出现了赤字。1978 年底宣布进行改革，第二年就出现巨额赤字，1979 年、1980 年的赤字，超过前三十年所有赤字的总和。

改革开放以来，财政政策、货币等宏观调控政策以保持经济稳定增长和物价稳定的综合平衡为主要目标，在理论上全面考察和分析国债的功能和作用。一是对国债功能的认识，由单纯的弥补财政赤字到为国家经济建设筹集资金和调控国民经济运行；二是对国债运作的认识，由临时性偶然操作到长期持续运用；三是对国债发行的认识。由政治任务、爱国行为到投资行为、市场行为。过去我们一般认为发行国债有助于控制社会总需求，当经济面临或处于通货膨胀的形势时，政府通常通过发行国债将社会上的一部分购买力转

---

① R. Gaston Gelos and Shang - JinWei, Transparency and International Investor Behavior, IMF WP/02/174, 2002.

移给政府，使整个社会的购买力得以压缩。而1998年以来的实践表明，发行国债，并以此扩大财政支出，只要支出得当，用途明确，就还有启动社会需求，拉动经济增长的作用。在不同的时期启用国债，举借国内外债务，对中国筹集建设资金，调整经济结构，扩大对外经济技术交流，发展金融市场，提高政府宏观调控水平，保持经济的稳定发展，发挥了重要的作用。同时，也是对以往国债理论的深化和丰富，积累了宏观经济的宝贵经验。

3. 建立公平而有效的税收和补贴体系。经济全球化对中国财政的影响越来越深，如何应对日益深化的经济全球化趋势，更好地利用国际国内两个市场、两种资源，完善社会主义市场经济体制，成为财政改革和发展面临的重大课题。财政要综合运用税收、补贴等多种政策手段，拓展对外开放的深度和广度，支持统筹国内发展与对外开放，逐渐建立公平而有效的税收和补贴体系。

一是正确运用关税政策，维护正常的国际贸易秩序。继续认真履行加入世界贸易组织的承诺，合理调整关税政策。要依据有效保护理论和关税结构理论，利用世界贸易组织规则允许保护国内幼稚产业的例外条款，并与国民经济结构调整的要求相适合，不断调整完善关税税率结构，建立关税税率由上游产品向下游产品的合理关税税率升级机制。参照国际惯例，研究从量税、季节税、临时关税等复合税制度，逐步扩大使用商品的范围，既保证关税调节作用的充分发挥，又保护税基不受侵蚀。依据世界贸易组织的非歧视原则和保障条款，建立和完善综合应对机制，运用反倾销、反补贴税、关税和出口退税等政策工具，妥善处理各类贸易摩擦。二是完善出口税收和补贴政策，促进外贸增长方式转变，使对外贸易增长方式从数量扩张向质量效益型转变。综合运用税收、补贴等经济手段，促进出口商品结构优化。利用WTO规则中允许出口退税的条款，完善出口退税政策。运用符合世界贸易组织规则的间接财政补贴政策，完善财政对农业的投入政策，促进农业结构调整和农业经济发展，加大对科技进步的支持力度，促进企业建立技术创新机制，增强国民经济的综合竞争能力。三是加强财政税收管理，改善政策制度环境。为各类企业公平竞争创造良好的财税政策环境，提高财政政策透明度和法制化程度。

4. 运用多元化财政政策，动员各种资源为发展提供基础设施和公共服务，建立适合社会主义市场经济的公共财政框架体系。中国加入世界贸易组织之后，中国经济社会发展进入一个关键时期，财政改革面临的艰巨任务之一就是要加快自身改革，实现财政制度创新，建立和完善适应市场经济发展要求的公共财政体系。积极财政政策的成功实施和财政管理制度改革的稳步推进，标志着中国财政改革与发展步入建立公共财政框架体系的新阶段。

第一，财政收入稳步增长机制基本建立，财政实力不断增强，为财政宏观调控职能作用的发挥奠定了坚实的基础。第二，通过财政自身改革，深化投资体制改革，支持建立责、权、利相结合的投资激励与约束机制，如落实投资核准制，减少微观主体的交易成本，增强市场活力。第三，合理界定政府投资范围，政府投资要从一般竞争性领域退出来，明确限定在提供公共产品和公共服务领域。健全政府公共领域的投资约束机制，根据支出的受益范围等原则，进一步明确各级政府支出责任。第四，财政支持经济发展的重点转移到了加强宏观调控，制定科学、合理、公正的财政税收政策，为社会和谐发展创造良好的基础环境等各个方面。第五，随着对外开放的进一步扩大和经济全球化的迅速发展，中国财政参与国际财经合作的步伐也越来越快，特别是 1997 年后，中国积极参与国际财经事务及地区性经济合作，充分发挥中国在国际财经舞台上的重要作用，财政对外交流与合作已经成为中国对外开放和整体外交战略的重要组成部分。

5. 积极应对经济全球化，支持统筹国内发展和对外开放，积累了应对外部冲击的经验。1998 年积极财政政策出台的大背景是国内出现了需求不足，亚洲爆发了金融危机，而后者又加剧了国内的需求不足。亚洲金融危机可以视作是一种全球化背景下的外部冲击，也就是外部因素对一国经济体系的影响。自从20世纪90年代以来，随着中国社会主义市场经济体制的确立和对外经济交流的日益频繁，中国已越来越融入世界经济体系之中。虽然亚洲金融危机爆发后，中国由于金融体系相对封闭，没有受到太大的负面影响，但由于中国的贸易伙伴和贸易竞争对手都深受金融危机之害，导致了中国对外出口严重受挫，造成出口需求不足，反过来又增加了国内需求不足的压力。因此，从这个意义上讲，1998年的积极财政政策的调控对象是国内与国外两种需求。

一方面，将调整税收政策以促进外贸出口和外商投资作为积极财政政策中应对亚洲金融危机冲击的直接举措；另一方面，及时地将刺激国内需求作为宏观调控的重点，并采取了一系列的财政收支政策。这两方面的措施，既可以看做是把促进国外需求作为拉动国内需求的补充，也可以看做是在国外需求不足的情况下以刺激国内需求作为国外需求不足的替代。无论做何理解，在实施积极财政政策进行宏观调控的经济背景中出现了外部冲击的内容，而且影响深远，是不争的事实，这是中国以前历次实施宏观调控所未曾经历过的。

亚洲金融危机是一个很好的启示，即随着经济全球化进程的加快以及中国对外开放以前所未有的广度和深度发展，不受中国自行控制的外部冲击将越来越影响中国经济的稳定发展，如世界石油价格的波动、国际汇率体系的不稳定等，都可能成为外部冲击的导火索。积极财政政策的成功实施，不仅使我们有了在市场经济条件下治理通货紧缩的经验，也使我们做了应对外部冲击的有益尝试，积累了一些经验。

# 第五章　WTO 框架下的国际经济博弈格局与中国财政政策和汇率政策

在中国 2001 年 11 月正式加入世界贸易组织后，美国资深的中国经济问题专家尼古拉斯·R. 拉迪站在中国经济发展和全球贸易体系发展的历史高度，对中国加入 WTO 的意义做出了评价，他明确地指出，“中国加入世界贸易组织，是中国经济发展史和全球贸易体系历史上的一个重大事件”。它不但将对提高全球经济增长和改善国际贸易体系产生积极影响，而且将对中国的经济增长、国内改革和融入全球经济产生重大影响。财政是国民经济的综合反映，加入 WTO 对中国经济的影响，必然反映到财政上来，这种影响主要体现在财政收入、财政支出、财政体制和财政政策等方面。这一章，我们首先分析在 WTO 框架下的国际经济博弈格局，然后在明确中国 WTO 框架下的地位及利益所在的基础上，讨论中国财政收支政策为应对加入 WTO 和国际经济政策协调所做的调整。

国际经济协作可划分为全球性的多边经济协作（如 WTO）、区域性的经济协作，以及双边国际经济协作，因此，体现在财政政策方面，同样可划分为全球性的财政政策协调、区域性组织内部或地区性的财政政策协调，以及双边性的财政政策协调，本章重点讨论

WTO 框架下的国际经济博弈格局与中国财政政策。

## 一、WTO 框架下的国际经济博弈格局分析

由于 WTO 是一个多边贸易体制，它的产生改变了国际经济规则的基本格局，尽管其在财政政策等宏观经济政策协调方面还没有达成任何协议，但其机制在协调财政政策方面具有“先天优势”。目前，WTO 还没有包括世界全部经济体，也就是说还没有达到最终的零和博弈边界线 UV（参见图 5－1），因此，尽管 WTO 发展到最后阶段将是非合作的零和博弈，但从现在开始的相当一段时间之内，WTO 框架下的政策协调还将处于正和博弈阶段。在正和博弈过程中，希望通过做大“蛋糕”的方式使参与方都受益具有很大的不确定性，这就为各个国家保证“蛋糕”做大而进行政策协调提供了可能。

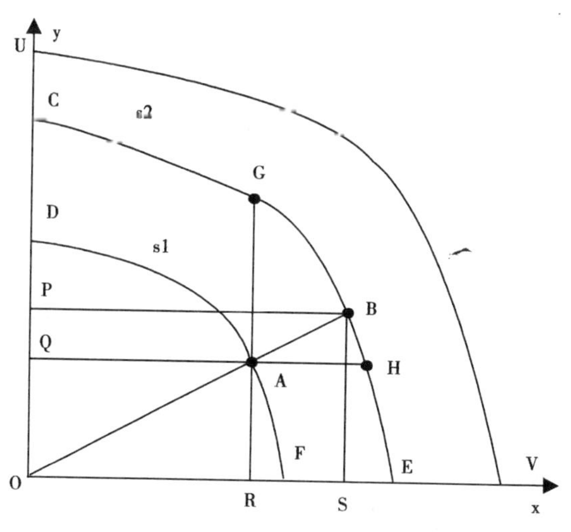


图 5－1 WTO 框架下的正和博弈

第一，在WTO框架下，国际经济规则覆盖的范围大大扩展，原有的关税与贸易总协定所确定的规则只适用于货物贸易领域，而WTO规则扩展到服务业以及国际直接投资和知识产权领域，这些扩展会增加一个国家财政政策的外在性，为各个国家通过协调的财政政策在更大范围内谋求本国利益的最大化和稳定世界经济运行提供了更加广阔的空间。

第二，WTO的前身关税与贸易总协定只是成员国就国际贸易问题进行磋商的一个论坛，就国际贸易规则的实施而言，它所确定的规则对成员方的约束是有条件的，尽管关税与贸易总协定中设立了争端解决机制，但其有效性不足。乌拉圭回合协议引入了一个结构上更健全、各阶段界定更明确的程序。新的争端解决机制增加了成员国在政策协调过程中的确定性，使合作型博弈成功的可能性大大增加。

第三，国际经济规则给民族国家政府传统的干预经济的手段和行为留下的空间越来越小，增加了各个国家财政政策调整和创新的紧迫性。

第四，WTO成员的广泛性也是优势所在。在WTO的成员中，有发达国家，也有发展中国家，更有最不发达国家，因此。相对于以前的国际经济组织，能够更好地平衡发达国家和不发达国家的利益。

### （一）WTO的互惠原则

WTO既是一个正式的国际组织，也是一个有关谈判与竞争的规则体系。一方面，在WTO决策机制中，WTO就是各成员进行多边博弈的场所，其主要原则之一——协商一致原则赖以实现的经济基础就是因为这是一个大家都能得到好处的博弈。另一方面，WTO具有公平贸易原则（各成员的出口贸易经营者不得采取如倾销、补贴等不公正的贸易手段扭曲国际贸易竞争）、关税减让原则、透明度原则、一般禁止数量限制原则等，但最基本的原则是互惠原则与非歧视原则。互惠原则体现在公平贸易、对等的关税减让和市场准入、发展中国家的差别待遇等方面；非歧视原则表现为最惠国待遇和国民待遇。国内学者张曙光等对 WTO 互惠原则框架下的关税减让博弈进行的分析，就是国家之间在运用关税政策问题上从非合作的“囚徒困境”走向合作博弈的一个典型例子。

1. 进口关税的单边设置及其报复。贸易利益的创造与贸易利益的分配是既有联系又不相同的两件事。人们可以为进口关税的设置寻找到许多理由：政府征收进口关税以保证名目繁多的支出；出于重商主义考虑，通过征收关税限制进口，以防金银外流。而在近现代，进口关税的设置在相当程度上旨在获得较为有利的贸易条件。贸易条件就是一国的进出口物品在国际市场上的相对价格（世界相对价格），进口关税是对进口品的加价，其设置可以改变一国的贸易条件。进口关税的设置，是将某种政策的成本或负担转嫁给了他国，即给该物品的出口国施加了某种负的外部性（当然给该物品的其他进口国施加了正的外部性，使之从中渔利）。所以，在贸易政策中，关税设置本质上是损人利己的，它违背了帕累托标准，从而导致国际贸易整体上的效率损失。可见，关税设置直接影响贸易利益的分配，并间接影响贸易利益的创造；而且其直接影响是通过彼此的贸易条件及其变化实现的（张曙光等，1996）。

假设有 A 国与 B 国两个国家，均生产两种物品 X 与 Y；对于 A 国而言，生产 1 单位 X 的资源可以替代生产 1 单位的 Y；而对于 B 国，生产 1 单位的 X 可以替代生产 2 单位的 Y。根据比较成本学说，A 国可以通过出口物品 X、进口物品 Y 来增加它的福利，只要在交易中 1 单位的 X 至少能换取 1 单位的 Y；而 B 国也愿意出口 Y 及进口 X 来增加它的福利，只要在交易中少于 2 单位的 Y 能换来 1 单位的 X。这样，只要两种物品交易（或机会成本）的比率处于 1:1～1:2的区间范围内，贸易对于两国均有利可图。显然，上述区间是贸易赖以进行的贸易条件的变动范围，超出这一范围，交易就无法实现。不过，贸易净利益的分割则取决于该区间内贸易条件的具体数值。如果贸易条件接近1:1，交易中的大部分净利益由B国所获得；如果贸易条件接近1:2，A国则得到大部分交易的净利益。

进口关税的单边设置固然有利于贸易政策的制定国，但它同时损害了其他实施自由贸易的伙伴，这必然会引起后者的关税报复（贸易战），因为没有一个国家（假如它是贸易大国且主权完整）甘愿接受他国为获利而施加的某种负外部性，或许这个国家也正想通过关税改善它的福利。于是，谋求自利的参与人之间以关税作为战略工具的互动，就形成一个非合作博弈局。在给定对手战略（或行动）的情况下，每个国家均会选择自身利益最大化的战略，从而形成博弈的均衡点（双方关税反应曲线的交点）。令人遗憾的是，在这样的博弈制度下（当关税单边设置时，可以取得损人利己的结果；当单边贸易自由化时，则损己利人），该博弈的纳什均衡解恰恰是正的关税组合，即博弈双方都会选择关税设置。进口关税的双边设置，不仅使博弈双方谁也不能取得贸易条件的有效改善，而且还降低了彼此的贸易量，从而导致双方的福利状况甚至低于双边自由贸易的情形（Johnson，1954；Mayer，1981）。这种结局的无效率性质得到经济学家（Bagwell and Staiger，1999）严格的形式化证明。不难发现，贸易伙伴之间的非合作博弈最终导致一个关税的“囚徒困境”。国家与个人一样也具有自私的秉性，只要有利可图便无所谓他国是否受损。但是针对进口物品征税会减少其贸易伙伴的出口收入，也会反过来降低征税国的出口额。从理论上说，进口关税体制的引入总能改善该国的处境，假如关税率低于某一关键的水平，且假定关税的引入不会导致其他国家以施加更高的关税来进行报复，即存在一种具体的最优关税率，使得关税所致的净利益达到最大化，这就是国家之间走向合作的开始。

2. 互惠原则和非歧视原则下的关税谈判。非合作博弈下形成的关税“囚徒困境”，使得各国出于自身利益的考虑去寻求合作的可能与途径，即通过关税谈判实现关税的双边或多边减让，借以达到福利改善的双赢目标。和平解决国际争端的各种谈判可以粗略地分为两种类型：一是通过基于各集团相对势力状况的谈判和协议加以解决；二是通过基于各集团事先达成一致的准则或规则的谈判或决策加以解决。我们可将前者称之为以实力为基础的谈判方式，而将后者称为以规则为基础的谈判方式。在以实力为基础的方式下，强国往往会在谈判过程中利用其政治、经济甚至军事优势迫使弱国接受更大程度的让步，从而最大限度地攫取谈判带来的净利益。其极端结果是，强国获得了所有的谈判利益，而弱国则维持在纳什均衡的福利水平上，尽管这种情形也构成了一种帕累托最优状态。

事实上，WTO的目标是致力于建设一个关于谈判和国际竞争的规则体系，所有规则的确立都需经各成员的一致同意，这就为依据事先确立的规则举行关税谈判奠定了基础。作为WTO的基本准则，互惠原则和非歧视原则就体现在具体的规则及其应用之中。根据《关税与贸易总协定》第28分条，各成员方必须“在互惠互利基础上进行旨在大幅度降低关税与进出口其他税费总水平的谈判，……这对扩大国际贸易极为重要”。尽管它尚未明确给出如何实现这种互惠互利的具体途径，但是各成员方通过某种非正式的应用充分展示了互惠原则。这就是对等的关税减让，即各成员（在正常情况下）应当在关税谈判中做出同等或相近程度的让步（退让的平衡）。互惠原则的另一个应用体现在《关税与贸易总协定》第28条关于关税减让表的修改之中，它保证在一定的条件下，成员方能够“修改或撤回本协定所附减让表里的一项减让”。这意味着任何一项关税的谈判及其结果必须经受再谈判的检验。以上两者的具体规则或应用所隐含的互惠原则，在理论上规避了以实力为基础的关税谈判所致的不公正的利益分配格局，使得谈判各方均能获得合意的谈判利益。对等的双边关税减让旨在抑制各国（政府）的世界价格效应的激励，从而消除由世界价格传递的并能够产生无效率性质的关税政策的外部性。在对等的双边关税减让下，世界相对价格基本保持不变。所以，各国政府只能将具体的关税率确定在使国内的局部价格最受政府偏爱的水平之上——政治最优关税，而不再指望凭借贸易条件的改善而牟取利益。他们同时证明：这种政治最优关税是富有效率的。这样，互惠原则的价值（在此场合下）就体现为，在公平分享谈判净利益的同时，能够医治与纠正由贸易条件激励所致的效率扭曲。从广泛的角度讲，这也是各经济体愿意加入WTO的一个重要原因。

WTO的另一项基本准则是非歧视原则。该原则在关税谈判中体现为最惠国待遇，即各成员同意，适用于一个贸易伙伴任何进口物品的关税，同样适用于所有其他的贸易伙伴。在两国模型中，关税政策的外部性是通过世界价格传递的；而在多国模型中，如果存在关税歧视，除世界价格外，局部价格也能传递这种外部性。非歧视原则就是要消除局部价格传递外部性的条件；只要关税政策的外部性仅仅由世界价格传递，互惠原则就能纠正原有多边贸易体制的无效率性质。此外，最惠国待遇为谈判协议的履行也提供了一定程度的保障。

3. 关税政策的历史与现实。从历史上讲，主要工业化国家大都经历了设置高进口关税的阶段。甚至在1930年，美国还通过了旨在提高关税的《斯姆特—郝利法案》。毋庸讳言，各老牌帝国主义国家均在高进口关税的设置中攫取过大量的财富和利益；而大批落后国家则在武力或武力威胁下被迫接受“丧权辱国”的单边自由贸易和市场开放。中国近代史就是这样一部遭受欺凌、深受苦难的历史。

随着殖民体系的瓦解，世界政治和经济格局发生了重大改变，面对工业化国家的高关税政策，“展开贸易战”就成为发展中国家享有主权的一种象征。在这种情况下，通过关税的单边设置独吞交易净利益的“间接掠夺”已经失去市场，相继形成的则是关税的相互报复，以及由此造成的国际贸易量的下降与各国的福利损失。于是，主要工业化国家和一些发展中国家开始寻求关税谈判，借以实现双边或多边的关税减让，并试图创立与此规则体系相应的有序且有效的多边贸易体制（GATT和WTO）。因此，从非合作博弈到谈判合作，从以实力为基础的谈判到以规则为基础的谈判，基本上构成了国际社会和世界历史演进的轨迹。经过多个回合的谈判，迄今发达国家的平均关税率已经降至3.9%。

不难看出，一国最优的贸易政策不过是特定经济背景下的理性选择。发达国家的高关税经历，不能说明工业化过程必然要采取高关税政策。事实上，这种政策也给发达国家自身造成了损害。但是高关税和其他贸易壁垒还植根于一些“进口替代工业化”和“幼稚工业”保护的学说之中，认为通过一系列保护性贸易政策和产业政策的实施，这些制造业和新兴产业就能迅速成长，并且在可预计的将来能够拥有强大的国际竞争力。

### （二）参与WTO博弈的是每个成员国及其组成的利益同盟

越来越多的国家认识到，在关税和其他贸易壁垒政策的实施下，长期遭受激励机制扭曲和竞争性降低会导致效率损失和资源浪费。事实上，高壁垒下的贸易保护通常只能使低效率的产业或企业生存下去，却无法使这些产业或企业变得更具效率，因此，一个国家的利益诉求离不开其他国家的广泛支持与合作。

在WTO这种多边博弈过程中，针对某一具体政策或规则的谈判离不开互利共赢或利益交换，因此，在这种多边的复杂博弈和谈判中，利益同盟司空见惯。这种同盟，可以是地理性的，也可以是非地理性的。此外，各个议题上不同成员的贸易利益存在着多种多样的区别，其盘根错节的复杂特征，颇像中国战国时代的合纵连横。一些国家不惜采用脚踏两条船的策略，以增加其对多边贸易谈判的影响力和确保其诉求能够广为传播的保险系数。

例如，在 WTO 多哈回合部长级香港会议上，由于议题不同，主要谈判方的组成也不相同。就农产品贸易谈判而言，主要谈判方基本可以分为五种类型：一是凯恩斯集团，该集团的特点是成员均系农产品强国，奉行低补贴甚至零补贴农业政策，主张全面取消农产品出口补贴，大幅削减乃至完全取消具有贸易扭曲作用的国内支持措施；二是以美国为代表的农产品强国，主张以欧盟高额补贴的削减和所有其他成员更大力度的市场准入来换取其自己国内对削减的支持；三是以欧盟、瑞士、日本和韩国为代表的农产品高补贴国，其谈判的立场是尽可能维持对农业的“三高”政策，即高补贴、高支持、高保护；四是以印度为代表的大部分发展中国家成员，强调出口补贴的削减应奉行逐步推进直至最终取消的原则，但应允许发展中国家在执行上述原则时具有更长的过渡期限等更大的灵活性；五是以东欧国家为代表的 WTO 新成员，强调其面临的特殊困难和加入谈判中所作的广泛谈判。

在非农产品贸易规则谈判中，主要的谈判方包括三个阵营，一是以欧美为代表的现行规则体系既得利益集团；二是以日本、韩国、新加坡及中国香港和中国台湾等国家或地区为代表联谊小组；三是以巴西、印度、中国等国家为代表的发展中国家集团。其中，欧美的立场也具有微妙的不同。

就服务贸易谈判而言，主要的谈判方包括五个阵营，一是以欧美为代表的服务贸易发达国家集团，其主要立场为反对或质疑在服务贸易总协定（GATS）中建立紧急保障措施，主张 WTO 成员只有做出具有约束性承诺的自主自由化措施才能给予实质性奖励等；二是以东盟及中韩为代表的区域国家集团，其主要立场为积极推动服务贸易紧急保障措施谈判，以为其尚未发育成熟的服务业创设保障机制；三是以印度和中南美洲国家（“南锥体”）为代表的发展中国家集团，这些国家在原先多边约束性承诺的基础上，在相当广泛的部门做出了扩大自由化的努力；四是以澳大利亚为代表的中立立场成员；五是 WTO 部分新成员，这些成员主张新成员在加入 WTO 议定书中单方面让步应当被视为是自主自由化措施，从而在新一轮谈判中获得奖励。

## 二、中国在 WTO 框架下的地位及利益所在

WTO 作为一个国际组织，其目的就是努力通过全球性的多边会议来达到全球自由贸易的目的。在全球废除关税、配额，商品可以自由地在全世界出售是 WTO 的最终目标，但在操作层面上，它成了一个各成员不断博弈和达成妥协的地方，从而使公平的追求打了折扣。或者说，公平并不是它的主要目标，而是各成员之间的利益平衡。因此，我们在讨论中国在 WTO 框架下财政政策的调整策略之前，首先要对中国在 WTO 框架下所处的地位和利益所在进行分析。

### （一）中国在 WTO 中的地位：发达“小国”和发展中大国

西班牙《国家报》曾发表文章说，中国是穷国的代言人，中国政府在香港举起了保护不发达国家的大旗，要求在一切有关世界自由贸易的协议中给予这些国家优惠待遇。但是因此就说中国是穷国的代言人，是值得思考的。因为 WTO 是一个国际性的博弈舞台，即便中国有此雄心，也未必有此能力。中国虽然是最大的发展中国家，但国内不同地区经济发展的不平衡，工业化国家和很多发展中国家都把中国看成是一个强劲的竞争对手。

1. 中国是一个贸易大国，2001 年排在世界三大贸易集团欧盟、美国和日本之后（第一次超过加拿大），具有影响贸易谈判的不可

忽视的讨价还价能力。

2. 中国是一个迅速成长的潜在经济大国。在1979～2000年间，中国经济年均增长率为9.5%，是世界上经济增长最快的国家，经济规模也上升到世界的第6位；贸易从1979年的第27位跃居到2001年的第6位；吸引外国直接投资从无到有，并连续处在发展中国家和地区的第一位。

3. 中国同时还是世界上人口最多的发展中国家，经济发展必须走自立之路。对外开放、引进外资只是实现自立发展模式的手段，而不是目的本身。

4. 本质上，中国还是一个发展中国家，经济发展水平还很落后。即使再经过几十年的努力，这种局面也很难改变。

### （二）中国在WTO中发挥的作用应该与地位相适应

综上所述，中国应该在WTO中坚定确立“负责任的发展中大国”的形象。一方面，维护现有国际经济秩序和该组织的健康发展；另一方面，调整世界贸易组织规则以应对发展中的种种问题，积极维护发展中国家利益。不管怎样，作为新成员和一个在国际经济中占有越来越重要地位的国家，中国在WTO中的一举一动都引人注目。与这种地位相对应，中国在WTO中的作用如下：

1. 作为世界经济中的一个贸易大国，以及正在迅速成长的一个潜在经济强国，加入WTO后，根据该组织的特点，中国最主要的任务首先在于维护该组织的基本规则和正常的运行。中国需要这样的组织和体制所确立和规范的一个稳定和透明的国际环境。因此，我们首先要确立一个现时国际经济秩序的坚定维护者的形象，在规则制定、政策审议和争端解决方面初步发挥了建设性的作用。

全面参与多哈发展议程谈判。直接参与国际多边贸易规则的制定，是中国争取加入WTO的重要目的之一。WTO多哈第四届部长会议决定发动新一轮多边贸易谈判，即多哈发展议程。多哈发展议程是WTO建立以来启动的第一轮谈判，在世界经济衰弱，贸易保护主义盛行的形势下，这一回合能否取得积极和平衡的结果至关重要。多哈发展回合涉及农业、货物、服务、知识产权、发展等各个领域，各项议题都与中国的实际经济利益密切相关。如果多哈发展议程能够取得成功，将有助于为中国产品和服务进入国际市场创造更好的条件，为国内全面建设小康社会创造良好的国际环境。因此，中国需要积极参与多边贸易体系的活动，维持一个开放的多边贸易秩序，并致力于推动多边贸易规则的完善。

加入WTO以来，中国全面参与了多哈发展议程的谈判，在农业、非农产品、服务贸易等领域以及新加坡议题的谈判中都提出了自己的立场或者提案。中国的立场和作用得到了各方的重视。但是，必须承认，中国作为新成员，参与的程度是初步的，发挥的作用也是有限的，只能随着经验的积累和认识的深入，逐步加深参与程度，进一步发挥建设性作用。

多边贸易谈判和中国加入WTO谈判的性质和特点有所不同。它不是一家一家地进行双边谈判然后汇总在一起，而是100多个成员一起进行谈判，根据不同议题制定谈判框架和模式，达成共识后各成员照此进行削减，并只能在谈判的最后做出一篮子的选择，要么接受，要么拒绝。在这种谈判中，谈判策略是非常重要的，合纵连横是基本的游戏规则，必须善于联合与自己利益一致和相似的成员，使谈判向自己有利的方向发展。中国参加“发展中国家农业协调组”（G20），除了与发展中国家要求发达成员承担更多义务的立场一致外，另一个重要的原因是，其他发展中成员支持中国作为新成员在新一轮谈判“少减让、晚减让”。

2. 作为世界上人口最多的发展中大国，客观上讲，中国的市场开放倾向要弱于其他发达国家和中小发展中国家和地区。WTO的现行规则，显然存在着很多缺陷，其中最大的缺陷就是忽视发展中国家在经济全球化进程中的经济政策自主性。WTO的新一轮多边谈判被冠以“发展议程”，正是体现了发展中国家希望对此加以矫正的强烈要求。但是，试图从根本上对多边贸易体制进行改造，既不现实，从策略上也不足取。已有中国学者正确地指出，中国没有理由挑战现行的国际经济秩序，因为“现行经济全球化政策秩序是以市场经济为基础的，本质上是有利于竞争力较强的国家的，随着中国的不断崛起，全球化规则对中国将更为有利”。①

但是，利用好多边贸易体制却非易事。建立 WTO 与中国经济发展之间的有效连接，这座桥梁需要三个支柱：载体、资源和人才。需要建立必要的载体，及时传导信息，并分析、提炼和转化；综合利用国内外各种资源，提供参与多边谈判的技术支持和资源保障；重视人才的培养，在多边贸易体制中体现中国的利益，发挥与中国地位和实力相符的作用和影响。在这些方面，中国应该同印度、印度尼西亚、巴基斯坦、巴西、墨西哥、阿根廷、南非等发展中大国密切合作，更好地维护发展中大国的利益，维护和拓展自立型发展模式运作的国际空间。

3. 中国作为一个具有广泛影响的发展中国家，在这方面应该广泛联合其他广大的发展中国家和地区，甚至利用“多数投票”决策机制的机遇，为落后国家和地区谋取更多的公平贸易条件，保持这个世界最重要的经济组织能够比较平衡地发展。

4. 中国在 WTO 中的地位比较特殊：一方面，从经济规模和发展潜力上看，中国最需要一个稳定、规范和有序的国际市场环境，这和发达大国的利益一致；另一方面，中国的经济发展水平和企业、产业的竞争能力还无法与发达国家相抗衡，因而无法做出发达国家可以做出的市场开放承诺——这里又和发展中国家的立场一致。这种双重身份决定了中国在 WTO 中的协调者和中介者角色。

---

① 隆国强：“中国：一个崛起的贸易大国”，《中国经济时报》，2004 年 3 月 25 日。

总之，WTO的多边贸易谈判，专业性和法律性强，经济和政治关系十分复杂，各种分歧难以弥合，各种矛盾在一定条件下还会出现转化，中国要在WTO中进一步发挥积极和建设性的作用，做一个从容、自信的成员，影响新的国际规则制定，为实现新的、更加合理的国际经济新秩序的长期目标做出贡献，为国家经济建设创造良好的环境。中国应该在WTO中坚定确立“负责任的发展中大国”的形象：一方面，维护现有国际经济秩序和该组织的健康发展；另一方面，积极维护发展中国家利益。做一个成熟的WTO成员，发挥更大作用，有效维护国家权益。

### （三）中国加入WTO的利益所在

评价加入WTO的实际影响，首先要看看加入WTO的意义：当年党中央、国务院有两个基本判断，即它是中国参与经济全球化的重要战略部署和标志着对外开放进入一个新阶段。

1. 加速中国自身经济的发展，促进改革与市场经济的充分发育。加入WTO过程是中国建立社会主义市场经济和融入世界经济的过程，否则，这两个过程会更加漫长。中国加入WTO以后，通过享受权利和履行义务，将促进中国价格体系的理顺、管理服务水平的提高和企业经营体制的转变；有助于地方保护主义的打破和市场的统一，达到货畅其流，使资金、资源达到合理的配置。因此，加入WTO，将促进中国经济的高速发展，尽早进入世界强国之列。

2. 有利于中国外贸环境的改善。加入WTO是中国融入世界经济主流的最有效的途径。截至2007年9月，WTO成员已达151个，成员之间的贸易占整个国际贸易的90%，因此，WTO对于国际贸易的发展起着决定性的作用。在2001年正式加入WTO后，中国就更加深刻地感受到了自由贸易的好处，几年下来，虽然与欧美等一些国家的贸易摩擦不断，但收获远远大于损失。

中国如不加入WTO，就会逐渐被排除在世界经济主流之外，这将严重影响中国的经济贸易发展大业。由于中国的贸易伙伴基本上是WTO的成员，因此，无论中国是否加入WTO，中国依然要受其影响，与其被动受影响，被动接受别人制定的规则，不如主动加入，参与世界贸易规则的制定和修改过程，最大限度地利用国际资源，这是中国的利益所在。

从中国改革开放的角度来讲，过去的二十多年基本上是政府主导型的、政策性的对外开放，在体制上并没有和世界经济接轨，加入WTO后，这种对外开放将转变成市场主导型的、体制性的对外开放，中国的发展战略将发生重大调整，我们进入了新的开放时代。

## 三、WTO框架下中国财政政策的调整

在WTO多边框架下，强调的是国家间政策协调的自愿性，如果把WTO这个多边框架分解，一种可能的形式是多个双边关系的组合；另一种可能的形式是两个利益集团（利益集团的成员随着谈判内容随时变化），两种形式都可以应用前面的两国博弈模型进行分析，在运用两国博弈模型进行国际财政合作分析时，我们同样隐含地假定了两国之间的财政合作完全是自愿的，它们对各自财政主权的让渡也是极其有限的，并且只局限于相互之间为了共同的利益而走到一起时所必须做出的政策调整。在WTO框架下，中国所做出的财政政策调整的意义在于，中国必须主动地在WTO框架下推进全球化进程，加快脚步进入到已经存在的“势力范围”之中，做到和西方发达国家相互依赖程度不断加深。

WTO框架下出于国际协调的目的而进行的财政政策调整是一种双层博弈的结果，双层博弈中的两个层次为国际层次的博弈和国内层次的博弈。国际层次的博弈指谈判者讨价还价后达成暂时协议

的过程，国内层次的博弈指在选民团体中讨论是否批准这一协议的过程。具体到第二章的两国模型当中，谈判结果必须位于图 2－4 的 AHG 区间之内，否则就会面临与国外对手谈判破裂或不能获得国内承认的情形。因此，一个国家财政政策的调整的目的在于改变谈判对手和国内民众的偏好，使得位于 AHG 区间内的政策组合能够与国外谈判对手和国内民众的偏好基本一致。

### （一）加入 WTO 对中国财政运行的直接影响

中国成为 WTO 成员之后，国家财政各个方面受到的来自 WTO 的直接或间接影响包括如下三个方面。

1. 关税收入的减少。征收关税一方面可以保护国内生产和市场；另一方面可以取得一定的关税收入，增加国家的财力。自改革开放以来，随着对外贸易的不断扩大，中国关税收入逐年增加，其在整个财政收入中的比重一般都保持在 4%～6% 之间。加入 WTO 所要履行的重要义务之一就是大幅度削减关税。为了满足这一条件，自 1992 年以来，中国先后 5 次大规模地自主降低关税，加入 WTO 之前，平均进口关税水平已从 43% 下降到 17%。加入 WTO 时还承诺，到 2000 年将平均关税税率降至 15% 以下，2005 年进一步下降到 10% 以下，并将这一承诺落实到具体的税号。加入 WTO 之后，由于关税税率的下降，中国关税及营业税收入大规模下降。据有关部门统计，中国加入 WTO 第一年的税收就减少 500 多亿元人民币。

2. 财政补贴支出减少。计划经济的痕迹使得中国尚未完全走出政企不分的境况，一些企业承担了政府应当承担的社会责任，而政府有时却又超越自身职责范围干预企业经营。在中国政府的财政统计中，财政补贴主要有价格补贴和企业亏损补贴两大类。除此之外，政府还提供若干形式比较隐蔽的补贴。中美就中国加入 WTO 进行谈判的焦点之一就是要求中国 5 年内取消对国有企业的补贴。

一旦国有企业补贴被取消，中国财政支出的压力将会大大减轻。以1997年为例，当年中国财政对企业亏损的补贴支出为368.49亿元，价格补贴支出为551.96亿元，两者合计达920.45亿元。加入WTO之后，不用说取消全部补贴，哪怕只取消一半的财政补贴，中国财政每年约可少支出约500亿元，这一数目可与加入WTO对关税收入的减少额大体相抵。也就是说，综合这两方面的影响，加入WTO对中国的财政平衡没有太大的影响。

3. 公开开放的政府采购是WTO四个多边协定之一，这些协定并非所有WTO成员国都必须签订。WTO的《政府采购协定》列出了一般的规则和义务，以确保各成员国政府商品和劳务合同中的非歧视性、透明性和公平竞争。在中国，许多商业活动都是由政府机构来进行的，因而国有企业同政府机构有着千丝万缕的联系。美国、欧盟及其他WTO成员国都要求中国加入这一协定。加入WTO后，中国就必须遵守公开开放的政府采购这一国际贸易的游戏规则。在中国，政府采购目前尚处于探索与试点阶段，仅上海市成立了政府采购委员会，但公开开放的政府采购应是中国未来几年加强财政支出管理的重要一环。

尽管加入WTO对中国财政运行有很多影响，但总地来说，中国政府可以通过财政政策的调整，来加强和改善宏观调控。从其他国家的经验来看，许多WTO成员都做到了既开放市场，又用市场经济手段进行调节，结果并未影响政府对经济的调控。中国政府同样有能力做到这些。只要掌握好WTO规则，运用好各种经济手段，建立有效的法律体系，我们的宏观调控就更加有效有力。

### （二）加入WTO以后的财政政策调整

中国加入WTO后，对外贸易必然要适应WTO的要求，税收政策在这一进程中有着举足轻重的作用，它通过有关税制的完善、关税的变化、出口退税政策的调整等，成为推动中国外贸全球化的重要动力。其中，出口退税政策的调整是最直接的表现。

1. 关税政策调整。加入 WTO 以前，中国政府对关税税率进行了多次调整。1992 年初，降低了 225 种进口商品关税，关税平均税率（算术平均税率，下同）下降到 43.2%；1993 年，降低了 3371 种进口商品关税，关税水平下降到 36.4%；1995 年，降低了 4997 种进口商品关税，调整商品占进口税税则总数的 76%，关税总水平下降到 23%；1997 年，又大范围地降低关税水平，平均关税水平下降了 6 个百分点，达到 17%。到 2001 年中国关税总水平已经下降到 15.3%。

自 2001 年加入 WTO 后，中国一直严格履行加入 WTO 承诺的降税义务，得到了国际社会的好评。中国的关税总水平逐年降低，平均一年降低一个百分点。从 2005 年 1 月 1 日起，中国再次降低 900 多个税目的关税税率，关税总水平也从 2004 年的 10.4% 降低至 2005 年的 9.9%，其中，农产品平均税率由 15.6% 降低到 15.3%，工业品平均税率由 9.5% 降低到 9.0%。此次降税完全履行了中国承诺的 2005 年降税义务，充分说明中国政府是信守承诺和负责任的。

中国的关税调整有四个原则：一是继续履行中国承诺的关税减让义务；二是履行中国与有关国家或地区签订的关税协定；三是根据国家宏观调控政策的基本取向和国内经济运行的实际情况，以暂定税率的形式对部分进出口商品的税率进行调整，着重考虑支持农业和鼓励高新技术发展、抑制个别过热行业盲目发展等方面的需要；四是根据加强进出口管理等实际需要，在必要、可行的前提下，对税则税目进行适当增减。

加入 WTO 之后，关税水平的下降对国内经济健康、稳定发展起到了积极的促进作用。关税水平的下降有力地促进了国内外的经贸往来，有利于国内企业充分利用国内外两种资源，面向国内外两个市场择优选购，降低生产成本，提高产品质量。机电产品关税的下降也有利于企业引进国外的先进设备，加快企业的技术改造，提高中国产品的国际竞争力。近几年中国对外贸易持续快速增长，关税的下降是其中的重要因素之一。

2005年是中国履行加入WTO的关税减让承诺，较大幅度降税的最后一年，此后，按入世承诺需降税的税目数会大为减少。

2. 出口退税政策。中国目前退税、免税的税种只有增值税和消费税，而依据WTO规则，可退税的间接税还包括营业税、销售税、印花税等。为了逐步扩大出口退税政策的操作空间，提高中国出口产品的国际竞争力，今后中国在出口产品的退税范围或所含税种上，还大有调整、优化的文章可做。比如，可考虑把营业税和随同增值税、营业税征收的某些附加税（城市维护建设税、教育费附加等）择机列入出口产品的退税范围。

3. 国内税收政策。首先，一是需要研究增加的新税种，如财产税、遗产税、社会保障税、环保税、证券交易税等。这些新税种与深化市场经济体制改革和加入WTO后经济全面开放所带来的问题和挑战，都有密切的内在关联。二是亟待充实完善的其他税种，如消费税、营业税、资源税等。这些税种的规定或条例，一方面与已经变化了的情况不相适应，与扩大内需、调整经济结构、增加城乡居民收入等现实需要有一定矛盾；另一方面又与应对WTO挑战，与提高企业和农村、农业竞争力以及中国资源的合理开发和利用等有一定冲突，因而，还亟待我们在认真调研的基础上加以修改、充实与完善。

4. 政府采购制度。WTO的《政府采购协定》签署方主要是发达国家，截至2007年只有40个，其中包括欧盟的成员国。但因为中国在加入WTO时就做了将加入《政府采购协定》的承诺，因此，加入WTO的《政府采购协定》是中国履行加入WTO的责任。中国2001年加入WTO只是开放了第一市场—商业消费市场，而第二市场，即公共采购市场的开放需要通过加入《政府采购协定》

来完成。在《中国加入WTO工作组报告书》中，中国向WTO承诺："中央和国家以下一级所有政府实体，以及专门从事商业活动以外的公共实体，将以透明的方式从事其采购，并按照最惠国待遇的原则，向所有外国供应商提供参与该项采购的平等机会。"

### （三）多哈回合谈判期间中国的立场以及财政支农政策的调整

加入WTO，意味着中国农业将由过去简单双边贸易的约束转向多边贸易体制框架，并直接面对激烈的国际农产品市场竞争，这无疑会对农业和农产品的生产、贸易、管理政策与相应法律法规产生重大影响。中国作为一个WTO新成员，自始至终参加了多哈回合的谈判，在农业谈判过程中中国采取的策略以及根据谈判的需要所进行的与农业发展相关的财政政策调整，充分体现了中国参与WTO框架下的双层博弈的策略选择。

根据《中国加入WTO议定书》及附件的规定，中国在农业领域市场开放主要有以下几项内容。第一，按照关税减让时间表逐步下调农产品关税水平。中国2001年时的农产品平均关税率约为19.9%。到2005年需降低到15.5%左右。第二，根据《中国加入WTO议定书》附件3的规定，中国将最迟2005年1月1日前取消400个税号的非关税措施，其中蔗糖等11种产品的单一许可证和配额管理措施在加入WTO时取消。第三，对主要农产品实行关税配额制度。第四，经过谈判，中国保留了在《农业协定》下对农业提供特定国内支持和非特定支持的权利并使两项之和不超过支持特定产品和农业生产总值的8.5%，同时，还可以使用"绿箱"补贴，但是承诺加入WTO后不对农产品实行出口补贴。

中国加入WTO以来，中央审时度势，根据加入WTO的新形势，在根据承诺做出一系列政策调整的同时，还出台了一系列更直接、更有效的财政支农政策措施，大力推动农业结构战略性调整，有效促进了农业和农村经济的稳定增长。

1. 农产品关税减让。农产品关税由加入 WTO 前 2001 年的 23.2%，经过 2002~2004 年的三年削减，降至 2005 年的 15.5%。2005 年是中国履行加入 WTO 承诺的终点，目前的农产品关税水平远远低于 62% 的世界农产品平均关税水平，成为世界上农产品关税总水平最低的国家之一。到 2005 年，比中国低的国家只有澳大利亚、新西兰、美国和捷克 4 国。

在农产品关税问题上，中国政府一方面是履行加入 WTO 的承诺；另一方面，是配合多哈谈判进程，在农产品问题上做了很大的让步，试图通过在农产品问题上的让步，达成更广泛的自由贸易协定，促进对外贸易的发展。为了降低农产品关税降低给中国农业带来的不利影响，增强中国农产品的竞争力，中国政府陆续推出了减、免农业税和加大对农业的财政投入等国内财政政策措施，充分体现了中国政府在 WTO 框架下的双层博弈策略。

2. 免征农业税。农业税是国家对一切从事农业生产有农业收入的单位和个人征收的一种税，俗称“公粮国税”。农业税是一个古老的税种，是中国最早产生的税收形式之一。史书上关于土地税的最早记载是公元前 594 年鲁宣公推行的“初税亩”制度，至今已有 2600 多年。在漫长的历史长河中，农业税支撑了国家的运转、科学的进步、人类社会的发展，孕育了第二产业、第三产业的诞生和发展。但是，它也是中国农民负担的主要内容。

党和国家十分重视农业税收政策问题。2004 年初，温家宝总理在《政府工作报告》中曾提出，有条件的地方可以进一步降低农业税税率或免征农业税，五年内取消农业税。这一重大举措对切实减轻农民负担，构建和谐社会，具有深远的政治意义。

经国务院批准，财政部、农业部、国家税务总局决定 2004 年降低农业税税率，并在部分粮食主产区进行免征农业税改革试点，同时明确了免征农业税改革试点的相关政策。

财政部、农业部、国家税务总局联合下发的《关于 2004 年降低农业税税率和在部分粮食主产区进行免征农业税改革试点有关问题的通知》明确，2004 年在吉林、黑龙江两个粮食主产省先行免征农业税改革试点，河北、内蒙古、辽宁、江苏、安徽、江西、山东、河南、湖北、湖南、四川等 11 个粮食主产省（自治区）农业税税率降低 3 个百分点，并主要用于鼓励粮食生产；其余地区总体上农业税税率降低 1 个百分点。沿海及其他有条件的地区也可视地方财力情况进行免征农业税试点。2005 年在 2004 年试点的基础上，全国降低农业税税率和免征农业税的范围进一步扩大，从 2006 年起，中国全面取消农业税，比原定用五年时间取消农业税的时间表，整整提前了三年。

2001～2004 年，全国共减免农业税 234 亿元，免征除烟叶外的农业特产税 68 亿元，核定农业税灾歉减免 160 亿元，其中，中央财政负担了 85 亿元，各级农业税征收机关共落实社会减免 50 亿元，落实种粮大户等其他减免 9 亿元。2005 年全国进一步减轻农民负担 220 亿元。取消农业税，就是给予农民帮助和支持，提高其农产品的市场竞争能力，推进农村经济的发展。综观世界，许多国家不收农业税；而发达国家不但不收农业税，反而给农民大量补贴，以提高农业及农产品的国际竞争力，如美国及欧盟诸国。

3. 调整现有的农业补贴政策，加大对农业的财政投入。在《WTO 协议》中，中国可以使用的支持农业措施包括：所有“绿箱”政策措施；发展中国家免于削减的三项措施，即普惠性的投资补贴、低收入或资源贫乏地区的农业投入补贴和停种非法麻醉作物补贴；国内支持中的微量许可；“蓝箱”措施以及反映在减让表中的直接支付等。目前，WTO 规则允许的 12 项“绿箱”措施中，中国尚有 6 项是空白；按照加入 WTO 谈判允许的 8.5% 补贴上限，中国还有较大的投入增长空间。有关部门要加强研究，积极探索财政直接补贴与农业保险相结合的农业保障制度。进一步完善补贴办法，用好 WTO“微量允许”、“绿箱”补贴权利，采取对农民直接补贴等“黄箱”措施，增加农业国内支持总量。

首先，调整粮食补贴政策。根据 WTO《农业协定》，中国当前的粮食补贴政策属于“黄箱”政策，虽然中国“黄箱”政策补贴没有超过加入 WTO 谈判中农业生产总值 8.5% 的上限，符合 WTO 的规则，但现行对农产品流通环节的补贴政策，既扭曲资源配置，又造成收入分配不公，还导致各种腐败现象，从而使得国家花费了巨大的财政支出，农民却得不到多少利益，存在补贴效率较低的状况。据财政部农业司有关人士分析，中国目前通过对粮食流通企业补贴的方式来间接补贴农民，国家需要耗费 7 元钱才使农民得到 1 元钱，大部分的财政支农资金浪费在流通环节，无法实现对农民补贴的政策意图。因此迫切需要将对中间流通环节的补贴转向对直接生产者，切实提高农民收入，提高财政支农资金的使用效益。

其次，增加对落后地区的补贴。由于目前中国西部人均收入与全国人均收入的差距已达到“不可诉补贴”中对落后地区补贴的标准（人均国民生产总值不超过全国平均国民生产总值的 85% 等条件），中国的地区倾斜政策应由“东高西低”改为“西高东低”，可以对这些地区的产业和企业采取补贴政策，如税收优惠、援助等，扶持西部经济的发展。

再次，增加环保补贴。中国传统的粗放型的对外贸易发展模式，不仅造成资源浪费和环境的恶化，而且正日益受到国际绿色消费浪潮的挑战，严重制约着中国外贸的发展。当今中国生态环境恶化已成为突出的问题之一，体现在土地退化、森林环境功能减弱、水资源危机、环境污染严重、自然灾害频发等，这已经严重影响中国的可持续发展。同时，随着绿色需求的增长，中国农产品在国际市场上屡屡遭遇绿色贸易壁垒。环境问题不解决，农产品出口将越来越困难。因此，保护自然资源和生态环境实际上就是保护中国经济的可持续发展。在制定政策时要注重环境保护问题，要加大这方面的投入，增加在退耕还林、退耕还草、企业环保技术改造等有利于环境保护方面的支出，逐步改善生态环境。

### （四）多哈回合的失败对中国农业的影响及未来的对策

1. 总体来看，中国加入 WTO 以来，农业并没有出现人们普遍担心的加入 WTO 后将受到严重冲击的情况，农业和农村经济在更加开放的环境中实现了平稳过渡和稳定增长，发展形势好于预期。

一是农业增加值稳中有升。2002 年、2003 年和 2004 年，中国农业增加值分别达到 14883 亿元、17247 亿元和 20744 亿元，年均分别增长 2.9%、2.5% 和 6.3%，与加入 WTO 前相比不仅未出现下降趋势，而且呈现出稳中有升的发展态势。

二是主要农产品产量逐年增加。2002 年、2003 年和 2004 年，粮食产量分别达到 45711 万吨、43067 万吨和 46947 万吨，年均增长 1.3%；肉类总产量分别达到 6590 万吨、6920 万吨和 7260 万吨，年均增长 5%。

三是农民收入增长幅度逐年提高。2002 年、2003 年和 2004 年，农民人均纯收入分别达到 2476 元、2622 元和 2936 元，实际增长分别达到 4.8%、4.3% 和 6.8%，其中，2004 年成为 1997 年以来农民人均纯收入增长最快的一年。

四是农产品贸易稳步增长。2002～2004 年，农产品贸易年均增长 29.9%，其中，出口年均增长 13.2%。2004 年中国已成为仅次于美国、欧盟、日本的第四大农产品贸易国，产品遍及全球 200 多个国家和地区。目前，中国大蒜、花生、烤鳗、蘑菇罐头、苹果汁等农产品出口量已居全球第一。

2. 多哈回合的失败对中国的影响。2002 年 11 月启动的多哈回合谈判，旨在促进削减贸易壁垒，尤其是发展中国家的经济发展，因此，称之为“多哈发展议程”，并且定了八个谈判领域—农业、非农产品市场准入、服务、知识产权、规则、争端解决、贸易与环境以及贸易和发展问题，但关键和核心问题是农业问题，主要包括削减农业补贴、削减农产品进口关税等。2006 年 7 月 24 日，WTO 总干事拉米宣布无限期中止多哈回合谈判。

多哈回合的失败，对世界经济本身的发展会产生极大的消极影响，主要表现为：错失的机会——由一个广泛的多边谈判机制才能使市场开放、规则加强所带来的利益全面实现，才能使政治和经济利益交换的最大化；体制的扭曲——市场扭曲进一步扩大，双边主义的扩张和争端解决机制的滥用。对于中国对外贸易的发展来说，影响也不容忽视，尤其是对于中国农产品贸易和农业的发展，可能会带来严峻的考验。

目前最突出的问题是，中国作为一个发展中国家，为加入 WTO 承担了一些不平等的义务，在农业贸易方面尤其如此。中国有 9 亿农民，但农业是市场化程度最低的产业，粮食商品率仅 35% 左右。中国的农业发展在目前市场国际化的背景下，面临着两难境地：农业生产和管理国际化与 9 亿农民就业的矛盾，不提高农产品的科技含量，就等于把国内外农产品市场拱手相让，而大幅度提高科技含量就意味着大批农民失业。在现有欧盟和美国为主导的 WTO 体制下，中国在农产品贸易方面的诉求很难实现，面对 WTO 多哈回合的失败对中国的农产品贸易会产生的不利影响，中国对外应当加快双边和区域谈判，通过双边农产品贸易安排来主动应对。对内则通过财政政策调整，加大对农业的财政投入，力争尽快解决中国农业存在的生产分散、技术落后、产品档次低、总体竞争能力不强等问题，深入研究反倾销、反补贴、保障措施等贸易救济措施，以及可供我利用的进口政策、标准、检验、标签和认证、知识产权保护等贸易壁垒做法，提出符合 WTO 规则的、切实可行的保护性政策措施。

# 四、WTO对外汇事务的规定与当前人民币汇率制度

## (一) WTO对外汇事务的规定

关税与贸易总协定（GATT）乌拉圭回合谈判的成果之一是成立了 WTO，此外，还达成了一系列的多边协议和协定，构成了当今国际贸易行为规范的框架，也使 WTO 和国际货币基金组织（IMF）的关系有所发展。WTO 涉及外汇安排的条款，新添了《服务贸易总协定》（GATS）和《与贸易有关的投资措施》（TRIMs）等协定。具体规定如下。

1. 国际收支条款和外汇安排。国际收支保障条款方面，GATT 第 11 条、第 18 条分别授权发达国家和发展中国家为维护国际收支平衡采取进口数量限制和征收关税附加税（称为国际收支保障措施）。为防止滥用国际收支保障措施，GATT 设定了严格的条件，其中最重要的是该国的国际收支出现困难和储备下降及两者的威胁，或者储备过低，而国际收支和储备状况由 IMF 认定，GATT 缔约方全体都必须接受 IMF 的结论。

外汇安排方面，GATT 第 1 条规定，在有关进口和出口的全部规章手续方面，成员必须对其他成员实行最惠国待遇。对外汇措施来说，这与 IMF 要求一致。GATT 第 15 条对成员的外汇安排进行了规定。第 1 款规定，GATF 应与 IMF 进行合作，以便双方在 IMF 管辖范围内的外汇问题和 GATT 管辖范围内的数量限制和其他贸易措施方面相互协调政策。第 2 款规定，在外汇安排问题的所有情况下，缔约方全体应与 IMF 进行充分磋商，接受 IMF 提供的关于外汇、货币储备或国际收支的结论。第 4 款规定成员不得通过外汇措

施而使本协定的各项条款的意图无效，也不得通过贸易行动使《IMF 协定》各项条款的意图无效。”第 5 款规定，如果一成员的外汇限制与本协定对数量限制所规定的例外不一致，缔约方全体可以向基金报告。第 8 款规定，本协定不阻止任一缔约方依照《IMF 协定》，使用外汇管制或外汇限制。

GATT 上述条款说明，GATT 管辖关税和非关税措施，而外汇事务基本由 IMF 管辖，但双方应当互相协调政策。GATT 缔约方有关储备、国际收支、外汇限制、货币制度等方面的政策问题，应当要提交 IMF 裁决。GATT 缔约方可采取符合《IMF 协定》的外汇限制，不受 GATT 管辖。

2. 服务贸易领域。GATS 涉及外汇安排的是第 11 条、第 12 条、《关于金融服务的附件》，此外，还包括《关于金融服务承诺的谅解》和《金融服务协议》。GATS 第 11 条明确了 WTO 和 IMF 在服务贸易项下外汇管理方面各自的管辖权，指出任何规定不得影响 IMF 成员在《IMF 协定》项下的权利和义务，包括采取符合《IMF 协定》的汇兑行动；除在严重国际收支困难或其威胁的情况下外，一缔约方不得对与其具体承诺有关的经常项目交易的国际转移和支付实施限制，也不得对任何资本交易设置与其有关此类交易的具体承诺不一致的限制。同时，《关于金融服务的附件》对金融服务管辖范围进行了限定。中央银行和货币管理机关和任何其他公共实体为推行货币或汇率政策而从事的活动属于在行使政策职权时提供的服务，不在 GATS 涵盖范围内，因此，不受 WTO 管辖。“金融服务提供者”也不包括中央银行。因此，GATS 中关于外汇事务的条款，基本与 GATT 一致，均未涉及汇率制度。根据 GATS 第 12 条，对服务贸易采取国际收支保障措施时，是否发生严重国际收支和对外财政困难或其威胁，也应接受 IMF 裁定。

3. 与贸易有关的投资领域。TRIMs 附件第 2 条规定：不得要求企业自求全部或部分外汇平衡（外汇平衡条款）。因此，WTO 对发展中国家通常使用的经常项目外汇管制手段之一的外汇平衡条款享有管辖权。

综上所述，货物贸易项下，WTO成员的外汇管制和汇率制度是IMF的管辖范围，WTO必须接受IMF结论，即IMF对外汇管制和汇率制度享有单独管辖权。服务贸易和与贸易有关的投资的外汇管理方面，IMF拥有管辖权，但WTO也对与成员的极少数具体服务开放承诺有关的经常性、资本性国际交易外汇限制和外汇平衡措施分享管辖权。汇率制度则是在IMF单独管辖范围内。

### （二）中国加入WTO有关外汇问题的谈判情况

2001年6月，WTO中国工作组会议的多边谈判在日内瓦恢复。会上，美国要求在《中国加入WTO议定书》和《中国加入WTO工作组报告书》中加入外汇事务的条款，旨在将中国的外汇事务纳入WTO争端解决机制。有关外汇问题的案文主要是：要求中国向WTO承诺外汇安排，开放部分资本项目，提供外汇管制的完全信息。对此，中方认为，外汇事务应当由IMF管辖，并不在WTO争端解决机制范围内。因此，中国就此问题与美方进行了多次双边磋商，WTO中国工作组举行了八轮多边谈判。经过艰苦谈判，最后各方达成协议，《中国加入WTO议定书》和《中国加入WTO工作组报告书》删除了要求中国承诺外汇制度，包括汇率制度的案文。

《中国加入WTO工作组报告书》关于中国现行汇率制度的定义是，实行以市场为基础的、单一的、有管理的浮动汇率制度，中国人民银行根据形势对外汇市场进行干预，WTO成员（包括美方）当时对此均未提出异议（当然，如前所述，GATT规定成员应当转向IMF提出）。2003年对中国的过渡审议机制各成员也未涉及中国汇率制度和政策问题。

### （三）美国的指责是对 WTO 多边规则的曲解

美国认为，中国的汇率政策使得 GATT 条款的意图无效，因此，违反了 GATT 的规则。这是对 WTO 协定的曲解。

首先，WTO 是一个多边组织，它判断贸易问题和解释 WTO 协定是从多边角度着眼的。因此，纵然中美双方对双边货物贸易赤字的统计存在分歧，但对 WTO 来说，强调的是一国与其他国家的贸易总差额。即使中国对美贸易顺差如美国所称，在 2003 年超过 1346 亿美元，但是，中国对日本和东亚新兴市场国家却是大量的贸易逆差，使得中国对世界各国的货物贸易总顺差在 2003 年只有 255 亿美元左右，占 GDP 的 1.87%，在 WTO 看来不算大。加上中方的服务贸易赤字（2002 年约为 68 亿美元），则比例还会更小。因此，中国外汇安排没有使 WTO 协定的意图无效。换言之，美方从中美贸易赤字角度指责中国低估人民币汇率，违反 WTO 规则，本身就是站在狭隘的双边角度，并不符合 WTO 规则。

其次，姑且不说 WTO 管辖权问题以及何谓 GATT 条款的意图，如果完整地看，就会发现 GATT 第 15 条第 4 款为了防止外汇措施明显偏离 GATT 条款实际上要求成员在贸易措施和外汇措施上相互协调，是一个平衡条款。GATT 进一步解释："'使……无效'一词旨在表明，例如，任何侵犯本协定任何条款文字的外汇行动，如在实际中不存在明显偏离该条款的意图，则不应被视为违反该条款。因此，缔约方符合《IMF 协定》而实施的外汇管制的一部分，如要求出口结算使用本国货币或 IMF 一个或多个成员货币的缔约方，不会因此被视为违反第 11 条或第 14 条。"

再次，WTO 并不管辖汇率制度。美国认为，根据第 15 条关于 WTO 可与 IMF 充分磋商的规定，美国可就人民币汇率问题诉诸 WTO 争端解决机制。但是，如前所述，第 15 条规定，在磋商中，"缔约方全体应接受 IMF 提供的关于外汇、货币储备或国际收支的所有统计或其他事实的调查结果”，即WTO听从IMF裁决，既无规定也无先例将外汇安排纳入争端解决机制。

### （四）中美贸易赤字增长的主要原因

美中贸易逆差的原因主要是跨国公司来中国投资的企业产品返销美国。根据美国贸易代表办公室的一项研究，美国对中国直接投资每增长10%，美国从中国的进口就增加6.3%。而美国国际经济研究院的一项研究认为，美中贸易与美国的就业没有显著的关系，因为美国的贸易赤字是由美国国内外宏观经济形势决定的。美国的利率低，收入高，进口需求旺盛，财政赤字庞大，即使中国对美出口减少，也会被韩国或墨西哥替代。

最后，应当指出，人民币汇率制度一直在演变中，但深化人民币汇率制度改革不能一蹴而就，应当与中国经济发展相适应，与市场化等改革协调配套。当前，应当着重完善结售汇制度，培育外汇市场，稳步推进人民币可兑换进程，进一步理顺供求关系，不断改善人民币汇率形成机制。

# 第六章　经济协作背景下的中国财政政策转变与创新

传统的区域经济合作理论有一系列隐含的假定：第一，缔结区域贸易协定，是一种纯粹的国际商业行为。也就是说，参加者的目标函数是单一的经济因素。第二，所有参加国的规模是相同的。在区域贸易协定的谈判过程中，所有参加国的谈判交易能力是等同的，不会出现一方利用自身的较高谈判交易能力做出损害另一方的行为。第三，谈判的结果是互惠的。成员国的收益或成本来自于贸易创造效应和贸易转移效应。20 世纪 90 年代以来，全球区域经济合作出现了一种新的趋势：大国与小国缔结区域贸易协定越来越多。美国与加拿大、墨西哥缔结的《北美自由贸易区协定》和欧盟接纳东欧国家的协定就是很好的例子。

作为国际区域经济一体化的主要形式，自由贸易区和关税同盟是两种特惠协定，其设立虽然有悖于 WTO 的非歧视原则，但却被 GATT（第 24 条以及“关于解释第 24 条的谅解”）所认可：“此类协议的目的应当是促进组成地区之间的贸易，并且不增加其他成员与这些地区之间的贸易壁垒。”这种特惠协定的“合法”存在，为 WTO 自身的进一步立法创新开启了一扇大门。或许将来各成员国均能意识到，旨在实现收入分配或进口替代保护的任何关税设置事实上是得不偿失的。这些特惠协定为全球范围内的贸易自由化开辟了道路，使得国际区域经济一体化随着经济全球化的不断深化，成为世界经济发展的一个重要特征。区域经济协作已经进入一个加速发展的新时期，在国际经济和对外经济战略中的地位明显上升，成为国际经济学的一个引人注目的现象。目前，世界上主要的区域经济一体化组织有30多个，共有150多个国家或地区不同程度地参加了区域经济的一体化进程，到2006年3月，向世界贸易组织通报的区域贸易协定达到340个（80%是近10年缔结的）。尽管存在数量众多的跨区域、次区域经济合作组织，但欧盟、北美自由贸易区以及亚太经合组织的影响最大，三大经济板块正在以不同的方式向周边地区扩张。

中国加入WTO后，开始逐步参与多边贸易体制的协调决策过程，同时积极参与亚洲区域经济一体化进程和贸易合作，倡议建立能够发挥主导作用的区域集团，既能避免被区域经济集团边缘化的危险，又能在WTO的多边贸易框架下取得有利的博弈地位。

## 一、中国与亚洲国家和地区的经济协作水平不断提高

1997年爆发的亚洲金融危机给整个地区带来了巨大的损失，留给亚洲国家和地区的教训是深刻的。亚洲金融危机的迅速扩散所带来的亚洲各国和地区货币的竞争性贬值，使各国和地区认识到区域经济合作的迫切性和重要性。在亚洲区域合作不断发展的过程中，亚洲地区，特别是东亚地区旧有的发展模式已经被打破，中国被视为推动东亚地区经济发展的重要力量之一，中国的发展增强了亚洲地区的经济互补性，激发了经济增长的活力，使这一地区成为世界经济的重要增长点。

## (一)中国与周边国家和地区的经济融合明显提高

随着对外开放度的不断扩大，中国与世界各国和地区，特别是与周边国家和地区的经济融合明显提高，经济运行态势逐渐趋于同步，贸易占 GDP 的比重大大提高，外国直接投资相对稳定，制造业的加工特征日趋明显。

1. 中国与周边国家和地区经济运行态势逐渐趋于同步。亚洲金融危机以来，中国与周边国家和地区经济发展走势的同步性越来越明显。2000 年以前，中国与周边国家和地区经济增长，不仅趋势不一致，而且离差也比较大；2000 年特别是 2004 年以来，不仅走势基本一致，而且离差也越来越小。

2. 中国与周边国家和地区贸易占中国 GDP 的比重持续上升。近几年来中国与周边国家和地区的对外贸易有了较快发展，占中国 GDP 的比重持续上升。1998 年中国与周边国家和地区贸易占中国 GDP 的比重为 18.4%，2003 年上升到 31.2%。这说明中国经济总量中有 1/3 要与周边国家和地区发生直接的关系。

3. 周边国家和地区对中国的外国直接投资占 GDP 的比重，随着中国 GDP 规模不断扩大，仍保持着基本稳定的态势。随着世界经济泡沫的破灭，尽管 2003 年以来全球外国直接投资出现恢复性增长，但近几年总体上处于不振状态。而在这一形势下，周边国家和地区对中国的外国直接投资，不仅没有随着中国经济规模的扩大而缩小，还一直保持着基本稳定的态势。2000 年周边国家和地区对中国的外国直接投资达 251 亿美元，占 GDP 的比重为 2.3%；2003 年达 335 亿美元，占 GDP 比重为 2.4%。

中国与周边国家和地区相比，制造业加工特征日趋明显。制造业加工特征明显，突出表现为周边国家和地区制造业特别是劳动密集型制造业在中国的日趋集中，中国成为这些国家和地区劳动密集型制造业的加工基地。周边国家和地区向中国出口大量原材料和零部件，在中国加工后返回原地或出口到第三国家和地区，结果对中国形成了大量贸易顺差。与此同时，也使制造业产品出口占中国出口比重大幅度上升。

以上的分析表明，中国与周边国家和地区的经济融合越来越强，相互影响、相互制约明显加大。其原因主要有以下几个方面。

1. 经济全球化是中国与周边国家和地区经济融合的外部背景。进入21世纪以来，经济全球化又进一步向深度和广度发展，突出表现为世界贸易总额占世界经济总量的比重不断上升。2003年世界贸易总额占世界经济总量（GDP）的比重为57.9%，1995年为43.3%，1990年为38.3%。经济全球化为中国与周边国家和地区经济的融合提供了外部背景。

2. 经济发展阶段和水平的不同是中国与周边国家和地区经济进一步融合的客观要求。2003年中国人均国民总收入（GNI）为1100美元，日本为34510美元，韩国为12020美元，新加坡为21230美元，中国台湾为13157美元，中国香港为25430美元，印度尼西亚为810美元，马来西亚为3780美元，泰国为2190美元，菲律宾为1080美元，印度为530美元，俄罗斯为2610美元。由此看出，中国与周边国家和地区的经济发展阶段和水平有着明显的不同，经济结构自然存在着差异，是中国与这些国家的融合内在的客观要求。

3. 对外开放政策的不断扩大是中国与周边国家和地区经济进一步融合的基础和保障。中国对外开放在地区上不断从沿海向内地延伸，在领域上不断由经常项目向资本项目扩大，关税税率大幅度降低，中国关税总水平到2005年已降到10%以下，对外贸易经营权明显扩大，部分产品配额得以取消，部分企业可以全额意愿结售汇。对外开放的扩大为经常项目和资本项目的流动提供了条件，是中国与周边国家和地区经济融合的基础和保障。

### （二）中国—东盟自由贸易区的快速发展

1997年12月，江泽民主席与东盟国家领导人首次正式会晤并共同发表《联合声明》，提出把“建立面向21世纪的睦邻互信伙伴关系”作为共同的政策目标，从战略高度确立了中国与东盟国家关系发展的方向。亚洲金融危机的发生，使东盟国家的社会生活陷入严重困境，有些国家由于经济危机还引发了政治危机。面对这种情况，有的大国隔岸观火，不愿施以援手；有的国家任由货币贬值，致使地区经济雪上加霜。相比之下，中国以负责任的大国姿态，对内启动积极的财政政策，扩大内需，对外努力保持人民币汇率的稳定，积极采取措施帮助东盟国家走出困境，充分显示了中国与东盟国家同舟共济、坚持走和平崛起道路的坚强决心和坚定信念。

亚洲金融危机期间，东南亚不断恶化的经济形势，对中国造成很大的影响。作为亚洲重要出口国的中国，在周边国家和地区的货币纷纷贬值的情况下，如果继续保持人民币汇率的稳定，势必丧失出口竞争力，造成巨大的经济损失。在严峻的形势面前，中国本着对地区事务高度负责的态度，承担了一个大国应尽的责任和义务，顶着压力，坚持人民币不贬值，从而遏制了危机的发展势头，避免了周边地区经济形势的进一步恶化，为东盟国家逐步走出困境创造了有利条件。

为了促进包括东盟国家在内的周边国家早日实现经济复苏，中国经济需要保持快速增长。然而，在人民币不贬值带来出口下滑的情况下，中国自身的经济增长已经面临很大困难。尽管如此，中国政府仍然果断地采取多项补救措施，通过扩大内需和实行积极的财政政策，刺激经济增长。这样就对东盟国家的经济复苏产生了积极的拉动作用，也为中国—东盟自由贸易区的快速发展奠定了坚实的基础。

2001 年 11 月 5 日，在文莱举行的第五次“10 + 3”领导人会议上，时任中国国务院总理的朱镕基提出了建立“中国—东盟自由贸易区”的建议，中国与东盟签署了《中国—东盟全面经济合作框架协议》，共同宣布在未来 10 年内建立中国—东盟自由贸易区。自由贸易区建成以后，中国对东盟的出口将增加 106 亿美元，增幅为 55.1%；东盟对中国的出口将增加 130 亿美元，增幅为 48%。这一自由贸易区将拥有 17 亿消费者，将成为世界上人口最多的和主要由发展中国家组成的自由贸易区。

2003 年，在印度尼西亚举行的东盟与中国“10 + 1”峰会上，中国与东盟就自由贸易与合作达成了许多共识，根据双方贸易部长签署的削减关税协定，从 2004 年 1 月 1 日开始落实被称为“早期收获”的计划，这项为期 3 年的协定，主要是中国对一系列农产品与制成品提早减税做出让步，自由贸易区则从 2005 年 1 月 1 日起开始落实。中国、泰国两国决定从 2003 年 10 月 1 日起先在两国之间实行蔬菜和水果产品零关税。另外，中国还正式加入《东南亚友好合作条约》，该条约是中国第一次与一个地区组织签署建立战略伙伴关系的文件，从而使中国成为东盟的第一个战略伙伴。在此之后，日本、韩国、印度等不甘落后，分别与东盟或东盟国家签署自由贸易协定或者开始自由贸易谈判，使亚洲区域一体化的进程大大加快，经济金融合作有了更加实质的意义。

中国—东盟自由贸易区建设进展迅速，2010 年中国与东盟绝大多数产品开始实行零关税。中国与东盟双边经济贸易合作有很强的互补性，中国将继续推动双方企业加强农业、能源和基础设施等领域的合作。

可以说，中国与东盟的合作已经成为当前各种区域性合作中最为活跃的因素。中国与东盟的关系，已经进入到更为全面和更加成熟的新阶段。地区内以合作促发展，以发展促繁荣的局面，将为中国的和平崛起提供更加有利的外部条件，而中国的和平发展也会为地区内实现长期稳定和持续繁荣发挥更加积极的推动作用。中国与东盟国家在求同存异基础上建立和发展睦邻互信伙伴关系，适应了时代发展的潮流，开创了国家间新型合作关系的典范，这是中国坚持走和平崛起道路的具体实践和必然结果。

### （三）以中国、日本、韩国合作为中心，推进东北亚地区的经济合作

东北亚区域以其地缘优势和经济互补优势，成为21世纪最有发展潜力的经济合作区和世界经济的新增长点。从20世纪90年代末开始，随着10+3框架的建立，东北亚区域合作逐渐成为东亚经济合作的一个部分，它与整个亚洲经济合作的关系越来越密切，从而使东北亚区域合作的形态发生了新的变化，即出现了向制度性合作发展的新趋势。

以1997年亚洲金融危机为契机，东亚十三国（东盟十国加中国、日本、韩国3国）逐渐形成了地区合作机制，即今天的“10+3”机制。东北亚的三个重要国家中国、日本、韩国首次被纳入到同一个合作框架之内。“10+3”框架成立之初，只是一种领导人非正式会晤的对话机制，但随着国际形势的变化，它逐渐正式化，如今已成为初步制度化的区域合作组织。这里所说的国际形势的变化，主要是指1997年亚洲金融危机后全球第三次地区主义浪潮的兴起。“10+3”框架的出现，结束了东亚地区没有区域合作组织的历史，它是对世界经济区域化挑战的有力回应，为尽快建立区域经济联合体，必须寻找区域合作的切入点。经过各个国家的努力，目前的“10+3”框架不仅有执行机制，而且有长远目标，这就是先由“东亚展望小组”提议（2001）后由“10+3”领导人会议（2002）原则上通过的建立“东亚自由贸易区”和“东亚共同体”的长远目标。“东亚共同体”不仅仅包括经济领域，还包括安全和社会文化方面。目前，“10+3”合作仍在向制度化方向发展，

而它要成为一个真正的制度性区域合作组织仍需时日。

第一，中日双方要建立真正的互信关系。中国、日本合作的核心问题是中日关系，而中日关系的核心问题是要建立互信，相互信任是最起码的要求。为此，中日双方都需要做出最大的努力。

第二，东北亚合作需要一个全新的日本。日本的 GDP 占东亚十三国的 50%，中国、日本、韩国三国的 GDP 占东亚十三国的 70% 左右，应当是东北亚合作的主力，也应当是东亚合作的主力。

第三，东北亚合作离不开美国。东北亚各个国家的特点决定了东北亚合作不能搞封闭的小集团，即使是“10+3”框架下的中国、日本、韩国合作，也应当坚持其开放性，向区外国家开放，尤其是向美国开放。向美国开放，并非要美国加入东北亚或东亚合作框架，成为“东亚共同体”一员，而是要在贸易、投资上向美国开放。

第四，“10+3”框架下的东北亚合作离不开东盟舞台。东北亚次区域合作，目前主要参与的国家是东北亚六国，与东盟关系不大。但是，“10+3”框架下的东北亚合作，也就是中国、日本、韩国的合作，在现行阶段仍离不开东盟这个舞台。

第五，中国、日本、韩国合作应以“10+3”框架为主渠道，企业、行业、部门合作多渠道并进的方式进行。在“10+3”框架下，中国、日本、韩国的合作是以中央政府协议来推动的，这使东北亚合作有了制度上的保障，这当然是一个主要的渠道。

综上所述，东北亚的合作尽管有不少困难与障碍，但是，在“10+3”框架的推动下，以中国、日本、韩国为核心的东北亚合作正在向制度化方向发展。这是一个渐进的过程，虽然缓慢，但仍充满了希望。

### （四）上海合作组织的产生和发展

2006 年上海合作组织成员国元首理事会会议于 6 月 15 日在上

海举行，峰会一致通过的《上海合作组织五周年宣言》郑重宣布：将为建立互信、互利、平等、相互尊重的新型全球安全架构做出建设性的贡献。这也是上海合作组织一个完整的基本理念和最重要的行为准则。胡锦涛主席在上海合作组织峰会中提出要努力把本地区建设成为一个持久和平、共同繁荣的“和谐地区”。他说，这是美好的目标，更是艰巨的任务。为实现这一远景规划，他还提出四点建议：加强战略协作，深化务实合作，拓展人文交流，坚持开放合作，是构建“和谐地区”的四根支柱。

建立“和谐地区”是“和谐世界”思想的重要实践，是进一步延伸及落实。对中国来说提倡“和谐世界”的国际关系新主张，首先就要解决与周边国家的关系问题，需要向地区合作全面发展。胡锦涛主席提出的四点建议，有理论也有实施方案，实际上可以扩展应用到所有国际事务中，是中国未来外交的路线图，可以说新的战略框架初见端倪。这是一个攻防兼备，以中国为中心点的新战略，旨在为新型国际关系开创新路，这个新战略既有很强的主动性，力图将中国的经济能量与“和谐世界”理念发射出去，抵制西方国家“唯我独尊”的心态；同时，这个新战略渗透着以和为贵的中国文化色彩。

胡锦涛主席把上海合作组织的成立称为“历史性决定”，把中国与其他成员国的长期睦邻友好视为“政策优先”，这绝非是空话，而是明晰了中国以本国为中心、欧亚大陆为根据地、向全球发射中国经济能量和“和谐世界”理念的新战略，中国把欧亚大陆作为战略根据地，是前所未有的大手笔，具有很强的前瞻性。

中国经济已发展到能量向全球释放，能源从外部输入的新阶段，需要在美国、欧盟、日本等富国之外开辟新的市场，在预防西方国家制约的同时保持经济持续发展。开辟新市场最佳的途径是培养新市场，中国与俄国和中亚加速区域内的经济合作，加大投资，实现市场一体化，不仅为中国产品和技术培植了新市场，为中国寻得较稳定的能源供给地，而且对世界经济也是一个巨大的贡献。横跨欧亚大陆的经济圈一经形成，便把东部的美日市场和西部的欧洲市场连成一片。这样，上海合作组织将成为中国宣导的建立和谐世界新秩序的一个地区样板。

中国的新战略已经取得一定成效，不仅赢得更多朋友，也过滤掉了许多干扰，国家安全的抗干扰能力增强了。新战略的核心是建立“和谐世界”。“和谐世界”实际上是指在和平发展的动态过程中重新整合人类文明所有的健康因素，建立一个各国平等、民主协商、共同繁荣的新秩序。

上海合作组织致力于通过经贸、文化等诸多领域的全方位合作，实现地区乃至世界的和谐与安全。面积占欧亚大陆的五分之三，人口占世界的四分之一的上海合作组织发出的这份庄严宣告，立即引起了国际社会特别是美国的高度关注。

因为上海合作组织从成立到近几年的快速发展，已经进入同美国进行“战略对视”的阶段。因此，美国的这种担忧，一方面确实反映出上海合作组织同美国之间存在的理念和利益上的差异；另一方面也是上海合作组织发展到一定阶段的标志，是其“成长的烦恼”中不可缺少的一部分。上海合作组织在区域政治经济合作方面逐渐开创了全新的模式。首先，上海合作组织能明确地宣讲和实践自身的理念。随着上海合作组织的日益成熟，有针对性地排解外界的尤其是美国的疑虑，是十分必要的。按照美国媒体的说法，当今世界，国家集团对抗早已成为过去；各国间的利益盘根错节，任何一组双边关系的发展都有其内在的逻辑，并非完全针对第三国。上海合作组织通过《上海合作组织五周年宣言》向外界表明，中俄在上海合作组织框架内的合作，以及同中亚各国的合作，是基于各国共同需求旨在提升各成员国共同利益的地区性合作，并非针对地区外国家的联合对抗。其次，提倡以“合作实现共赢”的经济学视角而不是以“你得即我失”的零和博弈的政治学视角来对待区域经济合作问题。美国需要认识到，虽然上海合作组织与美之间存在分歧，但更重要的是二者之间存在共同利益。通过适当的方式寻求中国、美国、俄罗斯、中亚及其周边国家的共同利益，减少对其他国家做“非友即敌”的简单划分，更有利于上海合作组织与美国的良性互动。因此，从根本上讲，上海合作组织的发展是否会威胁美国的利益，最终将取决于美国自己到底以什么心态和方式处理同上海合作组织的关系。

## 二、当前亚洲区域经济协作的发展趋势和特点与中国的应对策略

中国未来除了要积极参与全球经济一体化的谈判，同时也要多层次地推进区域经济的一体化，以增强自己的竞争力、影响力及在WTO框架下的谈判力。中国参与亚洲区域经济合作具有广泛的积极意义。一是东亚作为全球经济最具活力的地区，区域经济一体化有利于加强与周边国家的经济贸易关系，扩大区域内贸易，有助于实现中国出口市场多元化战略，区域贸易安排有利于消除一些WTO成员针对中国的歧视性条款，改善中国经济发展的外部市场环境；二是有利于东亚经济发展，即区域内贸易和投资的增加，可以降低成本、优化资源配置和吸引外部投资，保持东亚全球制成品重要供应基地的地位，更好地抵御外部冲击，实现东亚持续、稳定增长；三是东亚巨大的区域内市场，将扩大本地区消费需求，缓解全球贸易基本平衡与地区间贸易严重失衡的矛盾；四是区域外国家也可以分享中国参与区域经济一体化的成果；五是区域自由贸易谈判具有较强的灵活性，更容易取得双赢效果。特别是在多边谈判受阻的情况下，区域经济一体化合作可为多边体制提供补充，有力地推动全球贸易自由化进程和多边贸易体制的平衡发展。

同时，应该注意到，由于亚洲国家和地区历史和政治方面的原因，虽然各个国家和地区因为共同的利益走到一起，但为之追求的共同利益在各成员之间的分配并不是均等的，在利益的分享、成本的分担上，都有着不可调和的矛盾，这又需要考虑个别利益，各自需要站在各自的立场上谋求自身的权益。中国应该进一步加强研究，明确亚洲区域经济合作战略，在合作共赢的原则下，积极推动建立制度性区域自由贸易安排，同时，努力宣传中国参与亚洲区域经济一体化的“和平崛起”战略有利于东亚和全球经济的增长、贸易平衡发展的积极意义，从而赢得更加有利的外部环境。

### （一）中国的静态经济收益、动态经济收益及非经济收益

根据第二章的博弈模型分析，如图 6－1 所示，两国博弈的帕累托改善区域为 AHG，如果两个国家能够达成类似区域一体化的协议，那么他们可以通过利益补偿协议或者因为非经济利益的存在而不受 AHG 合作区域边界的限制，从而使帕累托改善区域扩大到 CDFE，两个国家各自的收益空间也相应地分别从 ABG 和 AHB 动态地扩大到 ABCD 和 AFEB。

如果说中国在 WTO 框架下的博弈是双层博弈的话，那么中国在参与区域经济一体化过程中则需要同时面对由单个两国博弈所组成的复杂博弈结构，其复杂性一方面表现在收益空间的扩大增加了区域经济协作的不确定性；另一方面表现在亚洲各个国家经济文化背景不同，经济实力差异很大，参与区域经济合作的动因也非常不同。因此，中国在参与亚洲区域经济合作的过程中，应该更多地寻求区域经济合作的动态经济收益及非经济效益，如扩大对国际经济规则的影响力、获取区域内的主导权等，因此，在评估中国参与亚洲区域经济协作的成本和收益时，需要充分考虑贸易、投资以外的动态经济收益和成本或者非经济收益和成本。

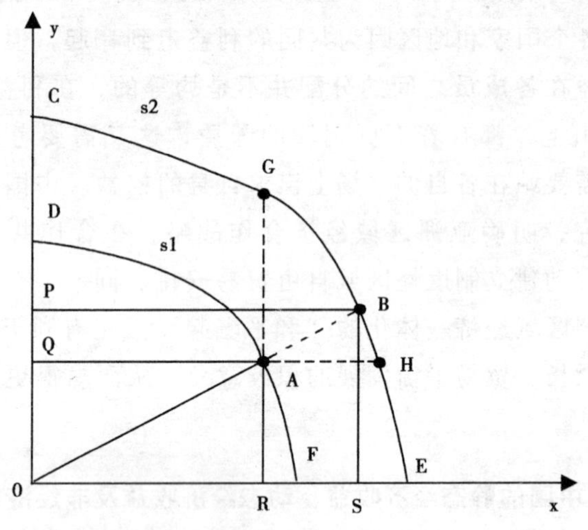


图 6-1　区域一体化安排下的收益区间

### （二）积极参与 WTO 各项事务和世界经济一体化进程

任何一个大国力求获得区域内的主导权并不仅仅是为了获得区域合作的内部收益，更重要的是要获得区域合作的外部收益，即扩大其在多边贸易谈判中的筹码，进而获得国际经济规则制定过程中的主导权。在国际贸易领域，一国对国际经济规则的影响力取决于该国能够向世界提供多大的出口市场。一国进口的规模越大，它对规则的影响力也就越大。而自由贸易区最直接的影响就是无形中扩大了一国的市场规模。尽管自由贸易区的成员国之间没有统一的对外贸易政策，但只要大国能够拥有自由贸易区的主导权，自由贸易区就可能成为主导权国家与其他大国讨价还价的筹码，最终把区域内规则转化为多边贸易规则。大国把区域贸易协定内的规则推广为多边贸易规则的过程被称之为有顺序的谈判。在乌拉主回合谈判中，有顺序的谈判是大国利用区域贸易协定影响全球经济规则的主要手段。例如，美国曾多次威胁用北美自由贸易区协定替代 WTO

的多边贸易谈判，并屡屡奏效。

与西欧和北美地区比较，东亚地区建市区域经济合作组织的进展较为缓慢，其原因主要是：在区域内部，一是国家和地区较多且关系复杂、社会制度各异、历史遗留问题和领土划分等敏感问题较多。二是发展中国家和地区以及贫穷国家多，而发达国家则很少，经济发展差距大。三是产业结构雷同和商品竞争激烈，2001 年区域内贸易只占 38.3%，远低于欧盟的 60.8% 和北美自由贸易区的 54.6% 的水平，内部凝聚力不高。四是东亚地区没有核心国家，如欧盟的法国和德国，北美自由贸易区的美国和加拿大，在推动区域经济合作中发挥主导作用。区域外部的原因则是，美国出于自身利益的考虑，不愿看到统一、强大的东亚集团的出现，因此，千方百计地加以阻挠和干扰。由于上述原因，东亚地区作为一个整体推进区域经济合作，尚有很多困难。因此，东亚的区域经济协作只能是渐进的过程，而且需要中国来领跑。中国也需要以区域经济合作为依托，在 WTO 框架下和世界范围内的经济协作中发挥更大的作用。

### （三）增强在东北亚经济协作与竞争中的主导地位

东亚地区的繁荣稳定对中国周边的安全稳定至关重要，因此，中国应重视对这一地区的团结与合作。另外，在经济上，中国对外贸易的 50% 以上，引进直接投资的 70% 多来自东亚地区。所以，中国对东亚地区的经济合作也要高度重视，并积极加以推进。

2001 年 11 月，中国宣布在未来的十年内同东盟建成自由贸易区，极大地推动了东亚区域的经济合作的进程。不久，日本和韩国两国也分别同东盟就建立自由贸易关系问题进行了接触。2002 年 11 月，日本和东盟也宣布在未来的十年内建成自由贸易区，韩国也在努力推进之中。另外，2002 年 11 月中方还表示，中国、日本、韩国将适时开展就建立自内贸易问题进行磋商。相信如果日本和韩国两国同东盟在建立自由贸易区方面获得较大进展，便会大大地推进东盟与中国、日本、韩国在建立自由贸易区方面的努力，进而推动整个东亚地区的区域经济合作的进程。可见，中国确实在领跑东亚地区的经济合作。

日本、韩国等东亚国家希望通过加强区域内的产业合作，固化目前的产业分工，将中国固定在劳动密集型、低附加值的加工生产环节，以维持其比较优势和国际竞争力。这是自由贸易安排可能给中国带来的负面影响，即发展中成员与发达成员垂直分工关系的固化，使前者失去发展新兴产业、高技术含量产业的机会。中国在参与区域合作过程中，应制定正确的产业合作政策，力争避免产业分工固化。

### （四）中国积极参与推动亚洲区域经济一体化的次区域经济合作

在经济全球化和区域经济一体化的进程中，已经建立了北美自由贸易区和欧洲联盟，并且都在向外扩展。与其相比，东亚地区在建立具有机制性的区域经济合作一体化方面落后了。为了赶上区域经济合作一体化的大潮，20 世纪 90 年代以来，东亚地区次区域经济合作组织像雨后春笋一样快速建立起来，中国也以积极的姿态参与和推动次区域经济合作组织的建立及快速发展。迄今为止，中国已经参与积极推动的次区域经济合作组织，大致可以分为三类：一类是机制性的，如曼谷协定、正在推进的中国—东盟自由贸易区；第二类是论坛性质的，如亚太经合组织、亚欧会议；第三类是其他正在进行的，如上海合作组织、东北亚区域合作、澜沧江—湄公河次区域合作、内地与港澳地区的贸易安排等等。

首先，值得一提的是内地与港澳地区开始实施占贸易额 50% 的货物和服务的自由贸易安排。2003 年 6 月 29 日中华人民共和国商务部安民副部长代表中央政府与香港特别行政区财政司梁锦松司长，共同签署了《内地与香港关于建立更紧密经贸关系的安排》

(CEPA)。总体目标是：逐步减少或取消双方之间实质上所有货物贸易的关税和非关税壁垒；逐步实现服务贸易的自由化，减少或取消双方之间实质上所有歧视性措施；促进贸易投资便利化。实施与今后修订的原则是：遵循“一国两制”的方针；符合世界贸易组织的规则；顺应双方产业结构调整和升级的需要，促进稳定和可持续发展；实现互惠互利、优势互补、共同繁荣；先易后难，逐步推进。2003 年 10 月 17 日，中国商务部副部长安民与澳门特区政府经济财政司司长谭伯源分别代表中央政府和澳门特区政府在澳门正式签署了《内地与澳门关于建立更紧密经贸关系的安排》及其六个附件文本。双方就全部内容达成一致，主要包括：货物贸易、服务贸易的自由化，以及贸易投资便利化三个方面。CEPA 实施以来，截至 2006 年第一季度，在货物贸易方面，内地累计进口零关税香港、澳门产品 4.94 亿美元，免征关税额 3.02 亿元人民币。在服务贸易方面，港澳地区已经核发“服务提供者证明书”共 1215 份，涵盖了 CEPA 开放的 27 个领域。据不完全统计，CEPA 实施以来，港澳地区对内地服务业的投资项目 2005 年同比增长了 22.9%。在个体工商户方面，港澳地区居民在内地共设立个体工商户 2261 户，从业人员达 5111 人。在贸易投资便利化方面，内地与香港海关启用了统一的《进出境载货清单》。此外，内地与港澳地区在卫生检疫、动植物检疫、食物安全、电子商务、中小企业合作、产业合作等方面也取得了明显进步。

其次，是以中华自由贸易区为核心，推进东亚区域经济一体化不断向周边辐射。按既定目标实现“10+1”自由贸易区并与中华自由贸易区对接。东盟与中国“10+1”自由贸易区的目标要力争在 2010 年实现，各方急需加快进行自由贸易区方案谈判，力争在 2004 年谈判结束，2005 年 1 月 1 日全面启动，即使 2010 年不能建成也应在 2015 年前实现自由贸易区的制度安排。在 2010 年可考虑东盟与中华自由贸易区进行合作，力争在 2015 年前实现二者的自由贸易安排。届时可形成一个人口约19亿，GDP达到5万多亿美元，进出口总额达到近4万亿美元的第三大区域经贸集团。

### （五）与不同发展水平的国家探讨更紧密的经济一体化安排

一是利用上海合作组织带来的良好政治与外交关系，将六国的合作扩大到经济贸易合作，并用3至5年时间谈判自由贸易协定，从2008年左右实施自由贸易协定，在2018年左右，实现自由贸易。

二是以《曼谷协定》为基础，加强与南亚区域合作联盟的一体化安排。

三是以亚太经合组织为基础，探讨与亚太经合组织内经济体的自由贸易安排。

四是以亚欧会议为基础，探讨与欧盟成员的自由贸易安排。

五是加强与非洲国家的经济贸易合作，探讨与南部非洲经济与货币联盟的合作。非洲自然资源丰富，又与中国保持良好的政治与外交、经济贸易关系。非洲国家与中国的经济贸易合作，随着中国经济贸易实力的增强和“走出去”战略的实施，将会更加紧密。更高层次的经济一体化安排也是一种必然。因此，应也考虑在2005年后，积极推动与非洲的自由贸易安排，力争在2010年有所突破。

六是以WTO为纽带，加强与美洲发展中国家的经贸整合。

国际贸易理论早已证明，削减关税壁垒有助于提高资源分配效率，降低交易成本，加强国际分工合作，从而提高整体福利。区域经济贸易整合是走向经济全球化的必经之途。亚洲是21世纪最具经济活力的大陆板块和经济实体，也是中国进行对外经济交往最重要和最有地缘优势的地区之一，所以亚洲是中国进行区域经济合作的重心。但亚洲国家之间的巨大差异性决定了亚洲难以在近期内形成一个统一的区域经济合作组织。从目前的客观情况看，有着地缘、文化和经济便利条件的部分亚洲国家率先组成区域或次区域经济合作组织是比较现实的选择。因此，我们有必要立足亚洲，谋求与周边国家形成区域或次区域经济合作组织。

### （六）保持财政政策的连续性，带动周边国家和地区共同发展

作为地区性经济大国，首先应持续扩大国内市场容量，保持对周边国家和地区的向心吸引力和辐射力，带动周边国家和地区实现经济增长。如果中国能够在关键的历史时期内做到这一点，就可成为地区性经济发动机，并发展为区域型经济中心。实际上，中国已经在亚洲金融危机期间发挥过良好作用。国内市场持续扩容是作为地区性经济中心的基础条件。在经济高速增长的前提下，辽阔的国土面积和众多的人口已构成扩大市场空间广阔、深厚的基础。在积极扩大内需政策带动下，市场容量还将继续扩展。中国于 2001 年加入世界贸易组织，2003 年又与东盟就自由贸易区达成基本协议。在此基础上进口额连年大幅增长，2004 年进出口贸易额超过 11547.4 亿美元，进口 5613.8 亿美元，是 1995 年的 4.25 倍，居世界第三位。尤其重要的是，在中国进口中资源类商品占相当大的比重，并因而拉动了世界市场资源类商品价格上涨，其中，2005 年铁矿石价格上涨 71.5%。这成为高度依赖资源出口国家的福音，这些国家均因价格上涨而受益，其中既有第三世界国家，也有发达国家中的澳大利亚。连日本也因“中国景气”而获益。

### （七）完善转移支付制度，建立国内区域利益协调和补偿机制

财政转移支付制度，主要解决的是地区间财政收入和公共服务均衡的问题，而地区发展差距的调控则还需要建立区域协调和补偿机制。区域利益协调和补偿机制的关键在于，在统一的空间市场条件下，通过设计优惠的财政税收安排和建立发达地区与落后地区定期的经济贸易联系交往制度，来促进生产要素向落后地区流

动，从而实现落后地区经济的快速发展，缩小其与发达地区的差距。

中国在积极参与亚洲区域经济一体化和次区域经济贸易合作过程中，合作的收益会更多地体现在东部沿海地区和一些边境地区，中西部在这个过程中获得的收益要相对小一些，因此，地区间发展的不平衡会进一步加剧，地区间发展的矛盾也会更加突出。因此，必须完善转移支付制度，建立地区利益协调和补偿机制，通过转移支付制度促进不发达地区经济的发展，改善不发达地区的经济基础设施，这样才能发挥不发达地区的资源优势和劳动力优势，提高其在融入区域经济一体化过程中不发达地区的竞争力，使其与沿海发达地区一道参与经济一体化进程，分享全球化收益。

### （八）探讨建立亚洲区域经济协作补偿机制

欧盟共同农业政策和地区政策这两大政策对欧洲一体化的成功起了非常重要的作用，共同农业政策解决了农业国和工业国（实际情况当然不是这种划分那样简单）的矛盾，地区政策解决了地区发展不平衡问题。尽管这两大政策对于欧盟财政来说是一笔巨大的开支，但这种开支对于区域经济一体化的成功来说是必需的。对于亚洲区域合作来说，类似的政策并非要促使合作向一体化过渡，而是可以促进民众对经济协作的认知。共同农业政策和地区政策都属于一种补偿政策，它们在相当程度上可以消解区域化所面临的负面作用力。当然，在具体实施中，欧盟有它的特殊性，因为欧盟有自己的财政预算，可以负担共同农业政策和地区政策的支出，亚洲区域合作则不具备这样的条件。但是，某种变通形式的措施还是有可能性的。例如建立某种投资银行或投资基金，通过项目形式资助发展相对比较落后的国家或地区。

另外，随着亚洲区域经济一体化程度的加深，在中国与周边国家和地区经济融合的过程中，经济运行将越来越趋于一致，相互推动、相互制约的关系将越来越强，加强对周边国家和地区经济运行和政策的跟踪监测将显得越来越重要，因此，既要利用好周边的好形势，又要规避不利环境。

## 三、改革开放后的赤字预算的实践和财政平衡理论的变化

西方经济学将财政赤字划分为结构性赤字和周期性赤字两类。结构性赤字是指发生在已给定的充分就业经济活动水平之上的赤字，即假定经济中已不再存在未被动员的资源，赤字的发生会直接引起总需求的增加，并通过总需求影响供求关系的变动，进而影响其他经济活动。这种赤字是体现赤字对经济的影响，因而被视为外生变量。周期性赤字是指发生在给定经济活动水平之外的赤字，也被视为结构性赤字之上的赤字，一般情况下对其他经济活动的影响较小，即使发生也可以通过结余转移或替代支出等效应，使总需求保持不变。周期性赤字更多地体现经济对财政的影响，其数量随着经济的波动而波动，因而被视为内生变量。

财政赤字政策是宏观经济政策的重要组成部分，它既是应对短期经济波动熨平经济周期的重要手段，在经济发展的某些阶段上也是扩大公共投资、提高经济长期增长率的重要方式。赤字政策的使用，既要有量的考虑，即赤字率高低的选择，也要有质的考虑，即赤字使用方向上的选择。赤字政策如果运用得当，能够起到维护宏观经济稳定和促进经济发展等多方面的作用。

改革开放以后，以 1979 年出现巨额赤字为契机，中国财政平衡理论转入对财政赤字的讨论。在中国计划经济体制下，赤字只在少数年份出现，而且经政府及时采取措施很快就消除了。但当改革开放伊始的 1979 年出现巨额赤字，以后又连年出现赤字的情况告

诉我们，财政赤字现象并非那么简单，由此引起学术界和实际部门对财政赤字的极大关注。从其他国家的历史上看，美国、日本和欧洲的赤字率在短期内都曾出现过较大的波动，如从1981年到2000年的20年间里，美国、日本、法国、德国和英国的赤字率最高分别达到过6%、7.3%、6.0%、3.3%和7.7%，但其长期赤字率则基本稳定在2.5%左右。上述几国过去20年间平均赤字率分别为2.6%、2.5%、3.1%、2.2%和2.6%。这说明在一定时期根据实际需要实行一些短期的财政赤字，以此换来财政长期的平衡是必要的。归根结底，财政平衡是要以经济长期持续发展为基础，脱离经济总体情况的财政平衡既无意义也不可持续。

1979年以来，中国的经济体制发生了深刻的制度性变革。经过二十多年的努力，中国初步完成了从传统的计划经济体制到市场经济体制的转变，正在建立和完善社会主义市场经济体制，为了支持经济的高速增长和各项改革的顺利进行，财政运行的结果，除1981年和1985年略有结余外，每年都有赤字（参见图6－2）。

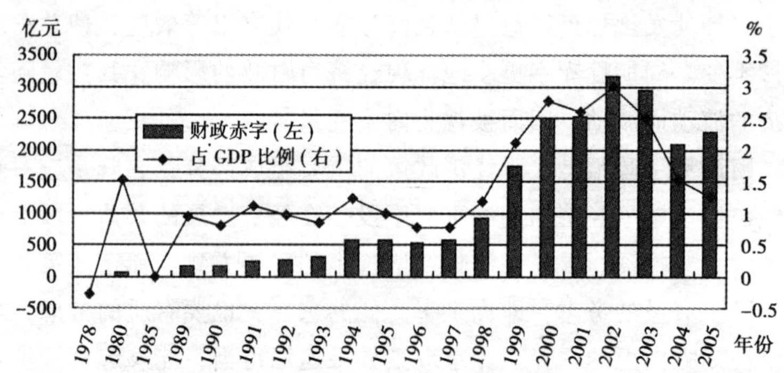


数据来源：《中国统计年鉴》，2006。

图6－2　1978～2005年财政赤字余额及占GDP比例

中国实施积极财政政策期间，要主动利用财政赤字政策来促进社会基础设施建设和经济结构的战略性调整，促进建立和完善社会主义市场经济基本制度，提高公共服务水平，推动全面建设小康社会。不应简单地将《马斯特里赫特条约》标准作为中国财政政策的准则，而是应根据中国具体情况并参照相应的国际经验，建立起适合中国国情的、满足当前发展阶段需要且充分谨慎的财政政策规则。

### （一）充分利用公共投资加快基础设施建设，集中力量办大事

中国目前已经进入全面建设小康社会阶段，人民群众的一般商品需求已经能够得到基本满足，但在社会基础设施方面仍存在着较大的缺口。主要表现在：一是一些地区特别是中西部地区的水、电、路、机场、通讯等设施仍很落后，严重制约了当地的经济发展和消费的增长；二是广大农村的文化、教育、医疗、保健以及体育娱乐等设施十分短缺，当地人民群众的生活质量难以提高；三是大江、大河治理和国土整治工作尚未完成，环境恶化的趋势还未得到根本扭转，这对中国的可持续发展产生不利影响；四是科学研究与技术开发的设施与装备还相对落后，投入不足，创新能力差将会影响到中国的国际竞争力与增长潜力。以上这些领域都是公共投资可以大有作为的领域或者是需要公共投资进行引领的领域，当前及今后一段时间内，公共投资仍存在着巨大的现实需求，公共投资可以成为中国扩大内需的重要方面。发达国家特别是日本在历史上都有过通过扩大公共投资加快经济发展的经历，日本历史上的政府固定资产投资占国内生产总值的比重达到过7%～8%，瑞典等国也达到过4%，而目前中国财政用于基本建设的总投资规模仅占GDP的2.6%，这还是实施了积极财政政策后的结果。因此可以考虑把中国财政中用于公共投资的比重逐步提高到5%左右，建设资金首先考虑从经常性收入中支出，不足部分可以考虑通过发长期建设国债来筹措，每年发行建设国债的量由当年的财政状况决定，考虑到日本等国的经验教训，建设国债最高不超过GDP的4%。在基础设施

得到比较大的改善后，这一比例应逐步递减，以防止国民经济对公共投资的过度依赖。

### （二）加快建立社会保障制度

社会保障制度是市场经济运行的自动稳定器，其作用随着市场经济的发展将进一步突出出来。中国目前面临的内需不足问题与体制转轨时期社会保障不健全有着直接的关系，因而必须加快社会保障制度的建设。近期可以考虑通过发行社会保障特别国债来充实社会保障基金，使其尽快正常运转起来。每年社会保障特别国债的发行数量也要视当年的财政收支状况而定，但最多不应超过当年GDP的1%。社会保障基金正常运转后并能做到可持续性的收支平衡后，应停止发行社会保障国债。

### （三）政府经常性支出要向公共财政方向转变

对重点领域的支出应固定一个增长率，在财政收入不足以保证重点领域支出的增长时，应允许政府通过借贷或发行国债的方式筹措资金保证支出，以起到财政支出以增量调整促存量调整的目的，但数量应严格限制在当年GDP的0.5%以内。当公共服务支出达到财政支出中适当的比例后，应不再允许以负债方式支付公共服务支出。

### （四）完善财政支持农业政策，扩大农村的公共产品供给

国家财政的预算内投资需要将农村水、电、路公共设施等基础设施建设作为一个投资重点，一方面改善农村生活居住和生产条件；另一方面创造大量的就业机会，直接增加农民劳务收入，力争通过政府投资力度的加大，改变农村落后面貌，而且这也是扩大内需和拉动经济增长的一个重要方面。

中国的国情决定了政府始终是农业投入的重要渠道，而财政对

农业的支出则是政府支农的主要手段。因此，强化政府支农职能作用，完善财政支农政策手段，首当其冲的就是要增加财政对农业的投入，这是促进农业生产稳定发展的必要条件。近年来国家财政的农业投入虽保持了稳定增长的态势，但与农业发展的资金需求相比却是相距甚远。考虑到中国农业生产条件落后的状况以及加入WTO对农业的冲击，今后农业财政支持政策的一个基本取向是：采取有效措施，逐步提高财政支农支出比重，力争在“十一五”末期这一比重有明显提高。国家财政应该从每年新增财力中安排专门的份额用于农业，这是强化农业投入的一条重要措施。建议尽快出台农业投资法，将各级政府支农行为纳入法律规范，既要明确各级政府的支农职责，又要对其农业投入的数量界限做出规定，改变农业投资中的随意行为，强化政府投资主体的导向功能。

在增加财政支农过程中，明确农业财政支持的方向和重点至关重要。在加入WTO最初的一段时间内，农业所受到的冲击还不明显。今后财政支农政策要抓住时机，在《WTO协议》框架内，针对农业发展后劲严重不足的现实矛盾和薄弱环节，着力强化政府财政对农业的支持力度，这是关系到农业长期可持续发展的一个重大问题。一是加大农业基础设施建设投入，包括水利设施、农业生态环境、国土整治等；二是支持农业结构调整，发展有竞争优势的农产品，促进农产品加工转化增值，建立连接国内外市场的农产品信息网络营销组织；三是调整农产品补贴政策，变间接补贴为直接补贴，将财政补贴资金用于农业生产环节，改善农业生产条件，增强农业发展后劲。

## 四、国债在宏观调控中发挥巨大作用

党的十一届三中全会后，中国进入改革开放的新时代，随着财政运行机制的变化，收支矛盾加剧，人们开始重新审视传统体制下对国债的认识。在理论上，抛弃了把“既无内债，又无外债”看做社会主义制度优越性的极左思想，以科学的精神，全面考察分析国债的功能。

### （一）对国债功能的认识发生根本变化

进入20世纪80年代后，中国财政经济理论界和实际工作部门逐步摆脱传统理论的束缚，认识到在中国这样一个发展中大国，国债不仅仅是弥补财政赤字的手段，而且可以成为国家筹集建设资金和调节经济的手段。在1981～1991年国库券条例中，都将集中社会资金，进行现代化建设列为国库券的发行目的。

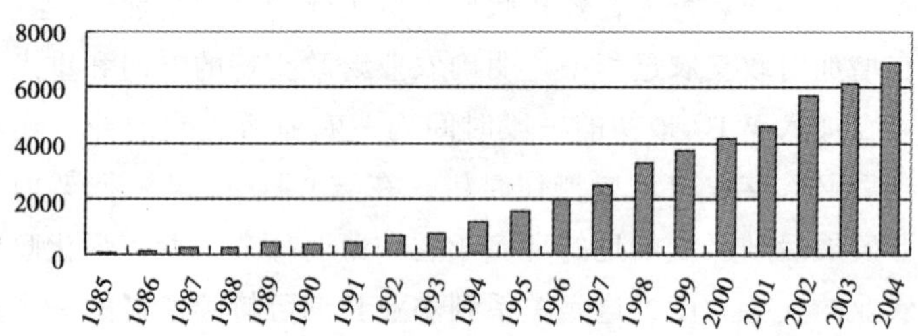


数据来源：《中国统计年鉴》，2006。

图6－3　1985～2004年国债发行额（亿元）

### （二）对国债运作的认识，由临时性偶然操作到长期持续运用

1981年中国重新启用国债后，在商品经济、市场经济发展中，我们不断加深了对国债范畴的理解，认识到政府需要采用国债等经济手段，调控国民经济运行．实现宏观经济目标。发行国债，不仅是解决临时性、偶然性的财政需要，而且需要一个国债市场，调节货币流通，稳定币值、稳定物价，为投资者提供投资场所，为政府提供稳定的筹资渠道和灵活有效的调节手段，推动社会经济结构优

化与国民经济增长。因而自1981年以来，中国国债的发行、流通、兑付偿还，已走向制度化和长期操作，成为中国财政金融制度的重要组成部分。

### （三）国债发行经历重大变化

一是国债发行规模扩大。由1981～1984年的每年40亿元左右，相继增加到60亿元（1985～1986年）、160亿元（1987年）、250亿元（1988年）、275亿元（1989年）、380亿元（1992年）。1994年，国债发行规模跃上1000亿元的高台，到1997年，实际发行颇为2412亿元。1998年开始实行积极的财政政策，当年国债发行额为3310亿元。债务收入占国家财政收入的比重明显提高。

二是国债发行种类增多。在名称种类上由1981～1986年间单一的国库券，逐步增加了国家重点建设债券（1987年）、时政债券（1988年）、国家建设债券（1988年）、特种国债（1989年）、保值公债（1989年）和转换债（1991年）、长期建设国债（1998年）。在期限种类上，由1981～1984年间单一的10年期，逐步增加了5年期（1985年）、3年期（1988年）、半年期、1年期和2年期（1994年）。

三是国债发行方式基本实现市场化。1981～1989年的国债主要以行政手段加以派购。1990年开始部分采用市场发行的办法。1991年试行了国债的承购包销方式，1992年试行了国债竞争招标发行，1993年推出国债一级自营商制度，1994年后，已初步实现了国债发行方式的市场化。1997年，发行方式又进行了进一步改革，国债一级市场、二级市场获得较快发展。

在1981年举借国内债务之前，中国从1979年起，已开始以外债方式利用外资，引进国外先进技术、设备、管理方法及人才，扩大对外开放，加快现代化建设的步伐。

## （四）重新启用国债、举借国内外债务

重新启用国债、举借国内外债务对中国筹集建设资金，调整经济结构，扩大对外经济技术交流，发展金融市场，提高政府宏观调控水平，加快现代化建设，发挥了重要作用。

发行国债，以有偿方式筹措资金，也为以有偿方式安排支出提供了可能，改变和丰富了财政资金运作方式。从此以后，国家财政投融资体制开始新的改革、探索。发行国债，培育国债市场，也促使政府财政管理机制由直接控制为主，逐步转向间接调控为主。中国 1988 年放开国债市场，1990 年 12 月上海证券交易所、深圳证券交易所先后挂牌运营，国债市场获得长足发展。1991 年后，国债发行走向市场化，建立了国债一级自营商制度，二级市场日渐活跃。在发展现货市场的同时，也试行过国债期货交易、回购交易等业务。国债市场的发展，为政府利用国债实施财政货币政策，调控国民经济运行提供了便利。中国中央银行已开展公开市场业务，买卖国债，调节货币流通，稳定币值和物价。中国财政在 1998 年开始增发国债，实施积极财政政策，扩大内需，拉动经济增长，抵御亚洲金融危机的冲击，就是一大范例。

## （五）对国债规模与财政风险的认识

中国 1998 年以来已连续多年实行了以增发国债、扩大投资为主要内容的积极财政政策。虽然在反周期、促进结构调整等方面产生了非常明显的效果，但同时也加大了财政风险。衡量中国国债规模的大小，既要考虑到我们的财政政策是为经济服务的，不能够只求财政平衡而放弃总的经济目标，又要从客观形势出发，考虑到财政自身的运行问题。一般情况下，我们可以参考两个总量指标来衡量国债规模的大小：一是赤字率，即赤字占 GDP 的比重，按国际标准不能超过 3%；二是债务率，即债务余额占 GDP 的比重，以

60%为警戒线。从公开的数字来看，目前中国的赤字率还不高，发债空间还比较大，但是1998年以后，基于实施积极财政政策的需要，采取了一种迂回的做法：第一，在由中央财政每年增发的长期建设国债中，包括了一笔名义上转贷地方政府的份额。为地方财政代发的这笔国债，在现行统计口径中得不到反映。迄今为止，这笔长期建设国债的数额已达2530亿元。第二，1998年，为补充国有商业银行的资本金曾发行了数额高达2700亿元的特别国债。由于它的期限长达三十年，也由于它的发行的方法是特殊的内部转账，往往在统计国债余额时被人们忽略掉。鉴于上述的两种国债终归是中国政府的债务，在将上述两项因素计入其中之后，可以看到，在1994～2005年间，中国国债余额处于与年俱增状态，而且增速极快。1994年的时候，不过2832亿元，占GDP的6.1%，1997年为6074亿元，2002年升至23433亿元，到2005年，则达到32933亿元。与此相应，国债余额占GDP的比重，也先后爬升至8.2%、22.4%和22.33%。如果再考虑到其他一些隐性赤字，中国的债务率就已经接近或超过国际警戒线了。

值得注意的是，分析赤字率时，中国还有几点与西方不同。第一，中国的债务余额积累是从1982年开始的，而西方市场经济国家已有了近二百年的历史，因而其债务率远远高于中国，债务率不具有可比性。第二，我们的财政能力也有别于西方市场经济国家。中国的财政收入占GDP的比重一度低到12%，近几年虽有提高，但也只有20%左右，而西方市场经济国家的比重都在30%～40%，财政能力比中国要强得多；而中国的财政能力相对较弱，这一点在比较债务率时必须加以考虑。第三，我们的资本市场刚刚起步，还很不发达，发行的国债还不能直接进入资本市场流通。而西方市场经济国家的资本市场应当说是比较成熟的，无论国债发行多少，都能进入资本市场流通，通过市场的循环消化，债务问题便不再突出；并且，西方一些市场经济国家即使没有财政赤字，也要发行国债，以便进行公开市场操作，调控宏观经济运行。

## 五、灵活运用各种税收政策，增加财政收入，实现国际收支平衡

### （一）调整出口退税政策，促进外贸增长方式的转变

2005年，财政部等五部门联合发出通知，下调了部分出口商品的出口退税率，其中涉及很多“两高一资”（高能耗、高污染、资源性）产品。专家分析，此次出口退税率的调整，有利于转变外贸增长方式，优化产业结构，同时在一定程度上抑制贸易顺差。2006年8月，中国月度进口、出口值同创历史新高，分别突破700亿美元和900亿美元。当月外贸顺差再攀新高至188亿美元，连续第28个月实现贸易顺差。这段时间外贸顺差屡创新高，一定程度上是因为市场对调整出口退税率早有传闻，有些企业为了搭上最后一班车，在短期内加速出口，在新的政策实施之后，这种局面将会有所改观。

短期内，出口退税的调整比人民币升值对缓解顺差增长更有效。不过，中金公司研究部哈继铭认为，由于人口结构老化和社会保障体系不健全，中国的储蓄率今后5年内还将继续提高，而本轮经济周期的投资高峰已过，因此，中国中期经常账户顺差依然很大，人民币升值压力将长期存在。从长期看，中国以出口退税政策调整来解决其外部失衡问题或将效率低下，原因是出口退税率的调整对进口及出口相对需求的不对称影响，基于政策的支持或不鼓励的出口类别选择将导致代价昂贵的扭曲及无效，而直接采用人民币升值的办法则不会有这种后果。

调整出口退税政策更重要的意义，在于会对中国中长期的产业结构调整产生积极影响。中国经济粗放和外延扩张型的发展模式，

使高增长率也伴随着能源和其他资源的加速消耗。要降低能耗，除了采取节能措施，最主要的是实现增长方式的结构性转变。2004年初，中国出口退税全面下调，其后又曾进一步下调或取消部分产品出口退税。这些政策明显抑制了“两高一资”产品出口过快增长的势头。数据显示，2006年第一季度，中国未锻轧铝出口量下降23.9%，焦炭下降23.4%，煤下降16.4%，成品油下降6%。

在降低部分产品的出口退税率的同时，上调高科技产品及技术设备的出口退税率。一些高科技产品，如生物医药产品的出口退税率上调4至8个百分点。此外，随高科技产品及技术设备的出口退税率上调而来的可能是刺激而非减缓中国的出口增长。据高盛的分析，中国2006年上半年高科技产品及技术设备占总出口的比重约为50%，同比增长约30%，而原材料、金属及能源产品出口仅占13%，同比增长16%。可以预测，对这些出口快速增长的类别再施以提高出口退税率的刺激措施，中国总的出口增长率将可能进一步加速而不是放缓。因此，出口退税应该以促进经济结构升级为主要政策目标。尽可能调低高能耗、低增加值、高污染、技术密集度低的产品或行业的退税率，以税率调整来促进钢铁、纺织、机械等行业的结构调整和升级。同时，利用退税细则的区别，来促进相关产业在不同区域的经济布局优化。一方面要对自然资源等环境敏感型产品征收较高的出口关税，取消对资源性产品的出口补贴或出口退税，避免对可能造成国内资源快速耗竭的出口进行退税，全面停止高能耗产品的退税；立方米还应对出口的循环经济产品全面退税，促进节能和节约资源的技术和产品创新和出口。

出口退税不仅与国际贸易相关，而且还影响到国内经济结构优化、循环经济发展、人民币汇率等问题。中国的出口退税政策始于1985年，当时的政策目标是鼓励出口创汇，此后出口退税成为变动最为频繁的财税工具，综合出口退税率经历了11.2%、17%、6%、15%的波动。2004年开始的出口退税改革旨在创新机制，但在实际操作中还是更着重于解决欠退税款的历史问题。现在，出口退税作为影响 GDP 总量和结构以及国际贸易金融活动的重要政策工具，应该关注一些重要的战略目标。

### （二）降低企业税负，增强企业活力

贸易增长方式的转变是经济增长方式转变的重要组成部分，也是未来一段时间中国经济工作的重心。中国政府应立足于促进贸易增长方式的转变，优化出口商品结构这一目标，对所得税和关税领域的某些税收政策进行调整，结合结构调整和技术升级战略，将税收政策作为产业结构调整和技术升级的有效工具；根据外商投资企业对民族经济的拉动作用灵活调整所得税税率；按照产业结构优化升级的要求，适当调整进口关税的行业结构等等。近年来中国对外贸易发展迅速，2005 年中国对外贸易总额达 14221 亿美元，较 2004 年增长 23.2%，居世界第三位。但中国对外贸易中也存在加工贸易所占比例过高、出口商品附加值较低、贸易顺差增速过快等问题。为此，中国政府在“十一五”规划中明确提出要将积极转变外贸增长方式、优化出口商品结构作为外贸工作的重心。

与大多数贸易大国不同，中国的出口商品结构，很大程度上是由外商投资企业的出口商品结构决定的。虽然近年来流入中国的外商直接投资（FDI）占固定资产形成的比例呈下降趋势，由 2001 年的 10.5% 下降到 2005 年的 5.7%，然而外商投资企业出口占中国出口的比例一直呈现上升趋势，由 2001 年的 50.06% 上升至 2005 年的 58.3%。

虽然 FDI 在中国贸易增长中发挥了重要的作用，但目前流入中国的 FDI 也存在一些不利于实现贸易增长方式转变这一“十一五”规划目标的因素，如 FDI 多采用进口原材料、出口制成品的加工贸易方式，所获利润中大部分流向拥有知识产权的境外母公司，对民族经济的拉动作用有限。而大量流入纺织、服装等劳动密集型行业

的 FDI 也加大了劳动密集型产品在中国出口中的比例。这些问题虽然有中国的低成本劳动力相对欧美发达国家更为充裕这一客观因素的影响，但中国改革开放以来在所得税领域对内外资企业实行的差别税制无疑是一个重要原因。

### （三）进口关税与中国贸易增长方式的转变

中国在加入 WTO 之后，一方面按照 WTO 规则的要求多次降低进口关税税率，2005 年中国平均进口关税税率已降至 9.9%（见图 6－4）；另一方面也对进口关税的行业结构进行了调整，基本形成了进口关税税率由上游产品向下游产品渐高的梯形结构。由于进口关税税率的变化直接影响中国进口商品的成本，因此，对中国的对外贸易和经济发展均会产生重要的影响。

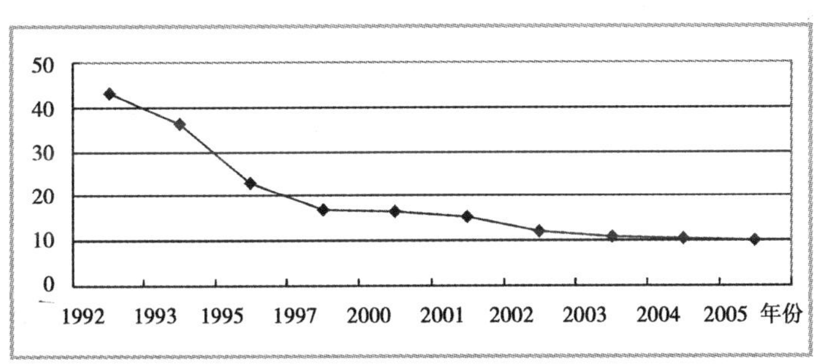


图 6－4　中国平均关税水平（%）

由于中国对外贸易中相当大的一部分是以 FDI 为主导的加工贸易，进口关税税率的下降将在一定程度上降低加工贸易的生产成本，因此，会吸引更多的出口导向型 FDI 流入。中国加入 WTO 之后，实际外商直接投资额迅速上升，由 2001 年的 468.8 亿美元增加到 2005 年的 603.5 亿美元，其中 70% 流向制造业。

受中国在国际分工中的比较优势这一客观因素以及给予外商投资企业的全方位所得税优惠政策的影响，流入中国的 FDI 附加值普遍较低。在这一背景下，进口关税税率的下降在短期内是不利于中国贸易增长方式的转变的。但进口关税税率的下降也要求中国企业更积极主动地参与国际竞争，从长期看有利于提升中国企业的竞争力，从而提升高附加值产品在中国出口中的比例。

进口关税的行业结构可以通过产业间的有效保护率差异对产业结构和对外贸易结构产生影响。进口关税对某产业的有效保护率是指一国的整套关税结构对本国该产业的实际保护程度，是由该产业的上游、中游、下游产品的进口关税税率共同决定的。

目前，中国的名义关税结构主要偏向保护下游产品，有效保护结构上的梯度差距较大，使得某些最终产品的有效保护率过高，而初级产品往往处于负保护状态。如采掘业中能源金属矿产品部门的进口关税税率处于低水平（如铁矿砂、铌、钽矿砂的进口关税税率基本为零），而导致其有效保护率也较低。与之相反，对属于生产过程中最下游的制造业消费品来说，由于中间投入的原材料名义关税税率均较低，有效保护率基本上都高于进口关税税率，其中一些主要依靠种植业产品作为中间投入的食品与饮料的有效保护率是其进口关税税率的5~6倍，间接促进了劳动密集型产业的发展（参见图6-5）。

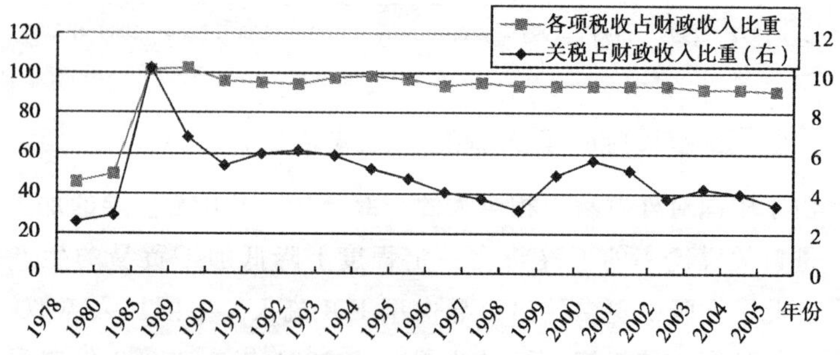


数据来源：《中国统计年鉴》2006。

图6-5 1978~2005年各项税收和关税占财政收入比重（%）

# 第七章 财政政策与其他宏观调控政策的博弈策略

在对外开放的条件下，特别是在国际经济协作的大背景下，随着商品与资本流动的自由化，发展中国家的经济越来越受到世界经济波动的影响，国内宏观经济环境的稳定不仅取决于本国的经济周期和宏观经济政策，而且更多地受到来自外部的冲击。像中国这样的发展中国家，受到经济实力和财政资源的限制，财政政策（也包括货币政策）在应对外部冲击时往往是无能为力的。尤其是国际市场汇率、利率的波动对发展中国家的外资流入、对外贸易以及整个财政、债务、外汇收支有重大的影响。因此，财政政策与货币政策等其他宏观调控政策的配合不但要有利于维护国内经济的稳健运行，还应当促进更有效的国际经济协作机制的建立，应对来于外部的冲击。这意味着财政政策、货币政策等宏观调控政策无论从政策目标、政策工具、政策作用的范围与对象，还是从政策作用的效果上，都将发生显著的变化，其中，最重要的就是政策目标的变化。在传统的封闭经济体系中，内外部经济的联系很少，单纯的内部平衡就可以实现整体经济的平衡。而在一个开放的经济体系中，国内外的商品、资金、劳务可以自由流动，国内外的经济联系变得越来越不可分割，国际经济协作的实质是在更大的范围内配置经济资源，重组生产要素，积极参与国内外经济合作与竞争，充分利用国内外两种资源、两个市场，发展开放型经济，单一的内部平衡或单一的外部平衡都不可能实现国家整体的经济平衡以及区域经济合作组织的经济平稳运行。因此，作为个体的一个国家的内外平衡便成为国际经济协作背景下宏观调控的重要目标，财政政策、货币政策作为国家两个重要的宏观调控工具，必须服务于国家的宏观经济平衡；而经济协作背景下财政政策与货币政策等宏观调控政策协调配合的核心就是经济内外平衡问题。

## 一、内外平衡的基本含义

经济的内部平衡是指国内的社会总需求与社会总供给大致平衡的一种状态，其标志就是“实现一个较高的需求与就业水平，这个水平避免了推动不可接受的通货膨胀的压力”。[①] 经济的外部平衡就是指国际收支平衡时的均衡状态，国际收支发生赤字或盈余都是外部失衡的标志。在国际经济协作背景下，一个对外开放国家的宏观经济目标不仅仅是要实现内部平衡，也不仅仅是实现外部平衡，而是要实现内外的双重平衡。

在图 7-1 中，AA 线是内部平衡线，BB 是外部平衡线，两条线的交点 E 是理想的内外均衡点。对内部平衡线 AA 来说，E 点的左侧代表较高的失业率，右侧代表较高的通货膨胀率；对外部平衡线 BB 来说，E 点的上部代表国际收支的顺差，下部代表国际收支的逆差。大多数情况下，宏观经济状态都不会处于 E 点，而是处于两条平衡线划分的四个区域中，四个区域分别代表不同的经济失衡状态，都需要宏观政策的调节。

区域 2 表示一国经济同时出现高失业率和国际收支顺差，这

---

① 约翰·威廉逊：《开放经济与世界经济》，上海三联书店，1990 年版。

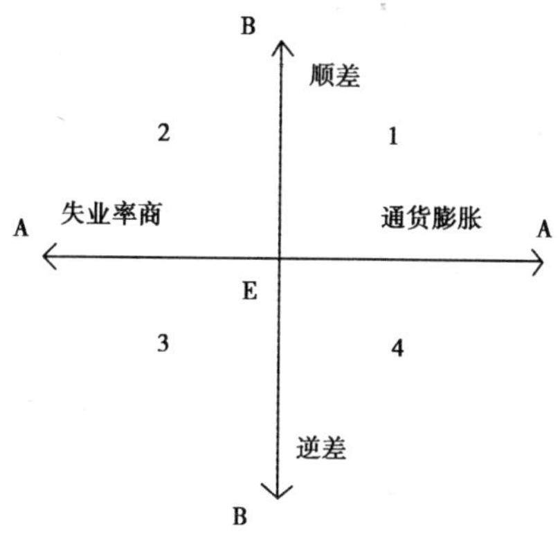


图 7－1　内外平衡的基本含义

时政府可以采用扩张性的货币政策和财政政策来扩大总需求，刺激国内经济，促使经济向均衡点 E 移动。而区域 4 则表示一国经济同时出现通货膨胀和国际收支逆差，此时政府可以通过采用紧缩的财政政策和货币政策来减少总需求，紧缩经济，从而有效地降低通货膨胀和减少国际收支逆差，在这两个区域内，对内、对外平衡没有冲突。

但是区域 1 和区域 3 的情况则不同，区域 1 表示国际收支顺差和通货膨胀共存的情况，为降低通货膨胀，政府应限制总需求，而为了减少国际收支顺差，又要扩大总需求以增加进口；区域 3 表示失业率高与国际收支逆差的情况并存，为提高就业率需要宽松的经济政策以扩大总需求，但总需求增加中有一部分将通过进口由国外满足，这就意味着使贸易差额进一步扩大，进而使国际收支恶化。在区域 1 和区域 3 这两个区域中，无论是缩小总需求还是扩大总需求都只能对一个目标有利而对另一个目标不利，调节内外平衡将出现困难。在对外开放条件下，我们往往面临的就是这样内部平衡和外部平衡难于同时实现的政策困境。中国在对外开放的大部分时间里，都处在区域 1 所描述的状况之中，虽然 1997 年亚洲金融危机之后中国经济处于明显的通货紧缩状态，但由于外汇储备的持续增加，通货膨胀的阴影始终存在。2003 年以来，贸易收支顺差逐年大幅增加，外汇储备屡创新高，可以说中国经济发展时刻都面临着通货膨胀的压力。解决这种政策困境必须要靠财政政策和货币政策等其他宏观经济政策的协调配合。

## 二、国内外财政政策和货币政策协调研究综述

对财政政策和货币政策的协调分析一直是国内外研究的热点之一。现实中，货币政策总是和财政政策交织在一起，二者相互影响、相互作用、共同调节整个经济的发展。长期以来，西方经济学界一直重视财政政策和货币政策的相互作用及其最优搭配问题的研究。早在宏观经济学诞生不久，就有人利用凯恩斯经济理论，在 IS－LM 模型及其扩展模型中分析财政政策和货币政策的搭配问题。在凯恩斯主义经济理论衰落之后，卢卡斯等利用公共财政理论，阿莱西纳等利用博弈理论分别讨论了财政政策和货币政策的最优组合问题。后来又有人沿着卢卡斯的思路和阿莱西纳的思路对上述问题进行了更深入的研究。进入 21 世纪以后，一方面，20 世纪 90 年代多次全球性的金融危机使人们不得不再次重视货币政策的基础研究；另一方面，欧元区的客观现实为开放条件下货币政策与财政政策最优组合的理论研究提供了机会。因此，最优财政政策和货币政策的研究达到了前所未有的高潮。

### （一）基于公共财政理论的分析

这种分析方法的基本思路是，首先，假设政府集财政政策职能和货币政策职能于一身，政府的支出为外生性给定，政府通过

税收、发行债券和货币获得收入。这样政府的财政政策就简化为税率和债券发行量的选择，货币政策就简化为货币发行量的选择。

1. 弹性价格且市场完全竞争下的最优政策分析。卢卡斯等人重点分析了在没有资本的条件下，最优政策的时间一致性问题。他们认为，在没有货币时存在最优财政政策，政府可通过税率和债券的组合使社会福利最大，最优财政政策具有时间一致性。在有货币时，虽然存在最优货币发行量，但这一货币政策不具有时间一致性。因此，建立某种形式的制度以保证政策的执行是非常重要的。

2. 不完全竞争市场下的最优政策分析。首先，名义利率相当于对垄断利润间接征税。如果政府能够把垄断利润全部征收，那么弗里德曼规则是最优的。但现实中政府无法做到这一点，因此，名义利率为正，并随经济情况的变化而变化。垄断的程度越高，名义利率越大。劳动收入的税率基本不变。通货膨胀的波动较大，但时间序列特征上自相关关系很弱。其次，由于存在价格粘性，通货膨胀的变化会引起资源配置的扭曲，带来经济效率的损失成本。而弹性价格下，通货膨胀变化不存在这样的损失成本。因此，政府必须在通货膨胀变化所带来的平滑税收收益与资源配置扭曲成本之间进行权衡。以美国为例，美国经济的实际通货膨胀波动成本大于收益，但如果政府支出冲击的波动增大，则通货膨胀的收益会增加甚至大于其成本。

### （二）基于博弈理论的分析

这种分析方法的思路是，首先，假设财政政策和货币政策分别由两个独立的部门执行。虽然财政当局和货币当局的目标都包含产出和价格，但二者的目标差异非常明显。这种差异表现为，一方面，在产出和价格的理想水平上，双方的看法不同；另一方面，在产出和价格的权衡上，双方也有所侧重。在通常情况下，保守的货币当局不仅产出和价格的理想水平比财政当局低，而且在产出和价格的权衡方面，货币当局更注重价格。由于财政当局和货币当局的相对独立以及各自目标的差异，其行动选择对经济的影响就有多种可能。首先，双方是协调合作，还是各自行动。如果是各自行动，那么行动的类型是执行规则，还是相机抉择。如果是相机抉择，那么双方是同时行动，还是有先后顺序。如果有先后顺序，那么是财政当局先行，还是货币当局先行。对于这些不同的情况，通过构造适当的博弈模型，就可分析政策的最优性问题。这方面的研究主要包括两个方面：一是单个财政当局和单个货币当局的分析；二是多个财政当局和单个货币当局的分析。显然，后者不仅要分析财政当局与货币当局的关系，还要分析多个财政当局之间的相互关系，对区域经济一体化安排下的财政政策和货币政策协调具有指导意义。

多个财政当局与单个货币当局的政策分析从财政政策为社会提供公共物品的角度出发，讨论货币统一区的最优政策问题。如果多个财政当局是分散决策，货币当局是相机抉择，就会产生系统的通货膨胀偏差和公共物品的过度支出。事实上，扩张性的财政政策往往是由财政当局试图稳定经济而形成的。因此，应该从稳定经济角度研究最优政策。在货币同盟区内，对各国财政当局的某些限制，如欧盟的《稳定与增长公约》，能提高社会的福利水平，因而是必要的。但是，如果货币当局能够执行承诺，则对财政当局的限制没有必要，甚至是有害的。这意味着货币当局应该保持较强的独立性。

由于存在财政政策的外部性，统一的货币政策会产生时间不一致性。非合作的财政政策会使产出过低，通货膨胀过高，但如果当局各方能够就产出和通货膨胀的理想水平达成一致，那么即使没有财政当局的政策协调以及货币当局的执行承诺，经济也会达到理想水平，这种现象被称为政策的共生性。

也有的观点反对任何政策当局的协调行动。认为由于潜在财政赤字、免费搭车等原因，政策的协调难以成功，因此，应该从制度构建入手，严格制定财政当局和货币当局的政策规则，强化《稳定与增长公约》。为防范可能出现的金融危机，应建立强大的银行监管体系。

### （三）国内对当前财政政策和货币政策协调的研究综述

1995 年中国颁布了第一部中央银行法《中华人民共和国中国人民银行法》，货币政策的独立性以及财政政策和货币政策的配合问题才开始得到理论界的注意，而且都集中在操作层面，也就是财政政策和货币政策的效力和松紧搭配问题。“双紧”搭配政策有效治理了 1994 年的经济过热，实现了经济的软着陆，但 1997 年随之而来的亚洲金融危机，把积极的财政政策推到宏观调控的主导位置，货币政策调控一直居于次要地位。2003 年下半年以来，随着积极财政政策的淡出，国家针对部分行业的投资过热，在新一轮的宏观调控过程中，货币政策对经济的影响效果已经开始大于财政政策，理论界和政府部门提出的双稳健的政策搭配体现了国家宏观经济政策基本取向为微调，政府在政策的制定和操作上的随意性会有所下降，而规则性会不断增强。有学者认为，稳健的表述还包括在特定条件下政府需要进行政策相机调整的需要，在财政政策和货币政策之间，要更多地发挥货币政策的作用。在目前经济运行态势下，积极财政政策和汇率政策效果的积累更多地表现为货币供应量的大幅度增加，货币政策调控表现得更加敏感，从 2003 年以来的具体措施来看，对宏观经济运行的“控”，主要还是靠货币政策和行政措施。表 7－1 显示改革开放以来财政政策和货币政策的组合情况。

表 7-1 改革开放以来财政政策与货币政策组合轨迹

| 时间 | 财政政策 | 货币政策 | 搭配方式 | 实施年限 |
|---|---|---|---|---|
| 1979~1980 年 | 松 | 松 | 双松 | 2 年 |
| 1981 年 | 紧 | 松 | 紧松 | 1 年 |
| 1982~1984 年 | 松 | 松 | 双松 | 3 年 |
| 1985 年 | 紧 | 紧 | 双紧 | 1 年 |
| 1986~1988 年 | 松 | 松 | 双松 | 3 年 |
| 1989~1991 年 | 紧 | 紧 | 双紧 | 3 年 |
| 1992~1993 年中期 | 松 | 松 | 双松 | 1 年 |
| 1993~1997 年 | 紧 | 紧 | 双紧 | 5 年 |
| 1998~2002 年 | 松（积极） | 松（稳健） | 双松 | 5 年 |
| 2003~2004 年 | 积极淡出 | 稳健趋紧 | 偏松和趋紧 | 2 年 |
| 2005 年 | 中性偏紧 | 中性偏紧 | | |

财政政策和货币政策的不协调之处，宏观上表现为财政政策与货币政策效应间的配合不充分，使得宏观调控效应实现的时间过长，在投资领域表现为财政资金过多地进入竞争性领域，使货币政策的调控难度加大，同时也破坏了财政政策和货币政策之间的协调性；在政策工具领域，则表现为联结两大宏观经济政策的重要工具——国债在运行中还存在一些突出矛盾和问题，使中央银行利用公开市场业务操作进行货币政策微调时难以达到预期的效果，也使国债管理部门难以根据市场状况，灵活有效地实施国债发行和债务管理操作，增加了利用国债筹资的成本，降低了国债投资的效率；在金融领域表现为金融体系内部风险的财政化，财政政策和货币政策的分工也没有体现在二者的配合上，无论财政政策还是货币政策都没有发挥调节经济结构的作用，主要是因为货币政策在人民币汇率问题日益突出的情况下，肩负着本外币币值稳定的双重任务，面临着治理通货紧缩趋势和预防经济过热的两难选择，操作空间有限，

财政政策和货币政策政出多门，而各部门习惯于从自身利益出发制定和实施政策，容易形成政策效应的相互抵消，宏观调控政策具有或者明显依赖货币政策而忽视财政政策，或者依靠财政政策而忽略货币政策的极端倾向。

### （四）财政政策与货币政策组合的实证分析

1996 年底中国的紧缩政策成功地将当时的高通货膨胀降了下来，实现了经济的“软着陆”，加上 1997 年爆发的亚洲金融危机的影响，中国经济整体上陷入了通货紧缩的状态，在这种内外交困的环境下，中国政府于 1998 年启动积极的财政政策——这在新中国成立以后尚属第一次，同时伴以稳健的货币政策。至这次财政政策的调整，这一整体上积极的宏观政策历时近 7 年之久，能持续如此长时间的宏观政策，在全世界也是不多见的。

1. 积极财政政策对经济的拉动作用非常明显。每年发行的长期建设国债投资大量的项目，直接增加了固定资产投资，拉动了经济增长。在实施积极财政政策期间，中央政府每年发行 1000 亿元至 1500 亿元的长期建设国债，仅从 1998 ~ 2004 年 7 年间，累计发行 9100 亿元。但财政的这种资本性支出的带动作用更大。在中国，政府资金具有引导效应，如政府上一个项目，银行就争着给贷款，这种“政府投资、银行跟进”所形成的投资规模是相当惊人的。

从经济学理论上来讲，财政政策虽然能直接刺激投资，但往往因为存在一定的挤出效应而使其效果打折扣。这里要指出的是，由于特定的体制原因，中国这一时期的财政政策是几乎没有挤出效应的。

2. 积极的货币政策作用相当微弱。从货币需求的角度看。按凯恩斯的分法，货币需求可以分为交易需求、预防需求和投机需求。在一个经济体中，交易需求的变化是不会很大的，无非是在经济繁荣时大一点，萧条时少一点，但并不会相差很大，而在预防需求和投机需求（二者之和与准货币相当）方面往往有大幅度的变化，中国的情况即是这样的。随着积极财政政策的启动，宏观政策伴以稳健的货币政策。在相关部门看来，所谓稳健的货币政策是既能防止通货膨胀又能防止通货紧缩的政策，即适中的货币政策。但从事后来看，我们的货币政策事实上是偏松的。主要原因并不是我们名义上采行稳健的货币政策，而是在实际操作时违其原意，即货币供应量仍加速增长（积极货币政策的最重要表现）；相反，我们实施稳健的货币政策期间，广义货币供应量（$M_2$）增加的并不是很快，相比之前20%以上（甚至30%左右）的年增幅，这些年$M_2$的增幅一直稳定在15%以下，是名副其实的“稳健”；但近些年来，中国的$M_2$/GDP越来越大，尤其是1998年以后迅速增加，粗略估计当前为2左右，这在世界上都是罕见的。而且，中国人民银行从1996年以来8次调低利率，其中1998年之后就有5次。但是，处于转轨时期的中国居民面临的不确定性大大增加，比如失业、未来养老以及子女教育等需要大量的支出，从而大量储蓄，边际消费倾向不断降低，降息能促进的消费增加非常有限。

因此，尽管从这些意义上讲，我们的货币政策是积极的，但从货币政策效果的两个方面来看，即随着货币供应量的扩大，利率降低，于是居民消费增加，企业投资扩大，货币政策的刺激作用都是不明显的。

同时，实施积极财政政策期间，货币政策操作造成的很高的货币投机需求也许最值得我们注意。众所周知，中国的股市历来以投机盛行为其最重要特征，民间的大量货币资金涌入股市，参与虚拟经济活动，于是新增的货币就在证券交易保证金账户和企业、居民的活期存款账户之间来回运动。有学者估计，2001年进入股市的资金占当年$M_2$的比例为26.32%，可见虚拟经济对货币的吸收是非常惊人的。但由于绝大部分资金重于投机而非长远投资，因此，这部分进入股市的资金对实质性的生产所起的作用非常有限，而且，不仅众多拥有储蓄存款的居民参与投机，更严重的是许多企业也把大量生产性资金投资于股市。我们知道，适度的投机活动固然能活跃股票市场，从而利于实体经济的发展，但过度的投机只能是一种零和博弈，甚至是负和博弈，它只不过是在投机者中间进行财富再分配的游戏罢了，不但对实质性的物质生产不会有直接的促进作用，还可能有大量的负面影响。

从信贷的角度看，信贷政策一直是紧缩性的。亚洲金融危机给了中国政府足够的警示，于是中央银行对各商业银行的信贷监管骤然严格起来，实施了贷款责任制，自此中国出现了信贷紧缩，自1995 年金融体系开始出现的存差进一步扩大，至 2003 年已高达49059 亿元。虽然国有银行的信贷结构随着市场化的进程已有所改变，但并非实质性的。只不过是不再给劣等的国有企业放款，但质量好的大中型国有企业的资金仍非常充裕，而大量中小民营企业的贷款依然困难。由于大中型国有企业的资金一直是充裕的，所以降息对它们的贷款需求不会有太大的刺激，因此，降息在这一特定体制下对投资的刺激作用也不明显。

从以上两方面可以看出，一方面经济主体的货币需求量一直居高不下；另一方面银行信贷却出现了萎缩，从而大量的资金沉淀在银行中不能转化为投资，即我们的货币政策传导机制出现了严重的问题，最终使积极货币政策的效果大打折扣。由于有大量资金沉淀在银行体系中不能转化为有效的投资，那么增发国债就成为使这些资金通过购买国债而转化为实际总需求的一部分的途径，国债投资项目的银行配套贷款和其他社会资金也具有同样的性质，因此，基本上没有挤出效应。但必须指出的是，存在一定的挤出效应是在中国特定体制下的扭曲结果。

综上所述，1998 ~ 2004 年，近十年间，我们的积极财政政策的确起到了异常积极的作用，对保证特定时期的经济增长具有非凡的意义；同时，虽然积极的货币政策并不如意，事后效果非常微弱，但积极的货币政策无疑为积极财政政策有效发挥作用提供了一个异常宽松的货币环境，这也是中国目前特定的国有企业体制和银行体制下积极财政能发挥作用的必要条件。因此，中央决定改积极的财政政策为稳健的财政政策无疑是明智的，因为过去的财政政策效果明显，淡出也有利于有效抑制当前出现的局部经济过热，而且由于我们国家利率尚未完全市场化，中央银行在宏观调控中使用货币政策的作用将依然非常有限，所以，财政政策还不能立即全部淡出，否则，经济很可能导致衰退，重新陷入通缩。而这恐怕也是调整为“稳健”而非“紧缩”的真正原因。由此看来，由积极变为稳健可谓恰到好处。但中国经济的问题很大程度上是长期性的，虽然做到了控制短期的经济波动，但从长期看，财政政策和货币政策的有效协调面临的任务将更加艰巨。

## 三、财政政策与贸易政策的协调配合

第二次世界大战以后，国际贸易规模迅速发展，不同国家和地区或者同一国家不同时期采取了不同的贸易发展战略和政策措施，政策实施的效果也不尽相同（见表7－2）。

**表7－2　不同的贸易发展战略①**

| | 贸易战略 | 主要内容 | 国家或地区规模 | 典型例证 | 实绩 |
|---|---|---|---|---|---|
| | 超出口导向 | 奖励外销和生产 | 小 | 初级产品出口国 | 不佳 |
| | | | | 制成品出口国 | 良好 |

① 熊性美、戴金平等：《当代国际经济与国际经济学主流》，东北财经大学出版社，2004年版。

续表

| | 贸易战略 | 主要内容 | 国家或地区规模 | 典型例证 | 实绩 |
|---|---|---|---|---|---|
| 中性贸易体制 | 自由贸易 | 对内外销及生产基本无歧视 | 小 | 香港、新加坡 | 良好 |
| | 受保护的出口导向 | 以出口奖励抵消反出口偏向 | 大或小 | 20 世纪 70 年代的韩国 | 不佳 |
| | 进口自由化 | 取消对出口奖励和进口替代的刺激 | 大 | 1985 年以后的墨西哥 | 良好 |
| | 进口替代 | 重视内销生产，轻视供出口的生产 | 大 | 20 世纪 60 年代的拉丁美洲国家 | 不佳 |
| | 进口保护以促进出口 | 进口保护，发挥规模经济和外部效应直至获得竞争力 | 大 | 日本 | 良好 |
| | 进口导向 | 既不鼓励进口替代，又反对出口 | 特殊情况 | 20 世纪 60 年代的哥伦比亚和 80 年代的匈牙利 | 不确定 |

改革开放以前，中国与许多发展中国家一样，由于政治的和经济的原因，一直采取的是进口替代贸易政策，与这一贸易政策相一致的其他政策包括贸易壁垒、外汇管制、生产要素市场和公用事业的定价、信贷分配和相应的财政税收措施，其中主要的财政税收措施有针对初级原料、农产品和矿产品的出口税；各种形式的进口税收；补贴和税收减免优惠政策等（见表 7－3）。但在实践中，这种进口替代战略却存在一些问题，影响政策效果。第一，由于保护措施隔绝了外部竞争的压力，加上政府的投入和补贴，使国内制造行业技术革新和节约使用资源的动力弱化，生产对市场需求的反应迟缓滞后。第二，制定保护和鼓励出口措施时缺乏时间表，使保护和奖励长期化，形成经济中的一批特殊利益集团。第三，由于进口替

代是一种反比较优势的贸易战略，如果替代进口的行业不能迅速成长为出口创汇部门，将不利于外汇收入的增加，但进口却急剧上升，导致外汇短缺。第四，由于限制工业原料及相关原材料的价格，制造业外延式的发展以农业和基础工业生产的亏损为代价，动摇了宏观经济基础。

**表 7-3 发展中国家或地区进口替代战略的主要刺激方法①**

| | |
|---|---|
| （1）贸易政策 | 成本性外汇管制 |
| 进口税 | 复汇率制 |
| 进口保护手段 | 进口存款预交制 |
| 进口税 | 外汇税 |
| 进口关税 | （3）生产要素市场和公用事业定价 |
| 进口附加税、季节税 | 资本市场扭曲 |
| 其他隐含的关税 | 信贷直接分配和信贷额度 |
| 数量限制 | 负实际利率、优惠利率和补贴 |
| 配额 | 劳动力市场扭曲 |
| 进口许可证 | 最低工资政策 |
| 禁止进口 | 差别工资待遇 |
| 国家垄断进出口和政府采购 | 工资补贴 |
| （2）外汇和汇率政策 | 公用事业定价 |
| 汇率定值过高 | 基础设施和中间产品价格的行政控制 |
| 数量性外汇管制 | 投入和采购的政府补贴 |
| 结汇制 | 国有企业 |
| 外汇配给 | （4）税收减免和优惠政策 |

由于实施进口替代战略出现的问题，改革开放以后，中国开始

① 熊性美、戴金平等：《当代国际经济与国际经济学主流》，东北财经大学出版社，2004年版。

着重发展外向型经济，相应的财政政策措施也随之调整，开始将其与鼓励出口的产业政策、金融政策和外汇政策相结合。由于中国的外向型经济是建立在出口导向基础上的，它对内需（尤其是消费内需）的贡献是有限的。外向型经济的增长提高了中国的经济发展水平和国际地位，也因为外贸依存度的迅速提高和国际收支的不平衡扩大了发展中的风险，对中国资源储备和环境所造成的长期影响也值得重视。

东亚一些国家和地区在实现工业化的过程中也或多或少采用了先行国家在早期经济增长过程中使用的投资驱动的做法。但是它们在相当长时期中并没有感受到马克思所指出的最终消费的瓶颈约束问题，相反能够维持长达十几年、二十几年的强劲增长。这在很大程度上要归功于东亚许多国家和地区采用的出口导向政策，用出口需求来代替萎缩的内需，缓解投资驱动的增长模式带来的内需不足的问题。因而，实行以政府对本国企业的适度保护和本国货币汇价低估为主要内容的出口导向政策常常被看做是创造 20 世纪七八十年代“东亚奇迹”的重要法宝之一。改革开放初期，中国外贸发展政策目标是单一的，即根据当时外汇资金短缺的国情，制定了出口导向型外贸发展战略模式。1994 年外汇改革以后，也成功地运用了这种办法，促进了出口的强劲增长，以旺盛的出口需求支持了经济长时期的高速增长。中国对外贸易自 2001 年加入世界贸易组织以来，进入了新的发展阶段，2002 年、2003 年、2004 年，对外贸易年均增幅为 31.5%，其总额由 6208 亿美元上升为 11548 亿美元，外贸出口逐年增加，分别增长了 20%、35%、36%。2005 年中国进出口总额达到 14221 亿美元，其中出口 7620 亿美元，进口 6601 亿美元，成为美国、日本之后的世界第三贸易大国。但是，不能不看到我们在取得外汇储备 8536 亿美元（截至 2006 年 2 月底），位居全球第一的同时，中国的能源、矿产资源及不可再生的一次性资源已经到了全面趋紧的阶段。出口导向政策的局限导致中国贸易顺差是以资源消耗为代价，出口越多，对国内资源性原材料的消耗越大，它对资源的过度消耗正在抵消一部分中国经济增长的成就。

现行的出口导向外贸政策，给中国经济发展与外贸出口造成的潜在影响主要有以下几个方面：一是国内土地、能源、技术、资源及人力资本等要素价格，与国际比较定价偏低，造成以外商投资企业为主导的加工贸易占出口比重越来越大，而中国收取的加工费只占全部出口商品价格的很小部分；二是中国出口企业及上游关联企业在环境保护、劳动待遇、社会保障及安全生产等方面投入不足，远达不到国际标准，使得出口增长并没带来国民福利的相应同步增加；三是中国经济增长对外需形成相当程度的依赖，给国内经济稳定发展和宏观调控带来诸多影响。从宏观经济的角度看，问题的症结在于：出口导向政策的成功实施会带来外汇的大量增加，形成本币升值的压力；而与出口导向政策配套的外汇政策又要求本币汇价保持不变；要维持出口导向的政策，就不能放松中央银行的干预，使本币币值保持稳定。因此，根据理论分析和世界各国的经验，出口导向政策并不能长期地维持经济稳定和有效增长，它必须随着经济发展而向着更加市场化的方向转变。表 7－4 显示了发展中国家和地区出口战略的刺激方法。

**表 7－4　　发展中国家或地区出口战略的刺激方法①**

| | |
|---|---|
| （1）与投入有关的刺激 | 国内间接和直接税收免除或退让 |
| 与中间投入相关的 | 与出口相关的进口权或许可证 |
| 出口企业和其他国内供应商进口投入的关税和税收减免或退让 | 出口信贷（优先考虑或利息补贴） |

① 熊性美、戴金平等：《当代国际经济与国际经济学主流》，东北财经大学出版社，2004 年版。

续表

| | |
|---|---|
| 为出口目的的进口信贷 | 中央银行提供出口企业使用的外汇存款 |
| 降低公用事业的使用费用 | 外汇信贷（优先权） |
| 耗损补贴 | 船运保险补贴 |
| 其他隐含的关税 | 直接出口补贴 |
| 与主要投入相关的 | 间接的： |
| 加速折旧 | 基础设施建设拨款 |
| 为出口商提供低息贷款 | 为海外销售活动、R&D 开支等的贷款和拨款 |
| 投资贷款（优先考虑） | （3）与外差因素相关的刺激 |
| （2）与产出相关的刺激 | 出口品质量检查 |
| 直接的： | 授予某些新出口市场上的垄断权 |
| 提供给出口企业的生产贷款（优先考虑或利息补贴） | |

出口导向战略曾是28年来中国经济取得伟大成就的引擎。鼓励出口创汇，确实对经济腾飞起到了重要作用。因此，保持一定的出口规模仍是中国大国经济的需要，但是过于追求出口获利的重商主义情节，也给中国对外经济合作带来了一定的脆弱性。例如，过度依赖加工贸易，使中国逐渐成为世界的“初级加工厂”；严重依赖外资企业，本土企业的自主创新能力普遍不足；初级产品出口市场和资源进口来源集中于少数国家，伴随着国家整体谈判能力的不足。因此，中国目前不应一味强调出口导向的重商主义战略，而应把重点放在国内市场培育上，在全球经济失衡并不能长时期持续、中国经济内外失衡压力凸显的背景下，应主动地、及时地调整发展战略，由出口导向转向内需主导，这也是中国大国经济的需要。为此应加快通过一系列财政政策、社会保障、卫生、教育、建设新农村等政策的落实，扩大消费。

此外，目前国际金融问题的背后实际上是贸易问题，例如，人民币升值压力本质上也是国内长期的顺差偏好所造成的。虽然存在理论争议与对政策实际效果的质疑，但不可否认出口退税、贸易顺差、人民币汇率之间有一定内在联系。据专家测算，2005年中国1美元出口商品综合退税为0.4429元人民币，如果完全取消旨在促进出口的出口退税措施，相当于人民币兑美元升值0.4429元。虽然理论与现实仍有一定差距，但问题的关键在于，出口退税的改革，开辟了一条财政政策与金融政策协调的新途径，这是以往没有引起重视的。所以，当前转变对外贸易增长方式需要综合运用财政政策、货币政策和贸易政策进行积极调控。

1. 积极实施加快加工贸易升级转型的政策措施。一是提高外资企业的技术外溢水平，通过外资企业与国内企业产业关联的加强，促进中国的加工贸易向高端升级转移；二是加强各级政府政策引导与监管职责的作用，坚决杜绝技术水平低、污染严重、能耗大而收益小的加工贸易项目的引进；三是积极引进技术领先、产品附加价值高并附带研发机构的加工贸易型外资企业，要给予同外商加工贸易生产配套的国内中小企业一视同仁的政策环境。

2. 出口企业要在消化吸收国际先进技术基础上，寻求创新突破并与跨国公司开展合作竞争。一是全面提升企业消化吸收国外先进技术的能力，并把其看做外贸出口和技术引进提高质量的重要标准之一；二是完善企业研发技术基础设施建设，加大消化吸收国外先进技术配套经费的投入；三是跟踪跨国公司核心技术的发展动向，结合中国产业优势与国际消费需求的变化，对现行技术进行创新，与跨国公司展开合作竞争。

3. 启动并完善科技信贷、出口信贷与出口信用保险等政策性金融措施。一是建议国家成立科技创新政策性银行，可动用外汇储备注入资本金，负责筛选和拟定具有高技术、高附加值出口前景的科技创新产品的早期扶持规划，并有针对性地制定国家战略性产业出口产品指导扶持目录，提供中长期优惠贴息贷款作为产品前期开发的国家政策性金融支持的基础；二是进出口银行应根据国家战略性产业出口产品的指导扶持目录，加大政策性金融业务创新力度，拓宽对资本技术密集型产品出口的政策支持覆盖面；三是以立法形式保护和规范政策性金融机构经营方式、业务范围、履行职责和资金补充机制，以扩大科技信贷、出口信贷、出口信用保险及融资担保范围。

4. 创建并完善国家促进出口的信息服务平台。一是动用国家财政资金，建立包括海内外广泛信息资源的促进出口信息服务网络，为企业转变外贸增长方式搭建一个公共服务平台；二是深度开发和广泛利用国际经济信息资源，借助行业协会自律的力量不断更新行业共有信息，指导企业产品升级换代和出口经营秩序的维护，不断开拓新兴市场；三是运用信息服务网络加强沟通，避免与贸易伙伴国发生贸易摩擦，一旦出现纠纷及时化解争端。

5. 明确国家对外投资导向政策，引导国内有实力的企业“走出去”。一是参照中国利用外资的政策做法，针对国内不同优势产业的实际情况，明确划分国家鼓励类、限制类及禁止类等不同的对外投资导向政策，指导企业更科学地“走出去”；二是全面评估海外投资市场的风险、潜力、法律、环境等综合因素，制定指导国内企业“走出去”的战略规划，分步骤、分区域地逐步实现以海外投资带动国内零部件出口的良性外贸发展模式；三是积极启用国家行政资源，通过经济外交，打开东道国的投资市场，不断拓展中国海外投资的多种渠道，为新时期外贸出口战略与政策转变服务。

## 四、外资流入背景下财政政策和货币政策协调过程中存在的问题

理论上说，关于财政政策和货币政策的作用，在资本不完全流动的情况下，其效应大小主要取决于资本流动的程度：资本流动

性越大，财政政策的作用越小，货币政策的作用越大；反之，资本流动性越小，则财政政策的作用越大，货币政策的作用越小。曼昆分析了一个大的开放经济国家财政政策和货币政策的效应，得出以下结论：扩张性财政政策在带来国民收入增加的同时，会引起短期利率提高，使得资本净流出减少，资本流入增加，引致汇率升值。因此，从长期看，紧缩的财政政策在消除资本流入引致的需求扩张和真实汇率升值的压力方面更有效，可以为降低高利率提供余地，有助于抵消对未中和的资本流入需求的扩张性影响。紧缩财政支出，特别是削减公共支出，可以减少总需求，降低资本流入的通货膨胀效应，替代汇率调整政策充当稳定器。

从国际经验看，巴西、马来西亚、智利、泰国，以及捷克等国家和地区在20世纪90年代初期都经历了大量的国外资本流入。为了缓解资本持续大量流入给国内经济扩张、通货膨胀以及汇率升值等造成的负面影响，上述国家采取了诸如加强资本流入管制、中和外汇干预、扩大汇率浮动区间或者重估汇率水平以及加强金融监管等政策措施，尽管上述国家所采取的对应政策和措施也有所不同，但都有一个共同之处，即：面对国外资本持续大量的流入这些国家并没有仅仅依赖某一单一的政策工具或政策措施，而是采取了一系列相应的配套政策措施，而且，多数国家还采取了合适的宏观经济政策（主要是财政政策）和结构性改革给予支持和配合，如智利、马来西亚、泰国以及捷克等国家和地区都采取了紧缩的财政政策，减少公共部门的支出，增加税收，降低财政赤字。

20世纪90年代中期以来，国外资本流入中国呈现出急剧增加的态势，2004年达到3433.5亿美元。资本净流入从1998年的-63.21亿美元增加到2004年的1106.59亿美元。

国外资本持续大量流入，在提供大量的资金，促进国内经济快速发展的同时，对国内总需求扩张和固定资产投资过快，通货膨胀和实际汇率升值压力加大，以及货币政策独立性等都带来了一系列的负面影响。具体地说，资本的持续大量流入使得外汇供大于求的失衡矛盾更加突出，直接影响到人民币汇率形成基础。

面对资本持续大量流入的情况，中国人民银行主要采取了中和外汇干预、控制基础货币投放，以及加强对资本流入管理等政策措施，货币政策的走向实际上已趋于紧缩，但同期实行的扩张性的财政政策，不仅损害了货币政策的政策操作基础，还间接抵消了宏观政策效果。主要表现在：

一是扩张性的财政政策一定程度上带动货币供应量扩张。实行积极财政政策（主要采取高国债、高财政赤字的方法）近 7 年来，每年都增发 1000 亿元到 1500 亿元的国债，累计达 9100 亿元，而且，中央财政债务依存度偏高，经济中积累了大量的或有负债。国债规模扩大，一定程度上带动货币供应量的扩张和银行贷款的增加，银行是国债的主要购买者，银行购买大量国债，实际上就等于增了加货币的投放。而且，银行还要为国债投资项目提供相应的配套贷款等，推动了贷款的增加和货币供应量的扩大。

二是面对国外资本持续大量流入，中央银行在早期回收对商业银行的再贷款，用来对冲由于大量买入外汇形成的基础货币的投放增加，但随着再贷款规模的逐渐减少，逐渐转向采取发行中央银行票据和国债回购，以及提高存款准备金率等方式，冲销货币扩张的压力，控制货币信贷的过快增长，这就造成债券市场资金趋于紧张和短期利率上升，加大了国债发行成本，不利于国债市场的改革和发展。而且，加大了利率上涨的市场预期，进一步引致国外资本的流入。

三是从中央银行中和外汇干预实践看，短期国债是公开市场操作的主要工具之一，由于历史原因和其他一些因素，中国倾向于发行中长期国债，一年期以下的短期国债规模很小，制约了中央银行公开市场业务的开展。中央银行只得发行票据，对冲基础货币的投放。当发行中央银行票据还不足以回笼多余的流动性资金时，只得通过调整存款准备金率的方式来控制货币信贷的过快增长。

尽管，调高存款准备金率之后，对于收缩资金规模起到了一定的效果，但其作用还是有限的。一方面，由于中央银行对存款准备金要支付一定的利息，致使商业银行超额存款准备金率普遍较高，因此，商业银行有能力通过降低存款准备金率来冲销存款准备金率上调所带来的紧缩效果；另一方面，存款准备金率政策作为力度较大的货币政策工具，也不宜经常轻易地调整，否则，不仅影响到银行资本的有效管理，而且，可能会给市场发出一个错误的信号，进而削弱中央银行对货币供应量的控制。

可见，在现行的汇率制度下，仅仅依靠货币政策尤其是中和的干预措施，没有相应的财政政策或其他宏观经济政策的配合与支持，试图缓解资本大量持续流入引致的扩张性经济效应，是无法取得成功的，而且还可能引致短期利率提高，进一步加大资本流入。可见，为了避免政策相互掣肘与效果彼此抵消，实现财政政策与货币政策的有效协调就显得十分必要。

## 五、国际经济协作背景下协调财政政策和货币政策的建议

1978年开始的对外开放，到今天已经取得了很大的成就，中国的对外依存度逐年提高，中国经济与亚洲周边国家以及世界经济的融合程度也日益提高。1994年的外汇体制改革是中国经济从封闭走向开放的一个重要里程碑，从那时开始，外汇管制开始松动，人民币经常项目完全可兑换，平均关税税率大幅度下调，并取消了许多贸易的配额和许可证制度，外国资本占国内资本的比率开始上升，汇率并轨并建立了以银行间外汇市场为主导的统一的外汇市场，人民银行直接入市交易，国际收支状况、外汇储备的变化直接

影响人民银行的资产和负债，从而影响基础货币的供应，中国经济开始在金融领域真正与国际接轨，进而开始在更深的程度上融入世界经济。国内因政策变动导致的经济运行的各种变动，会间接影响他国的经济，进而引起本国与他国经济关系的变化，然后又反过来对本国经济产生影响，财政政策和货币政策都存在溢出效应和回波效应。这种情况下，对财政政策与货币政策的搭配提出了更高的要求。

财政政策与货币政策的搭配一般有四种情况：双松、双紧、紧货币松财政、松货币紧财政。从中国的实践来看，大多采用了双紧或双松模式，而真正的松紧搭配则较少使用。双紧、双松模式由于政策目标方向的一致性，不存在内外平衡的冲突，调控效果较快，但调控的代价也很高。相比之下，松紧搭配模式则有其特定的优越性：第一，可缓和双松、双紧对国内外经济产生的巨大冲击，因为货币政策、财政政策都是通过影响总需求来对经济活动水平产生作用，当它们以相同方向发生作用时，彼此可以替代或加强，而以相反方向发生作用时则可以减弱彼此的力量，所以松紧搭配的模式有助于缓解双紧、双松对国内、国外经济运行的巨大冲击；第二，便于政策倾斜，兼顾其他政策目标，具有较大的回旋余地，在双紧和双松模式中，货币政策、财政政策都处于紧缩或放松状态，松动余地小，而松紧搭配，则可以在调控国内经济运行和参与国际经济博弈过程中有较大的回旋余地；第三，在中国目前汇率水平波动幅度不大和资本项目不完全流动的情况下，松紧搭配是解决内外平衡问题的根本方法。

### （一）财政政策与货币政策的搭配必须适应经济形势发展需要

根据宏观调控目标、国民经济运行状况和经济管理体制的特征来选择恰当的政策、措施和合理的搭配方式。财政政策和货币政策组合产生政策效应的关键之一就是要根据宏观经济走势及微观经济状态，确定合理的政策取向。具体地说，在财政政策方面，采取有效的措施，切实贯彻实施稳健的财政政策。要健全财政预算约束，严格控制支出增长，适当减少财政赤字，降低国债发行规模，缩减隐性债务；加大财政支出结构和国债资金投向结构调整的力度，提高支出质量；转变主要依靠国债项目投资拉动经济增长的方式，积极推进体制和制度改革创新，建立有利于经济自主增长的长效机制；要明确财政投融资和商业银行投融资的界限，对于国债投资不应再安排银行配套贷款，以避免新的金融风险和货币政策实施受到政策性金融的影响。

货币政策方面，随着财政政策由积极向稳健转变，货币政策应相应地从偏紧转向中性转变，综合运用多种货币政策工具，包括利率和汇率，进一步提高金融调控的科学性和有效性，保持货币信贷的适度增长；要适度放松对商业银行信贷规模的行政控制，引导商业银行优化信贷结构，合理控制中长期贷款比重，继续增加短期贷款，加大对农业、能源、交通、高新科技、教育以及医疗卫生等领域的信贷支持力度；积极推进利率市场化进程，在继续对存款利率上限实现管理的同时，进一步放松对贷款下限的区间管理，使商业银行更灵活地利用市场利率进行定价，疏通货币政策的传导机制；建立健全本外币政策协调机制，充分运用公开市场业务等货币政策手段来吞吐基础货币，调控货币供应总量，平衡中央银行的外汇吞吐和国内货币投放，完善货币政策操作的目标体系，保持货币供应量的适度增长。

### （二）积极推进汇率机制改革，增强货币政策的独立性

在资本持续大量流入的情况下，作为货币政策工具之一的汇率机制是否完善，对于货币政策的有效实施起到至关重要的作用。尽管 1994 年开始实行有管理的浮动汇率制度，但从实际运行情况看，由于管理的色彩比较重，使得人民币汇率制度的其他特点，如市场

供求决定和浮动并没有得到真正的体现，人民币汇率水平的“超稳定性”取代了必要的灵活性。选择合适的时机，推进人民币汇率机制改革，使人民币汇率在合理、均衡的水平上保持基本稳定已经成为共识。人民币汇率机制的调整应采取逐步和有序的方式推进，而且要与宏观经济政策和相关的结构改革密切配套进行，以避免政策可信度的丧失和经济成本加大。

另外，关于确立均衡汇率水平的模型和理论有很多，但实际上，均衡的汇率水平是很难进行测算和确定的。根据中国的实际情况，可以认为能充分反映外汇市场供求关系，促进国内经济和国外经济均衡发展，以及中国宏观经济持续健康发展的汇率水平就是一种均衡和合理的汇率水平，而且上述均衡、合理的汇率水平并不是固定不动的，而应该是动态的、均衡的。

### （三）及时调整财政政策和货币政策松紧搭配取向

财政政策与货币政策的协调配合是中国宏观调控面临的难题之一，新时期需要有新的政策选择。笔者根据 2003 年以来的经济运行情况，倾向于采取中性偏紧的财政政策和中性偏紧的货币政策搭配。

1998～2003 年两大政策中积极财政政策发挥了主动、核心的作用。随着中国社会主义市场经济体制不断完善，以及中国加入世界贸易组织后的经济结构调整，两大政策配合的重心要从以财政政策协调为主体转向更多地发挥货币政策的调控作用。蒙代尔—弗莱明提出的财政货币选择新理论指出，现实世界中的资本具有不完全流动性，财政政策和货币政策都是有效的，但其政策效应的大小取决于资本流动的程度。资本流动性越大，财政政策的作用越小，而货币政策的作用越大。在改革开放日益扩大的进程中，资本流动性越来越大，因此，货币政策应发挥主要的作用，而财政政策予以配合。通过货币政策所体现的资源配置，实现以资源效率为主，兼顾机会公平的原则。

当前和今后一段时期，财政政策的取向应当是中性偏紧，其具体含义就是要贯彻勤俭建国、量入为出的原则逐渐降低国债发行规模，降低赤字率，缩减隐性债务，调整支出结构。在逐渐降低国债规模的同时，国债运作上可考虑实行国债余额管理制度，全国人民代表大会每年给财政部批准一个国债余额指标，这个指标是上一年国债余额加上本年度财政预算赤字之和。只要国债发行不突破余额，由财政部视市场情况灵活掌握发行规模和期限品种。为解决财政部发行短期国债缺少动力，中央银行公开市场操作缺乏短期国债作为操作工具的矛盾，短期国债可不列入当年国债发行计划，财政账户出现临时性头寸不足时，财政部可发行短期国债用于周转。将增发国债的收入由过去主要用于重点建设项目扩展到几个方面，如完成在建工程的后续投入，填补以公共卫生为代表的公共项目欠账，启动拟议进行或亟待进行但主要由于资金制约未能启动的改革事项等。未来国债投资项目不应再安排银行配套贷款，使其成为纯粹的公共财政支出，以避免新的金融风险，抵消政策效果。

### （四）建立和完善财政、银行的配合机制，优化宏观调控体系

要健全和完善国家规划和财政政策、货币政策相互配合的宏观调控体系，国家规划明确的宏观调控目标和总体要求，是制定财政政策和货币政策的主要依据。要通过国民经济和社会发展中长期规划对财政政策和货币政策进行统筹安排和政策协调。包括两大政策目标的协调、财政赤字和金融不良资产的定期跟踪测算、财政金融稳定性安排、财政金融政策和操作工具进行互动效率评估以及化解金融不良债务安排等。财政政策要在促进经济增长，优化经济结构和调节收入分配方面发挥重要功能，货币政策要在保持币值稳定和经济总量平衡方面发挥作用，健全货币政策传导机制。要完善统计体制，健全经济运行监测体系，加强各宏观经济调控部门的功能互

补和信息共享，提高宏观调控水平。

### （五）完善财政政策和货币政策与其他宏观调控政策的协调配合机制

当前中国宏观经济运行中的结构问题甚于总量问题，经济结构不合理造成的局部需求过高和局部供给不足成为主要矛盾，必须重视财政政策、货币政策与其他经济政策的协调。中国产业政策要通过鼓励、限制或禁止某些产业、产品和技术的发展，合理配置利用资源，优化经济结构。目前部分信贷资金流向低水平重复建设领域，与产业政策导向出现了偏离，产业政策和信贷政策要适时、适度进行调整，形成动态协调配合机制，更好地发挥综合调控作用。国家发展和改革委员会要定期发布和适时调整相关产业政策；人民银行和银监会要配合提出加强和改进信贷管理、优化信贷结构的政策措施，为商业银行适时调整信贷投向提供支持；商业银行要严格按照产业政策和信贷政策发放贷款。为解决投资需求和消费需求增长不平衡现象，要重视通过调整收入分配政策刺激消费需求增长。要加快进行政府行政管理体制改革，从根本上抑制由地方政府推动的某些行业和地区出现的投资热。只有各项经济政策协调配合，中国经济才能步入自主增长的良性循环。

### （六）适度调整财政政策和货币政策工具的运用

财政政策要从以国债手段为主转向以税收和财政贴息手段为主刺激总需求；货币政策要更多地运用利率、公开市场操作、再贴现率、存款准备金率等间接手段调节总需求。财政政策依然要在公共投资领域发挥作用，力争创造社会公平，实现经济社会的可持续发展。要建立健全与市场经济新体制相配套的分税分级财政框架，重点要对省级以下体制加入分税分级体制的实质性内容，建立三级分税分级财政。建立规范的公共收入制度，调整优化支出结构，推进部门预算、收支两条线、国库集中收付、政府采购制度等改革。货币政策工具的使用方面，要通过改革完善国债发行交易制度，统一国内债券市场，活跃短期债券市场，使中央银行公开市场操作能有的放矢，成为货币供应量调控的有效工具。今后应使利率成为货币政策调控的先行工具，存款准备金率操作影响大，以少用为好。财政政策和货币政策协调的基础之一就是健全的国内金融市场，但目前国内尚未形成比较系统和完善的金融市场体系，尤其是作为中央银行公开市场操作的最主要渠道之一的国债市场仍被分割成银行间债券市场、交易所债券市场和商业银行柜台市场，尚未形成一个统一完善的国债市场，大大制约了中央银行的公开市场操作。

因此，要进一步加快国债市场的发展，改革国债发行交易制度，建立统一的国内债券市场，活跃短期债券市场，增加中央银行公开市场操作的空间和灵活性以有效控制货币信贷的扩张；在现有资金市场的基础上，组建由中央银行调控的资金市场系统，包括短期拆借市场、融资券市场、短期票据市场以及贴现市场等，为中央银行运用货币市场工具调控金融市场提供良好的基础，增强债券市场对信贷市场的传递性。

# 第八章　国际经济协作趋势下的中国国家经济安全问题

中国经济与世界经济之间的联系越来越紧密，世界经济对中国经济发展的影响越来越大，国家经济安全在国家安全中所处的地位日益突出，如何维护国家经济安全的问题也日渐突出。于是，在党的十六大报告中指出“在扩大对外开放中，要十分注意维护国家经济安全”。把“维护国家经济安全”写进党的代表大会的文献中，这是第一次。

所谓国家经济安全，就是指一国最为根本的经济利益不受伤害。从民族国家的层面来看，国家经济安全可以被界定为：有足够的抗衡和抵御来自国内外因素的巨大打击或保持一国经济整体上较稳定正常运转的保障能力。其主要内容包括：一国经济在整体上主权独立、基础稳固、运行健康、增长稳定、发展持续；在国际经济生活中具有一定的自主性、防卫力和竞争力；不至于因为某些问题的演化而使整个经济受到过大的打击和遭受过多的损失；能够避免或化解可能发生的局部性或全局性的危机。国家经济安全历来是国家安全的重要组成部分，它与军事安全、政治安全、文化安全等共同组成国家安全的基本内容。

今天，随着经济全球化的发展，整个世界已进入了以科技为主导的综合国力竞争的新时代，经济的落后必然导致国家在综合国力竞争中处于下风。国际经济协作趋势下，国家经济安全越来越多地取决于非军事因素，经济安全逐渐成为整个国家安全的核心和基础。中国经济的崛起，是搭了全球贸易自由化环境的便车，随着竞争的加剧，西方发达国家对中国经济崛起会从目前还算正面的看法，慢慢地发生改变。伦敦经济学院亚洲研究中心的访问研究员马丁·雅克提醒我们说，“西方历来是自由贸易的捍卫者，因为自由贸易总是有利于经济最强大、最先进的国家，然而由于无法应对中国崛起带来的政治、社会和经济影响，西方可能会需求保护，并设置保护主义壁垒。”为了迎接这一挑战，中国必须尽快转变经济增长方式，转变出口产品的结构，防止贸易环境突然恶化给国家经济安全带来的威胁。

早在20世纪80年代末，也就是中国实行改革开放后不久，国内就有人提出了“外资进入后的产业安全”和“加入世界贸易组织后的金融安全”等问题。胡国良在2002年发表的《全球化与经济安全防范》一文中把国家经济安全进一步分为产业安全、贸易与资源安全、金融安全、环境安全、信息安全五大类。清华大学国家经济安全研究室组织编写的《国家经济安全的理论与方法》所列举的局部安全包括战略资源安全、产业安全、国有经济安全和金融安全。其中，战略资源除了包括粮食、石油、原材料外，还特别把人才和技术资源算在里面。从各种分类来看，国家经济安全问题都集中在外资和外贸领域。亚洲金融危机之后，国际经济形势的变化对宏观调控政策协调的要求越来越高，从政策层面讨论国际经济安全问题也开始增加。例如，金融安全开始是归入产业安全范畴，许多专门针对产业安全的研究也大都包括金融安全问题。但由于货币政策调控作用的日益加强，金融安全经常被单独列为一类，而且所指的范围也超出了产业范围。外贸方面的风险主要是指国际市场风险。进口方面针对能源和原材料供应短缺，有时也包括粮食和技术等，出口方面主要是担心中国许多产品过分依赖出口的问题。这些都从客观上要求国家通过财政政策、货币政策调控进行产业结构的调整，从政策层面体现国家的经济安全观。因此，研究中国的国家经济安全问题，既要考虑那些具有中国特色的内部因素，又要结合国际经济协作趋势不断深化的情况，考虑影响中国国家经济安全的外部因素。

## 一、影响中国国家经济安全的内部因素

对中国经济安全的认识应从中国经济在改革开放以后日益融入全球经济这一现实情况着眼。20 世纪 70 年代末期中国的改革开放开始时，经济全球化的理论和实践就已经有了很大的发展，到 20 世纪 90 年代，随着冷战的结束和世界贸易组织的建立，国际经济协作的趋势不断深化，成为中国参与经济全球化的基础，也是决定其经济安全内容的重要因素。而且，由于国家经济安全本身就涵盖了保证本国经济持续、稳定、健康的增长以及抵御外部冲击两层含义，国家经济安全如果得到维护，那么国内经济发展必然处于正常发展状态。经济安全运行是国家安全的支撑，是保障国家发展“安全经济”的根本物质基础。从经济安全的角度看，影响中国国家经济安全的内部因素主要有以下几个方面。

### （一）中国的对外贸易依存度较高

除了一些以贸易立国的国家外，中国几乎是对外贸依存度最高的国家。目前对外贸易占 GDP 的比重达 70% 以上，大大高于世界上头号贸易大国美国的 20%。从中国对外贸易的具体内容来看，一是对进口能源和原材料的需求不断增加，其风险在于国际市场供应和价格波动。全球能源和大宗原材料供应已基本上形成了统一的国际市场，总体上并不存在供应中断问题，但受众多因素的影响，

价格波动是经常发生的。由于中国采购量的扩大，价格波动直接影响着生产成本进而使国内生产的自主性降低，一旦出现严重不利于中国经济安全的情况，维护中国利益的难度也就随之加大。目前，原油、铁矿石和氧化铝的对外依存度都已接近50%。中国目前虽然是世界第三大能源生产国，却也同时是第二大能源消费国，并且随着经济的不断发展，对国外石油资源的依赖程度与日俱增，石油进口增长很快，1995年的对外贸易依存度还只有6.6%，到2000年就达到25%。预计到21世纪中期，除煤炭外，中国绝大部分矿产品均需国外资源补充。二是外资企业已在中国一些对国民经济具有举足轻重作用的行业中占据了重要地位，对中国正在进行中的产业优化造成了不利影响，2005年外商投资企业实现工业增加值14397亿元，占全国工业增加值的29%，外资企业引进技术占全部引进技术的比重超过50%，2005年外资企业进出口占中国进出口总额的比重均分别为58.8%和58.3%。三是中国各生产领域所需要的大部分技术也都来自国外，中国的自主知识产权很少。四是制成品大量依靠出口问题，其影响主要是消费市场的不稳定、进口国政府的限制和来自其他国家产品的竞争。尽管中国一直在努力扩大内需，中国产品的出口依存度还在逐年增加，2002年为50.1%，2003年上升到60%，2004年超过70%，连续三年每年增加10%，服装和鞋类、DVD机的依存度更高。

### （二）市场经济体制不完善

现代市场经济通常具备如下特征：市场结构完备，生产要素和产品流动无障碍；市场竞争充分、公平并有统一的规则；价格信息充分；市场活动主体的产权明晰。对照上述特征，不难发现发展中国家目前的市场经济具有很大的不完全与不完善性。以中国为例，市场经济的不完全与不完善具体表现为统一的国内市场尚未形成，各地区自给自足的现象十分严重，国内市场被分割为许多狭小的封闭性地方市场，产品和生产要素流通不畅；生产要素市场建设步伐缓慢，各种生产要素进入市场的程度、各种要素市场放开的程度和完善程度明显滞后于经济发展的需要；国内市场竞争规则缺乏公平性与统一性，不同经济成分发展条件不平等；地方保护主义使区域贸易壁垒名目繁多；国有企业产权制度的改革仍在探索之中，国有企业预算软约束和“内部人控制”的问题十分突出。发展中国家市场经济的不完全与不完善对于发展中国家的经济安全极为不利。按照经济学理论，在竞争不公平且不充分的市场条件下，价格体系的扭曲是不可避免的。价格信号的失真会使价格失去真实反映资源稀缺程度的作用，其后果是造成资源配置的低效率。市场竞争的不公平还会抑制优胜劣汰规律的作用，不利于发展中国家培育自己的明星企业和发展自己的优势产业。

### （三）中国控制生产要素流动和保护市场的能力均面临着严峻挑战

市场经济体制的全球推广，为生产要素所有者自主决策提供了制度保障，随着经济全球化进程的加快，发展中国家面临的市场开放压力越来越大。从理论上讲，发展中国家的市场开放和生产要素跨国界流动对其经济既有积极影响，也有消极影响。从积极意义上讲，它显然有利于发展中国家吸收外部稀缺生产要素加快自身的经济发展，在这一点上东亚经济奇迹的出现和中国经济发展所取得的巨大成就就是最有力的证明。从消极意义上讲，市场开放和生产要素跨国界流动的增多也会给发展中国家经济带来巨大冲击。从现实情况看，发展中国家与发达国家之间经济发展水平的差距和生产要素收益水平的悬殊，会为发展中国家稀缺生产要素流向发达国家提供利益诱因。由此可见，市场力量的作用和发达国家与发展中国家经济发展水平的差距，是发展中国家控制生产要素跨国界流动能力受到削弱的一个重要因素。发展中国家控制生产要素跨国界流动能力的减弱和保护市场能力的下降是影响其经济安全的重要因素。例如，短期外资的大量流入极易产生泡沫经济，而短期外资的大量撤走则会导致泡沫经济的破灭。亚洲金融危机和墨西哥金融危机的爆发就是由于短期外资大量撤走而引起的泡沫经济破灭的例证。泡沫经济破灭后最终承担损失的是发展中国家。可见，伴随着生产要素大量流入与流出的是发展中国家经济繁荣与萧条的更替，萧条对发展中国家而言就是最大的经济不安全。此外，由市场开放带来的外国长期资本、技术和商品的大量流入也会对发展中国家的民族企业产生巨大冲击。在外资企业、外国产品的冲击下，发展中国家民族企业市场份额下降、人才流失、失业增多及社会各阶层之间收入差距拉大的现象会逐渐暴露出来。解决这些问题无疑会加重社会负担，但不解决这些问题势必会影响到社会稳定和经济的可持续发展。

### （四）社会保障机制建设步伐缓慢

发展中国家参与经济全球化必须具备一个发达完善的社会保障体系。然而，从目前中国社会保障体系建设的实际情况看，尚有两大突出问题没有得到有效解决：一是社会保障基金的来源渠道不畅，部分国有企业、民营企业和外资企业不能按时足额为职工缴纳养老和医疗保险基金，致使职工的切身利益得不到应有的保障，全社会筹集到的社保基金难以满足其承担的义务要求。二是社会保险机制的覆盖面过窄。部分城镇下岗职工、待业人员和农业剩余劳动力低收入人群仍被排除在社会保障机制之外，是影响中国社会稳定和经济可持续发展的一大隐患。

### （五）金融体系的脆弱使中国面临的金融风险压力增大

从国际上看，发展中国家金融体系的脆弱主要表现在外债负担重、国有银行不良资产比例高和金融市场开放步伐过快等三个方面。以墨西哥和韩国为例，1992 年墨西哥外债达 1060 亿美元，1994 年墨西哥外债占国内生产总值的 35%。1997 年 10 月底，韩国外债总额达 1100 亿美元，其中 2/3 在一年内到期。外债负担重是造成这些国家汇率低估、货币贬值的重要因素。而国有银行不良资产比例高的情况在中国比较明显，较高的不良贷款率使中国银行系统十分脆弱。可以说中国的金融体系还处于比较脆弱的阶段，金融体制尚不健全，金融监管力度不足，存在爆发危机的可能性；从其他发展中国家和地区的情况看，如泰国、印度尼西亚、马来西亚和墨西哥等，金融市场的过早开放客观上为国际金融投资活动提供了便利条件。数量庞大的国际游资始终是威胁发展中国家金融安全的一大隐患。

### （六）中国经济的国际竞争力较弱

国家经济安全与符合中国特色的“安全经济”发展模式（科学发展观、循环经济理念、经济与环境之间的和谐发展观等）之间有着密切的相关性。国际竞争力可谓是国家经济安全的核心，而提高国际竞争力的关键就在于发展经济。由于中国和其他一些发展中国家产业结构类似，企业之间的竞争不仅存在于各自国家的市场，也会出现在发达国家市场，可以说企业之间的这种激烈竞争是国际产业结构调整过程中不可避免的阵痛。需要说明的是，中国对外贸易依存度的不断提高在很大程度上是外资企业造成的，而且是生产国际化分工的结果。跨国公司的全球化生产是根据其对国际市场较好的判断和把握来确定产量的，因而不大可能出现严重的生产过剩。比较而言，中国内资企业对市场的把握和控制能力较差，对国际市场的驾驭能力有限，容易出现闪失。目前中国对外投资还很少，随着更多中国企业“走出去”谋发展，维护国家经济安全的重任将变得更为复杂，中国海外的经济利益在很大程度上还将依靠东道国经济的安全。

## 二、影响中国国家经济安全的外部因素

在封闭的状态下，国际贸易和国际经济合作在一国经济中所占的比重微不足道，所以也就不存在经济领域的外来不安全因素或安全威胁。在全球化的背景下，封闭就意味着落后，只有开放才能促进发展。这已经是不争的事实。如果离开全球化的大背景来看中国经济的安全问题，似乎风险越来越大；但从世界范围来看，情况却基本正常。中国经济对外贸易依存度的增加和经济全球化和贸易自由化的大趋势是一致的。全球化的重要标志，主要体现在资源和生产国际化程度提高、市场开放度加大，使得各国之间的贸易、投资关联性增强。中国是跨国公司生产全球化配置的一个环节，总体来说，经济国际化程度确实提高了，但这并不一定会对国家经济安全造成威胁。庞中英通过分析 GATT/WTO 协议中的例外条款得出结论：国家安全“体现在一系列国际经济关系中”。人民币汇率、贸易增长、海外融投资、战略资源采购等，与中国相关的经济问题正越来越频繁地被政治化，中资企业参与国际经济活动的风险增加，成本提高，竞争力受到影响。由于中国尚缺乏应对国际经贸问题的足够经验，在经贸政策制定与实施时一旦考虑不够周详，就容易被人抓住把柄，信奉“中国威胁论”者会顺势予以鼓吹，其杞人忧天式的言行给中国政府带来压力；政治意识形态与文明上的差异使得欧美国家的一些政客动不动就把中国作为其国内问题的“替罪羊”。所以，“国际环境复杂多变，影响和平与发展的不稳定不确定因素增多，发达国家在经济科技上占优势的压力将长期存在，世界经济发展不平衡状况加剧，围绕资源、市场、技术、人才的竞争更加激烈，贸易保护主义有新的表现”，《中华人民共和国经济和社会发展第十一个五年规划纲要》已经粗线条勾勒出影响中国经

济安全的外部因素。下面就具体分析影响中国国家经济安全的外部因素。

### （一）经济全球化本身就对发展中国家的经济有很多不利影响

冷战结束后，发达国家积极推行经济全球化的目的是服务于资本的全球扩张，攫取发展中国家的经济剩余，巩固和提高其优势竞争地位。发从本质上看，达国家的战略意图具有争夺性和霸权性两种属性。争夺性表现为发达国家借经济全球化不断迫使发展中国家开放市场，加快进行经济渗透，并以此来争夺发展中国家的资源和市场。霸权性是指巩固和提高发达国家在文化、政治、军事、经济等领域的霸权地位。发达国家推行这项战略的政策举措有：维护现有的中心与外围的国际分工体系；技术封锁；把持国际游戏规则的制定权。在维护和加强中心与外围的国际分工体系上，发达国家凭借其拥有的经济技术优势、创新优势和国际规则优势将发展中国家置于国际分工阶梯的中低层次，而将自己放置在国际分工阶梯度的高层位置，以此来形成能使国际分工利益更多地向发达国家倾斜的国际分工格局。这样的国际分工格局对发展中国家极其不利，它不仅使发展中国家获利较少，而且还在事实上形成了发展中国家经济对发达国家的高度依赖性，这会严重削弱发展中国家抵挡发达国家传递经济危机、维护自身经济安全的能力。在技术方面，发达国家严格管制高新技术向发展中国家转移。据统计，世界上最大的569家企业（基本上属于发达国家所有），只有10.6%把技术创新放在国外。在经济全球化进程中，发达国家一直把持着游戏规则的制定权，如世界贸易组织的“绿色会议室”小圈子商议制度，能够“入室”商讨制定游戏规则的绝大多数是发达国家。这实际上等于剥夺了大部分发展中国家对制定和修改游戏规则的发言权和决策权。因此，现行国际游戏规则一直带有明显的偏向性和不合理性，它偏重照顾的是发达国家利益，而忽视或损害的却是发展中国家利益。例如，根据《北美自由贸易协定》，墨西哥政府承诺自1994年1月1日起，墨西哥将在十年内完全取消彼此间的农产品关税；在10年内取消对美、加银行及保险公司的限制，在十年内取消对证券公司的限制。韩国的市场开放程度本已很高，亚洲金融危机爆发后，为解救危机，韩国更是加快了开放的步伐，如取消对外汇、资本流通和利率的所有管制，逐步允许外国接管和收购部分韩国金融机构，开放国内汽车市场等。

### （二）外资对中国国家经济安全的影响具有两面性

资本的渗透力和影响力都非常强大，其所影响的范围不仅局限于经济领域，还涉及政治、经济和文化等各个领域；其影响深度也不仅停留在利益上面，甚至还会影响到人的思维方式和价值观，等等。但这些影响基本上都是间接的，直接的影响主要是对产业的影响。资本以追求最大利润为目标，天生具有建设性和破坏性，因而对产业的影响也表现为两方面，即有利的一面和不利的一面。首先，从外资本身来看，不同类型的资本的安全性和破坏性是不一样的。外国直接投资和间接投资（主要是证券投资）相比，前者强调长期性，所以安全性较大。直接投资又被分为新项目投资和跨国并购两种，新项目投资也叫绿地投资，强调实实在在的建设，安全性又大于以产权转让为特点的跨国并购。中国吸收的外资主要是生产领域的新项目投资，这部分外资是所有外资种类中最安全的。新项目投资都实实在在地投入到了中国经济的建设，外资企业是按照中国法律成立的，也已经逐渐在中国落地生根。其次，外资对中国经济发展起到不可替代的积极作用。外资来到中国后，不但缓解了中国经济建设资金不足的问题，而且在管理、技术、市场开拓等方面，都大大推动了中国和国际市场的接轨，使中国经济的国际化程度不断得到提高。即使给中国带来的利润相当有限的加工贸易，也对中国经济的发展起到了非常积极的作用。外资企业不仅解决了中国大量的就业，而且从组织生产到市场开拓再到产品销售等环节的具体做法，都给内资企业提供了参考和借鉴的经验，在一定程度上发挥了示范、带动作用。总体来看，外资对中国经济安全的影响是积极的。大量外资的进入本身就说明，中国的经济发展是健康的，安全是有保障的。从某种意义上可以说，投资者的信任就是国家经济安全的保证。

### （三）国际金融市场动荡

美国财政、贸易“双赤字”超过警戒线并继续扩大，引发全球经济失衡，加剧国际金融市场动荡，美元等主要货币汇率、黄金与石油期货等重要金融商品价格大幅震荡，金融风险持续积聚，而国际上至今还远没有形成相应的防范协调机制与驾驭能力。国际金融风险也会通过国际贸易、资本流动等途径向中国国内市场传递，对中国相关产业产生冲击。一段时期以来，在加入世界贸易组织过渡期结束以后，中国金融业改革出现加速推进的迹象。金融领域如果过于开放，势必会暴露中国金融业的“软肋”，加剧中国金融脆弱性，给虎视眈眈的国际游资提供可乘之机。

### （四）通货膨胀或通货紧缩输入

全面加入世界贸易组织后，中国将更深地融入国际经济体系，国内市场与国际市场的并轨将加快，一体化程度也将加深，国际市场的风云变幻对国内市场的影响将越来越大，影响国内经济稳定运行的外生变量会越来越多。其中，最值得关注的要数通货膨胀或通货紧缩的输入。在国内经济增长对国际贸易、国际投资都存在高依存度的情形下，国际原材料与中间产品价格上涨，以及中国产品销售市场（或人为设置贸易障碍，或因经济景气缘故而导致的）需求降低，都会愈发影响国内相关商品价格的起伏，因此，导致输入性通货膨胀或通货紧缩，从而拖累中国的经济增长、社会就业与国际收支平衡。

### （五）国际贸易保护主义蔓延，新贸易保护主义又有抬头

尽管经济全球化和贸易自由化是当今社会的发展潮流，但贸易保护主义依然存在，有时候还相当严重。目前，中国产品出口经常会遇到各式各样新老贸易保护主义的限制。在新一轮的国际产业结构调整中，这类摩擦恐怕会持续不断。例如，随着众多制造行业竞争力的降低，美国国内的保护主义、排外思想和孤立主义开始盛行，欧盟区域内“经济爱国主义”也随之兴起。与此同时，世界贸易组织体制下多边贸易谈判越发艰难。自 1995 年世界贸易组织成立以来，国外针对或涉及中国产品的反倾销、反补贴等调查案件累计高达 700 多起。全球每 7 起反倾销案件中就有 1 起涉及中国，中国连续 10 年成为遭遇反倾销调查最多的国家，每年约有 400 亿美元～500 亿美元的出口商品受到影响。而且还有迹象显示，针对中国的反补贴（影响更甚于反倾销）也在增加。随着中国对外贸易的迅速增长，针对中国的贸易与市场保护已经由发达国家蔓延至与“中国制造”相竞争的发展中国家。数据显示，发展中国家对华反倾销调查已占涉及中国此类调查总数的 60%。

### （六）知识产权纠纷加剧

为了强化垄断优势，持续获取垄断利润，发达国家越来越关注知识产权，甚至视知识产权为生命线。据统计，目前，中国对外技术依存度为 54%，科技对经济的贡献率为 39%，而美国、日本、芬兰等 20 多个全球公认的创新型国家，其对外技术依存度低于 30%，科技对经济的贡献率高于 70%。中国对外技术的高依存度以及发达国家经济对科技的高度依赖，使得中国与发达国家之间在技术转移上的摩擦更加突出。中国被美国等一些发达国家列入侵害知识产权国家的“黑名单”，受到重点“关照”。可以预期，因知

识产权而滋生的双边贸易摩擦将进一步加剧。

### （七）国际资源争夺白热化

“资源决战”被美国前总统尼克松称为“已经开始的第三次世界大战”。这场接近白热化的大战所争夺的，不是传统上的对实际资源的拥有权与开采权，而是资源的定价权与标价权。由于金融资本与金融寡头在资源期货市场处于垄断地位，因此，就对国际油价的影响力而言，一些石油炒家已经超过了海湾国家的石油部长。与此同时，金融资本与金融寡头在资源期货市场兴风作浪，石油、铜等重要矿产资源价格大幅波动，这一趋势在未来相当长一段时期将有增无减。中国经济快速增长，对国际资源的依赖迅速增加，毫无疑问面临着巨大的市场风险。

### （八）跨国公司“攻城略地”

近年来，跨国公司利用中国股市低迷，上市公司市值被严重低估的困境，加紧在中国“攻城略地”，实施廉价并购，而且目标集中于中国传统产业中的龙头企业，力争绝对控股。外资企业已在日用化工、啤酒饮料、医药、物流等领域占据明显的垄断地位，它们正积极向钢铁、水泥等资源类行业，房地产等资产类行业、机械制造业以及金融服务业步步逼近，并开始实施掠夺式、垄断性并购。由于国内存在着盘根错节的部门利益与地方利益，跨国公司的垄断性并购得到相关部门与地方政府的许可默认甚至是协助，“洋进国退”不仅没有放缓，反而在加速推进。这直接威胁到中国相关产业的安全，并将严重影响“十一五”科技创新战略目标的实现。

### （九）以美国为首的国际金融强势压力

美国在财政赤字不断攀升、屡创新高，贸易收支严重失衡的危险情形下，为什么还能安享经济的持续繁荣？它凭借的就是金融优势。金融作为一国经济核心，已成为与传统海权和陆权同样重要的战略要素。自20世纪80年代以来，美国在制造业领域的比较优势丧失殆尽，而在金融领域的竞争优势日趋明显。2004年底，美国在全球GDP中的比重约为34%，但美元在全球外汇储备中的比重为64%，在全球外汇交易中的比重为62%，在全球贸易结算中的比重为66%。美国资本市场在世界上遥遥领先，占全球资本市场市值的比重由1988年的28%提高到2004年的52%，第二位、第三位的英国、日本分别只有10%与7%的份额。历史上，美国曾利用“资产冻结”、“石油美元”牵制苏联；施压日元升值，限制日元国际化，遏制快速崛起的日本；破坏汇率机制与钳制欧元，应对欧洲经济一体化的冲击。如今，用经贸敲打中国正成为美国遏制中国的重要手段。美国不断以贸易逆差与操纵汇率等为借口，制造一轮又一轮摩擦，力压中国超越加入世界贸易组织承诺，加大金融业开放，力图使中国落入类似《广场协议》的陷阱。

## 三、经济全球化挑战中国地方财政

地方财政是国家体系的重要组成部分。在中国，目前地方政府的财政支出占全部开支的比重高达70%，以此而言，地方财政已经成为整个国家财政的主体。随着社会经济的发展，地方财政在支持地方政府向当地居民和公司提供公共服务，为经济发展创造良好环境方面，发挥着越来越重要的作用。然而，经济全球化迅速发展对地方财政也构成重大的压力与挑战。

### （一）经济全球化会加剧地方财政的支出压力

与中央政府一样，地方政府也是经济全球化进程的积极参与者。一般来讲，经济全球化会加剧中央政府和地方政府的支出压力，但地方政府的支出压力更为突出。其原因来自两个方面。

第一个方面是资本流向和跨国公司的区位抉择，使地方政府需要大量公共开支来提供良好的公共服务，以此营造良好的投资环境以便在全球范围内吸引资本流入。

经济全球化的一个基本特征是资源和信息的高度流动性，尤其是资本的跨国流动无论在规模还是速度上都给人以深刻印象。在此背景下，几乎所有的国家都被卷入了日益激烈的全球资本争夺战中。中国等新兴市场国家和地区，更是使出了浑身解数。

在强化区位财政优势以增强对资本流入的吸引力方面，包括公共开支、税收、赤字和政府债务在内的财政总量是中央政府经常关注的因素，影响区位吸引力的这些总量因素主要是由中央政府调控的，地方政府在财政稳定政策方面的作用有限。而大多数公共服务（典型的是公共基础设施）是地方性的，它们在地理意义上缺乏流动性，因此，诸如公路、电讯、基础教育、治安等地方性服务构成了重要的区位要素。提供地方公共服务与营运区位优势主要是地方政府的责任，因此，地方政府在这些方面的开支具有极大的压力。

许多人认为，与中央政府相比，许多地方政府在全球化进程中目光更敏锐，对资本流动和流向变化的反应更为迅速。因此，许多国家的宪法与法律赋予地方辖区（包括联邦制国家中的州）以充分的财政自主权，使地方辖区能够比中央政府更为灵活地调整税率和公共支出，从而为展开旨在吸引外资的辖区间税收竞争和公共服务竞争，提供了必要的制度保障和相对有利的条件。更重要的是，大多数地方政府可以利用广泛的措施在本地经济发展中起重要作用，例如为投资者建立提供信息的咨询机构，改善环境和基础设施，实施培训计划以及为新产业提供适当的场所。

第二个方面是经济全球化加剧了地区间经济社会发展的不平衡性。一般跨国公司和资本总是率先流入经济相对发达的地区。中国东部地区吸引的外国直接投资占全部直接投资总量的比率高达到

80%，西部地区还不到20%。为了缩小日益扩大的地区差距，贫困地区也会与发达地区一样，积极卷入对资本流动的争夺战中。为此，贫困地区就得拿出大量资金来改善本地的基础设施和其他地方性公共服务，其支出压力要比发达地区大得多。

### （二）经济全球化会加剧地方财政的融资困难

与支出方面的情况正好相反，经济全球化的发展倾向于削弱地方政府的征税能力，而且这种削弱程度比对中央政府征税能力的削弱程度更高一些。

与国家间流动性相比，经济全球化在更大程度上增强了资本、劳动等生产要素在辖区间的流动性。国家间的流动性总是受国家边界、关税、人文（如语言）和地理因素的更多限制，一国内部各辖区间则可免受或极少受到这些限制。辖区间的流动性意味着地方辖区对税基的控制能力比中央政府更弱。

由于流动性日益增强，那些对资本和所得征收高额税的地方辖区，等于是冒把资本和富裕的纳税人赶出本辖区的风险。由于资本和其他生产要素很容易流出本辖区，那些实施低税率或其他税收优惠措施的地方辖区就会获得竞争优势。与前者相比，低税率辖区将因吸引大量资本流入而在经济上实现繁荣的同时，产生大量的税收收入。这样一来，每个辖区都会有足够的动力实施低税率和其他财政优势措施。在没有适当的法律框架进行管制的情况下，各地方辖区很容易陷入恶性的税收竞争中。作为结果，地方政府通过地方税收为其支出融资的能力就会受到普遍的削弱。

在法制不健全的条件下，虽然地方政府在法律意义上不拥有财政自主权，不能设定或变更税率与税基，但由于中央对地方执法实施监管所面临的固有困难，地方政府在财政政策方面实际拥有的“自由裁量权”，比理论上所能容许的要大得多，由此形成的“中央（法律）决定名义税率，地方决定实际税率”的情况，在中国各地是极为普遍的。经济改革以来，中国的地方政府积极地实施区域发展政策，想方设法营造区位优势以吸引要素流入，其中使用了许多对其他辖区有害的财政措施，包括以不正当手段吸引甚至贿赂外地纳税人在本地纳税，对在本地销售的外地商品征收更高的税费，以及违背税法越权实施减免税以吸引外地公司和资本的流入。在法制不健全的情况下，辖区间的税收竞争虽然也能带来某些利益，但总体上是有害的，它不仅扭曲了以市场为基础的资源配置规律，也削弱了地方政府对税基的控制能力和为其支出融资的能力，限制了地方政府能够自由选择而又不至于产生大问题的税种数量，加剧了地方财政的困难。

税收融资的困难和支出压力的加剧，使地方财政的收支比中央财政更加难以平衡。地方政府在借债方面的固有困难和受到的种种限制，将进一步削弱地方财政的地位。结果，地方政府对财政分权的愿望和呼声将高涨，同时，对中央财政的转移支付的依赖将进一步加剧，从而导致政府间财政关系出现某些微妙的变化。如果没有来自中央政府的资助，或者对地方政府举借公债施加过于严格的限制，地方政府出现持续的财政赤字的可能性将变得非常高，财政困难将持续加剧。

### （三）尝试地方政府举债，加强地方财政融资能力

考虑到地方政府是经济全球化进程的关键参与者和地方财政困难的加剧，因应挑战的基本要求是巩固和加强地方财政，特别是加强地方政府的财政融资能力，使地方政府有更强的能力参与和推动经济全球化进程，并在全球化进程中抓住机会来促进本地区的经济繁荣和居民福利水平的提高。

据粗略统计，中国全部地方政府债务至少在10000亿元以上，并且绝大多数都属于隐性债务，这还不包括数额巨大的或有债务。近10年来，中国省一级财政总体上是赤字运行。省级财政缺口占

GDP 的比重，总体上呈上升趋势。从分布上看，东部地区的负债率相对较低，中西部地区的负债率相对较高。地方政府财政赤字和债务规模过大危害严重，而且，在地方债务数据不全或者根本没有数据的情况下，金融机构容易增加对地方的贷款，从而增加不良资产，加剧金融风险。

缓解地方财政困难的途径有许多，其中一个可行的办法是从法律上允许地方政府举债。

首先，要摸清地方债务规模，明确和规范地方政府的相关责任。地方政府举债不仅是为公共资本支出提供资金，促进经济和社会的协调发展，同时，在不少地区也是为了偿还旧债。当务之急是弄清地方债务规模，为地方公债制度的建立做好准备。另外，明确和规范政府责任也势在必行。

其次，要逐步建立健全地方公债制度，确立财政规则，加强风险管理，积极发展风险评估机构。还要建立约束机制，强化财政监督。加大地方预算透明度，让中央政府、地方人民代表大会和市场参与者（投资者和信用评估机构等）能够充分监督。还有，鼓励独立的评级机构参与地方政府的评估。在不影响国家主权的情况下，中央政府可批准一些国际知名评估机构在华从事地方政府的评估活动。

再次，分阶段实施。中国市场经济体制的完善需要较长时间，不可一蹴而就。因此，在地方债券市场的建设初期，可以通过发挥市场和中央政府的作用来规范地方政府的债务发行。由于省一级政府防范地方过度发行债券的制度能力较弱，建议中央政府、各级地方政府和市场都参与地方政府的举债程序。债务发行程序应首先通过省级政府来帮助完成，同时省政府提出的建议必须符合地方政府的财政规则并经地方人民代表大会批准通过。地方政府能否举债，还要经由评估机构的独立评级之后才能进行。地方举债规模要经有关部门（如财政部、国家发展与改革委员会）批准。地方政府一旦获准举债，就必须定期提供中介机构的独立审计报告。

从中长期来看，中国可实施市场制约下的地方政府举债模式。一旦市场能够有效地监督和规范地方政府财政，中央政府就应从地方政府债务发行程序中退出。这就向市场投资者表明了中央将不再提供相关的财政担保，各省将逐步完全为其政府债务的发行、管理和偿还等事项负责，届时考虑到地方政府潜在债务拖欠风险后的市场价格机制将充分形成。当然，由于贫困地区的经济和社会发展水平偏低，其财政信用评级可能不高。相应地，这些地区的债券市场利率会偏高，为了提高其信用等级，中央政府要提供必要的担保或其他政策扶持，如政策性贷款、免征或减征地方债券收益所得税等。

另外，中央政府应设计一套针对地方政府的恰当的转移支付体系。在经济全球化进程中，地方财政的困难会导致其越来越依赖中央政府以更多的转移支付去资助地方（教育、卫生和公路等）项目。这一通过国家财政提供地方公共资金的体制，自然引起各区域为获得中央资助而开展激烈的竞争。公正有效地分配转移支付日益成为人们关注的焦点。在这种情况下，设计一套良好的转移支付体系变得非常重要。

## 四、利用 WTO 体制维护中国国家经济安全

经济全球化，以及世界贸易组织的建立，追求的目标是互利共赢，虽然综合国力和国际竞争力是取得优势的基础，但在国际经济协作背景下，特别是在 WTO 体制和区域经济一体化的机制之下，竞争并不是你死我活的决斗。过去人们常说“落后就要挨打”，在全球化的竞争中，大家都遵照共同制定的游戏规则，虽然国力强大更容易获胜，但一方获胜并不意味着其他方失败，因为金牌后面还

有银牌、铜牌，落后也不一定会挨打。这种变化总的来说对各国都有利，尤其是使发展中国家看到了更多的希望也增加了更多的自信。事实上，国力的强弱都是相对而言的。全球化进程之所以能够加快，各主权国家合作意愿的增强也是重要的原因。这样就在一定程度上降低了竞争的残酷性，使得世界又多了一些和谐的音符。当然，全球化并不是一帆风顺的，个别国家在这一过程中受到伤害的可能性依然很大，中国也不能完全把这种伤害置之度外。

通过国际合作防范和解决经济危机的努力，实际上已经进行了很多年。早在第二次世界大战时期签订的《大西洋宪章》就以协议的形式做出承诺，保证“所有国家，不分大小，不分战胜国或战败国，都有进一步参加世界贸易和获得原料的同等机会”。战后布雷顿森林体系也是针对导致世界大战的极端民族主义而建立起来的。GATT/WTO 在推动贸易自由化和经济全球化方面，更是取得了巨大的成就。但很多矛盾并没有得到解决，特别是发达国家和发展中国家的矛盾还很严重。一些发达国家尽管高唱着经济全球化和贸易自由化的高调，但丝毫不愿看到发展中国家在其中获得更多优势，甚至还不惜经常遏制和打压发展中国家表现出来的某些竞争优势。伴随着经济的全球化，资本家的敛财手段也日趋多样化。一些跨国公司经常巧妙地进行价格转移，还通过其强大的母国政府和受其左右的国际组织竭力推动资本的自由流动，并经常拿出某些规则对发展中国家必要的防范措施进行无理地谴责。一些发展中国家为了在开放市场和顺应全球化的进程中受益，同样要争取更多的利益和维护本国经济的安全。

就具体的某个国家而言，主观上最优先考虑的是自己的利益，最为关心的也首先是自身的安全。尽管实力不是国家经济安全的绝对保证，但却是在竞争中获得优势的保证。无论是美国的《国家安全战略报告》，日本的《以确保经济安全保障为目标》，还是俄罗斯的《俄联邦国家经济安全战略（基本原则）》，依然一致认为，国家实力的增强和竞争力的提高是保障国家经济安全的首要前提，落后是最大的不安全。实力强大的发达国家不但控制着全世界大部分财富和技术，而且还主导着全球经济的方向和秩序。全球化在一定程度上意味着国际竞争的白热化，由竞争引发的动荡势必会对某些国家的利益造成伤害。在开放程度较高的情况下，一旦某个国家的经济安全受到严重损害，甚至引发经济危机，就很有可能在相互开放的经济体之间迅速传播，造成连锁反应，使破坏面扩大。对此，各国都不能掉以轻心，广大发展中国家尤其应高度警觉。

### （一）在发展中解决发展中的问题，用开放应对开放中的危机

在当今世界，各国经济不断发展，不发展就意味着落后和被动挨打，也就谈不上什么经济安全。一个国家的经济安全程度取决于该国的经济发展和综合实力，国内经济实力的显著提升，可以大大弱化、稀释、缓冲乃至消除全球化中的诸多风险。固然，在发展的过程中将会遇见不少难题，然而，只有在发展中去解决发展问题才能保持持续发展。对中国来讲，经济发展则意味着经济结构和产业结构的不断调整、经济制度的不断创新、经济效益的不断提高以适应新的国际经济环境，提高综合国力和国家竞争力。

中国加入WTO之后，中国对外开放格局由过去有限范围、局部领域的开放转变为全方位的对外开放，造成经济不安全的因素增加。然而，封闭更加不安全，闭关锁国的政策已被历史证明是行不通的。所以，我们虽不能以牺牲经济安全的代价来换取对外开放，但也不能将对外开放作为一种目的，而是要将其作为一种手段，通过对外开放实现经济的发展，在推动经济发展过程中维护国家经济安全。同时，也只有通过对外开放，在扩大开放的实践中寻求安全防范机制的建立，在对外开放和经济发展的实践中构建经济安全预防机制的观念，增强在涉外经济事务中的经济安全意识。

### （二）全面融入多边贸易体制，参与 WTO 规则的制定

WTO 体制下的全球经济安全体制是以发达国家之间的贸易规则为基础建立起来的，在很大程度上代表着发达国家的利益。在这种情况下，中国如果要维护自身的国家经济利益，就必须全面融入到多边贸易体制中，成为国际经济竞争规则的制定者。不少经贸强国的经验证明了这一点：第二次世界大战后美国凭借着强大的政治与经济实力，在推行多边贸易体系的建立中发挥了主导作用，从而成为多边贸易体制最大的受益者，这也是其实现国家经济安全的首要途径；日本多年来则一直坚持“贸易立国”的国家经济安全策略，力保资源供给及海外市场的稳定需求；欧盟则通过 WTO 多边贸易体制加强与发展中国家合作，挑战美国的霸主地位。所以，作为 WTO 成员中的一个发展中大国，中国应当积极参与 WTO 规则的制定，在规则制定过程中确保公平合理，并注入全球安全和可持续安全的观念。

### （三）加强区域经济合作，分散国家经济风险

WTO 并不反对各成员参与区域经济合作，主要发达成员也积极地参与区域经济合作以共同防范和分散经济风险。美国与墨西哥、加拿大签署《北美自由贸易协定》，与南美国家建立美洲自由贸易区，与欧盟、以色列、亚太国家、非洲国家等均有区域合作关系；欧盟本身就是一个强大的区域经济，并不断扩大范围，签署《洛美协定》、与拉丁美洲国家建立自由贸易区，积极参与亚欧经济合作等；日本则积极改善与东南亚的经济贸易关系，强化与美国合作，扩大与中东、拉丁美洲和非洲发展中国家的关系。这些国家都通过区域经济合作来完善其经济安全战略，分散国家经济风险。在多边、双边贸易关系相互依托、共同协调发展以及多边协议无法取代区域协议的情况下，维护中国的经济安全，也需要加强区域合

作，包括建立大中华自由贸易区、积极参与亚太经济合作组织并发挥主导作用、参与东盟“10+3”的区域经济合作等。通过参与这些区域经济合作，努力改善国际经济竞争环境，相互创造一个更适合的发展环境，促进区域经济共同发展。

### （四）利用WTO救济体系与争端解决机制维护正当经济利益

为保障各成员的经济安全，WTO建立了包括反倾销、反补贴和保障措施的贸易救济体系，随着中国对外开放程度的不断扩大，发生贸易摩擦的可能性也相应地增大，所以，中国需要充分、合理利用这些救济措施维护自身的正当经济利益。中国在WTO《反倾销协议》中的非市场经济地位使中国在今后较长一段时间内处于一定程度的权利与义务失衡状态，因此，中国在符合WTO规则条件下建立和完善自身的反倾销机制维护中国国内产业和经济安全的同时，也要防止别的成员对中国反倾销的滥用。在反补贴方面以及保障措施方面中国均面临着不公正的待遇。因此，在运用贸易救济措施维护中国正当经济利益时，也需要反对其他成员在实施贸易救济措施过程中的种种歧视性待遇。需要注意的是，中国利用贸易救济措施时要谨慎考虑，不能保护落后，需要权衡损害与保护的效果，也要防止其他国家的报复行为。

### （五）运用针锋相对的策略，应对来自各个方面的冲击

针锋相对策略是的策略不是针对所有国家，不是强词夺理，也不像某些国家那样搞多重标准，而是有针对性地、理性地、实事求是地捍卫中国自身的主权利益。此前中国曾运用这一策略，并取得了成功。例如，与美国的一次较量，事发于1996年5月15日，美国以所谓“中国没有令人满意地履行1995年知识产权保护协议”为由，公布了一份总额为30亿美元的对中国进行贸易制裁的初步清单，声称如果中国不采取措施，美国将从1995年6月17日起对

价值约20亿美元的中国出口到美国的商品征收惩罚性关税。美方宣布，自清单公布之日起，将有30天的时间供公众评论以及举行公开听证。在评论和听证的基础上，将把制裁总额压缩到20亿美元左右。就在美国方面公布其对中国进行贸易制裁清单的当天，中国外经贸部即公布了中国对美贸易的反报复清单。中国外经贸部在其发表的公告中指出，鉴于美国贸易代表无视中国在保护知识产权方面所做出的巨大努力以及为保护知识产权而采取的一系列有效措施，单方面宣布对华实施贸易制裁，根据《中华人民共和国对外贸易法》第七条关于“任何国家或者地区在贸易方面对中华人民共和国采取歧视性的禁止、限制或者其他类似措施的，中华人民共和国可以根据实际情况对该国家或者该地区采取相应的措施”的规定，为维护国家主权和民族尊严，对于美国的贸易制裁措施，中国将不得不采取相应的反报复措施。中国的反报复措施包括：对原产于美国的农牧产品、通讯设备等除正常征收进口关税外，加征税率为百分之百的特别关税；暂停进口产于美国的电影、电视片及录像带、录音带、激光唱盘、激光视盘等音像制品；暂停受理和审批美国农药、药品制造商根据中国农业化学物质产品和药品行政保护条例所提出的申请；暂停受理和审批美商在华投资设立商业、旅游、内外贸企业并暂停受理和审批美国商业、旅游、内外贸企业在华设立分支机构和代表处。中方同时宣布，以上措施将于美国对中国出口产品贸易报复措施生效时生效。这次针锋相对的较量，迫使美国重新回到谈判桌上来，经过谈判得到合理解决。

关于2005年美国与欧盟对中国纺织品设限问题，中国政府为了平衡与美国、欧盟的纺织品贸易，曾采取自主地限制中国纺织品的出口，降低出口增幅，降低出口退税率，实行纺织产品的出口自动许可，以及对某些纺织品加征出口关税等十项重要措施。但是美国与欧盟仍然不依不饶，接二连三对中国纺织品实施数量限制。在这种情况下，中国政府断然决定对81项纺织品取消征收出口关税，从而有力地保护了中国的民族经济。

只要我们有理、有力、有节地采取针锋相对的策略，在国际间关税领域的斗争中，就会立于不败之地。根据目前的形势发展来看，中国针锋相对的策略使用得不是过多，而是很可能还不够。正因为以前中国没有及时采取针锋相对的策略，致使对方以为中国不敢采取报复措施，因而变本加厉地对中国实行反倾销。为此，今后中国还应不失时机地采用这一策略，以维护中国的主权利益。

应密切关注进口商品对中国市场的影响。随着中国对外贸易的发展，进口商品不断增加，这对满足中国国内市场的需求起到了重要作用，也有力地促进了中国的科技进步和管理水平的提高。但我们也不能不看到，一些国家的商人，为了追求高额利润，对中国进行恶意倾销，严重干扰中国的国内市场，损害了中国人民的经济利益。在这种情况下，我们应该不失时机地运用《关税与贸易总协定》所赋予的保障条款，保护本国市场，捍卫中国的权益。中国加入世界贸易组织以来，保障条款虽然运用得不多，但也取得了一定的经验。例如，中国反倾销的第一案——美国、日本、韩国铜板纸案：经过长达一年的调查、取证，于2002年11月26日，中国对外经济贸易合作部和国际经济贸易委员会联合发布公告，初步裁定原产于韩国、日本、美国的铜版纸对中国存在倾销行为，并对中国铜版纸企业造成了明显的损害，决定从2002年11月26日起，对原产于上述3个国家的铜版纸征收5.58%～71.02%不等的倾销保证金。这是中国加入WTO后第一起进口反倾销案。自此以后，至2005年8月，中国已对39起反倾销案件中的22起做出终裁，并征收反倾销税。其中涉案金额最大的是冷轧板卷反倾销案，涉案金额达17亿美元。

### （六）推行全球共同安全、同时安全和可持续安全观念

当今世界是一个开放的世界，是一个紧密联系的世界，WTO

体制更强化了这种开放与联系。因此，在国家经济安全的问题上，需要以历次经济危机和金融危机为借鉴，在世界范围内提倡和推行全球共同安全、同时安全和可持续安全的观念。让所有国家都意识到他们坐在同一艘船上，一国有难，各国遭殃，要求各国在维护本国经济安全时，也要考虑别国的经济安全；只有别国经济安全，本国的经济才能更安全。这样，中国就可以拓展国家经济安全的国际空间，以便结成最广泛的国际经济安全同盟，加强中国国家经济安全的基础。要推行全球共同安全、同时安全和可持续安全观念，中国需要全面参与多边及区域经济一体化。

一是大国相互借重有所上升，安全合作得到加强。当前，大国之间相互借重合作与相互防范竞争并存，但相互借重与合作的一面更加突出，在包括经济安全在内的更广泛的安全领域内的共同利益在增加。中国与其他大国间的战略对话与安全合作不断加强。中美元首在不同场合的多次会晤中一致认为，两国在解决地区热点问题，维护区域政治经济稳定等重大问题上拥有广泛的共同利益，肩负着重大的共同责任。中俄两国启动了国家安全磋商机制，在上海合作组织建设等国际和地区安全问题上密切配合。中欧关系已形成全方位、宽领域、多层次推进的良好局面，中国与英国、法国、德国等欧洲大国建立了定期磋商机制。俄欧签署“战略伙伴关系路线图”，就建立经济、内部安全、外部安全和科教文化四个统一空间达成一些重要共识。各大力量围绕国际热点问题的合作趋于加强，特别是中美俄等各方加强协调等等，都表明大国间在地区安全问题上共同利益增多、合作趋强。

二是各国大多以社会经济发展为主要政策取向，和平协商解决争端的途径得到加强。各国经济相互依存程度进一步上升。更多国家把经济发展作为主要政策取向，营造更有利于自身经济发展的和平环境，和解与对话日益成为国与国之间解决争端的主要途径。

三是多边对话与合作日趋活跃，多边安全机制得到加强。作为多边安全机制的核心，联合国正在发挥更大作用。在印度尼西亚雅加达举行了东盟地震和海啸灾后问题领导人特别会议，此次会议在灾难发生后仅十余天即迅速召开，形成了第二次世界大战后最大规模的全球救灾赈灾行动。美国遭受飓风袭击和巴基斯坦地震后，国际社会都采取了及时有效的救援行动。禽流感问题国际会议通过了指导国际社会抗击禽流感的行动步骤，以及一项总额 10 亿美元的抗击禽流感全球行动计划。能源安全和能源通道安全合作引起重视，中国、日本、韩国、印度 4 国与沙特阿拉伯等八个中东产油国在印度新德里召开了主题为“地区合作：能源安全的关键”的国际会议，重点讨论了能源安全问题。在马六甲海峡安全问题上，印度尼西亚、马来西亚、新加坡三国加强了海上联合巡逻；印度尼西亚、马来西亚、新加坡、泰国四国正式启动了联合空中巡逻机制。

## 五、关注零关税的影响，保护本国经济和本国市场

零关税最早提出是在《关税与贸易总协定》东京回合所签定的《民用航空器贸易协议》。这个协议只是一个多边协议，签约方对民用航空器及其产品实行零关税。乌拉圭回合中，美国提议分两个阶段实现零关税：第一阶段从 2005 ~ 2010 年，所有关税率在零至 5% 之间的工业制品，进口关税率降低到零关税；其他现行的高关税商品进口关税降低到 8%。第二阶段从 2010 ~ 2015 年，所有其他商品的关税也降低到零关税。这一倡议促使其他缔约方根据同样的考虑，提出了其他一些零关税部门。结果，乌拉圭回合中完成谈判的零关税部门扩展至药品、纸、钢材、农用机械、建筑机械、医疗设备、家具、玩具、啤酒 10 个部门，用 5 ~ 10 年的时间逐步实施零关税。但是参加的《关税与贸易总协定》缔约方并不多，

主要是美国、欧盟、日本和加拿大。如药品零关税安排，签约方只有欧盟、加拿大、日本、中国澳门、挪威、捷克、斯洛伐克、瑞士和美国。在中国“复关入世”的谈判中，WTO一些成员曾要求中国承诺参加上述零关税安排。根据减税计划，到2006年中国和东盟之间大概有600种左右的农产品要实现零关税，这个降税计划的实施，难免对中国部分地区、部分农产品的生产造成一定影响。大陆将对10余种台湾水果实行零关税。内地与中国香港“更紧密经贸关系安排（CEPA）”已经达成协议，这意味着内地与中国香港的贸易将实现零关税。2004年，中国进口家具关税为7%。根据WTO协议，从今年1月1日起，进口家具关税下调为零。

实施零关税，美国是最大的受益国。根据密歇根大学的一项研究：零关税给美国带来的就业机会增加和工资提高将使美国经济规模扩大950亿美元，将使美国出口每年增加830亿美元。美国贸易代表佐立克则称，新方案可使美国每个家庭每年获益1600美元，尤其是低收入家庭受益更大。对发展中国家来说，并没有实在的利益。因为发展中国家的关税税率普遍偏高，零关税会使发展中国家的关税收入大幅度减少，所以发展中国家签署这一协议的不多。对中国的关税也是有影响的，只是因为中国近年来进出口数额大幅度增加，致使关税收入不降反增，零关税对中国的影响并不明显。如果扣除中国进出口增加而带来的关税收入的增加部分，中国关税收入实际上是下降的。

美国一方面鼓吹零关税，一方面又以提高进口中国商品的关税相威胁，要求人民币升值。据报导，美国国会一些参议员称，如果中国不改变现行的人民币汇率制度，他们就将在国会提出议案，建议对来自中国的进口商品加收27.5%的关税，企图以提高关税迫使人民币升值。

实践证明，在中国加入世界贸易组织之后，关税水平会不断降低，以关税壁垒的手段保护本国经济的做法已不合适宜，但面对来自外国的商品倾销也不是束手无策的，只要我们准确把握市场的发展变化，密切关注进口商品对中国市场的影响，不失时机地运用WTO的保障条款，就能有效地保护本国经济和本国市场。

特别是在零关税进口商品不断增加的情况下，密切关注这些商品对中国市场的影响更为必要。目前由于零关税进口的商品品种不多，涉及的国家和地区也不多，而且有些都是中国内部不同区域之间的事情，因而对中国经济还无太大影响。但是随着时间的推移，零关税进口商品的品种将会不断增加，涉及的国家也会越来越多，所以中国对零关税进口的商品，不能掉以轻心，而要密切关注零关税进口商品对中国市场的影响。

总之，中国要最终实现安全经济，需要做出正确的战略选择。应加速建立健全维护国家经济安全的决策组织、快速反应体系以及监控预警体系，及时搜集相关信息，做好监控预警工作，加快决策速度、加大决策力度、加强执行反应灵活度，充分发挥政府部门的管理和协调职能；建立起一整套完备的法律和相关的制度体系，以做到责任明晰、有法可依、有章可循，避免遇到突发事件和危机时，影响对危机管理的效率和质量；做好突发事件和危机之后的修复重建规划设计和制度安排，保障后续人、财、物科学合理的支持，建立相关责任人和责任制度，形成通畅的国际援助和使用机制。逐步解决和控制一些可能导致危机局势再度发生的各种经济和社会问题，巩固危机管理的成果。建立专门的国家经济安全机构、资源储备和保障体系以及有关国家经济安全的风险监测机构和组织，研究和制定国家经济安全战略和策略，对可能威胁国家经济安全的各种因素进行监测，化解不利因素。制定国家经济安全法规，把国家经济安全纳入法制化的轨道。此外，继续深化改革，提高政府宏观管理和决策水平，积极参与建立和健全合理的国际经济规则。只有这样，才能使中国在经济全球化的背景下获得更多的经济利益、降低经济风险。综上所述，国家安全经济的发展，必须建立在国家经济安全得到充分保障的前提之下，这样才能最终真正融入国际社会、改善生存环境、参与规则制定、表达独立声音、实现经济可持续发展与科学发展，才能真正维护国家主权独立、实现经济发展与社会的全面进步。

# 第九章　经济危机背景下的中国财政对策

## 一、历史上的重大经济危机

经济危机，西方资本主义经济发展的必然产物，是资本主义经济发展过程中周期性爆发的生产过剩的危机。随着全球经济一体化的逐步深入，经济危机已不再是资本主义社会的专利，其波及范围越发广泛，影响程度越发深远。尤其是2008年全球金融风暴，几乎波及到全球各个角落，足以导致世界经济在一段时期内停滞不前。自1825年英国第一次爆发普遍的经济危机以来的近两百年间，资本主义经济从未摆脱过经济危机的冲击，大约每十年就会发生一次。如1837年、1847年、1857年和1866年都曾发生。

每次经济危机中，“危”与“机”都是并存的，经济危机造成了生产力倒退、工人失业、社会动荡等问题；但另一方面，经济危机也促进了资本主义的发展，物竞天择、适者生存，自然法则和经济规律有着先天的共性，每一轮危机过后，经济又走向新一轮的发展。因此，面对经济危机，这个造访我们社会主义市场经济的新客，我们该如何从容应对，怎样抓住“危”中之“机”是一个非常值得探讨的问题。我们不妨先回顾一下历史上曾发生过的几次重大的经济危机，或能从中得到一些启示。

### （一）郁金香泡沫

郁金香狂热，世界上最早的泡沫经济事件，1637 年发生在荷兰。郁金香美丽迷人而又稀有，当时大受荷兰喜爱。一些投机商开始大量囤积郁金香球茎以待价格上涨。在舆论鼓吹之下，人们对郁金香的倾慕之情愈来愈浓，最后对其表现出一种病态的倾慕与热忱，以致拥有和种植这种花卉逐渐成为享有极高声誉及财富的象征。人们开始竞相效仿疯狂地抢购郁金香球茎。随着投机行为的发展，一大批投机者趁机大炒郁金香。一时间，郁金香迅速膨胀为虚幻的价值符号，令千万人为之疯狂。郁金香的价格上涨了几百倍甚至几千倍。当一株郁金香还在地里生长的时候，其价格就可能达到二十个熟练工人一个月的收入总和。投机分子的炒作行为吸引了工匠和农民进入了郁金香交易市场，他们没有充裕资金，只能交易低档或是一般品种的郁金香，导致郁金香价格的全面抬升。市场交易模式至此也开始改变，逐渐出现全年交易及期货交易。这种交易不需要使用现金或是现货的球根，而是交易远期承兑票据。买卖双方通过支付一定比例的预付款即可完成交易。这种预付的制度也吸引了不少完全没有资金的投机者参加，因此需求量再次膨胀，泡沫覆盖范围越来越大，就算是原本便宜的品种也价格飞涨。

所有的投机狂热行为有着一样的规律，价格的上扬促使众多的投机者介入，长时间的居高不下又促使众多的投机者谨慎从事。令人意想不到的是，一个偶然的小事件引发了历史上第一次经济大恐慌。一个外国水手，他不知道荷兰国内正在掀起郁金香投机潮，将船主的一株名贵的郁金香球茎当作佐料就着鱼吃掉了。这价值几千金币的球茎在一个陌生人眼里竟如同洋葱，是水手疯了，还是荷兰人太不理智了。于是谨慎的投机者开始反思这种奇怪的现象，反思的结果无不例外地对郁金香球茎的价值产生了根本性的怀疑。极少数人觉得事情不妙，开始低价卖出球茎，一些敏感的人立即开始仿效，随后越来越多的人卷入恐慌性抛售浪潮，暴风雨终于来临了。郁金香球茎的价格一泻千里，一星期后，一根郁金香的价格几乎一文不值，其售价不过是一只普通洋葱的售价。郁金香狂热时代就此结束，荷兰经济陷入了长期的萧条，从此再无缘于世界头号帝国的宝座。“郁金香现象”也成了经济活动特别是股票市场上投机造成股价暴涨暴跌的代名词，永远载入世界经济发展史册。

### （二）南海泡沫

18 世纪初，英国经济兴盛，储蓄膨胀，民众闲置资金充裕。而当时股票的发行量很少，拥有股票还是一种特权。在这种大环境下，南海公司嗅到牟取暴利的商机，遂以贿赂英国皇室以及政府等方式，换取了股票经营特权。因公众对股价看好，促进当时债券向股票的转换，进而反作用于股价的上升。1720 年，为了刺激股票发行，南海公司创立投资者分期付款购买新股的方式。投资十分踊跃，股票供不应求导致价格狂飚。股票市场的狂热催生了许多泡沫公司的成立，他们纷纷发行股票，进行投机活动。1720 年 6 月，为了制止各类“泡沫公司”的膨胀，英国国会通过了“泡沫法案”，即“取缔投机行为和诈骗团体法”。恰恰也在这个时候，法国密西西比泡沫迸裂了，法国股市一落千丈，同时也震撼了伦敦，投机者们一时间不知所措，市场悲观情绪开始蔓延。1720 年 8 月 18 日，“反泡沫法案”正式施行，严重打击了那些泡沫公司。股民们疯狂抛售股票，垃圾股票价格剧烈下跌，也拖累了南海公司的股票价格。此后，虽然南海公司连续采取了一系列措施，试图挽救民众的信心，可是在法国股股市崩盘以后，英国的股民已如惊弓之鸟，惶恐不安。不少资金从英国流向法国和荷兰，这使得南海公司的处境雪上加霜。一个月内，其股票价格从 775 英镑暴跌到 290 英镑。英国议会见南海公司大势已去，强迫南海公司把部分债权出让给英国银行，随后又没收了南海公司总管和某些政府官员的家产，强令南海公司资产改组。“南海泡沫”由此破灭。

摧毁南海泡沫的直接因素是人们对股市预期的改变。社会大众的心理要素和非理性预期促成了南海公司股票泡沫的形成和破灭。在南海泡沫事件中导致人们改变预期的主要原因来自于法国股市的崩盘。这说明泡沫经济的形成和破灭在国际上具有相当高的传染性。如果英国政府和议会的高官显贵们没有直接参与南海公司股票的投机活动，如果英国政府还能够对金融市场保持一定的监督和管理的话，南海泡沫未必就会闹到这个程度。因此，和法国密西西比泡沫的教训一样，保持一个与政府行政部门相对独立的金融机构，防止金融部门的腐败，时刻保持对金融体制的有效的监督和管理，是避免发生泡沫经济的必要条件之一。

### （三）1825 年英国经济危机

1825 年以前，英国经历了一个短时期的工业高涨阶段。1825 年的工业产值比 1820 年增长了大约 1/3。严重的生产过剩使资本家不敢投资，利润源源不断变成英格兰银行的黄金储备。1821 年到 1825 年间，伦敦交易所共对欧洲和中南美洲国家发行了 4897 万英镑公债，而英格兰银行对国内私人贷款却急剧萎缩。这些公债转过来又成为对英国商品的购买力。英国输往中南美洲的棉纺织品从 1824 年的 150 万英镑，激增至 1825 年的 395 万英镑。出口猛增一方面刺激生产和投资迅速扩大，另一方面则导致原材料价格上涨，从而再一次使供给严重超过需求。1825 年下半年，物价终于开始下跌，而南美洲投资也被证明是一场豪赌。投机商人和银行首先大量破产，危机席卷英国主要工业部门。据统计，1825 年 10 月至 1826 年 10 月，破产的工商企业达到三千五百多家。这场危机使纺织工业设备开工率下降了一半，纺织机械如花边机的价格下跌了 75% ~80%，机器制造业、建筑业以及其他几乎所有的行业都遭到了危机的沉重打击。整个社会经济处于极度的恐慌和混乱之中。更值得注意的是，英国在外国公债上净损失达1000多万英镑，对资本家和英国国力都是一个沉重打击，英国的世界霸主地位开始动摇。

这是首次因生产过剩而导致的经济危机，也是资本主义工业时代的第一次经济危机。此后的英国走上了疯狂开拓商品市场的道路，而这一次经济危机也向世界展示着英国骄人的工业生产能力，宣告了一个新时代的到来。

### （四）1857年经济危机

1857年的经济危机波及到当时的各主要资本主义国家，是第一次资本主义世界经济危机，这也是第一次在美国，而不是在英国发端的危机。1857年经济危机发生前，资本主义各国都经历了经济高涨阶段。促成这次经济高涨的因素，除了各国本身经济发展过程的条件之外，还有一些其他的外部影响。一是1848年在美国的加利福尼亚和1851年在澳大利亚相继发现了巨大的金矿。金矿的开采，在美国掀起了建设铁路的高潮。这使各种生产资料和消费资料的需求急剧扩大了。大量运出的黄金引起了大量商品的回流，并把越来越多的国家和地区卷进了世界市场之中。再就是当时在欧洲大陆发生了革命，为了躲避革命风暴，大量资本流入英国和美国，从而进一步加速了这两个国家的经济发展，并带动其他国家经济随之发展。在这种情况下，世界贸易额迅速增加，从19世纪50年代起，年平均增长速度比以前的20年提高了近2倍。经济的迅速增长还促使交易所和信用领域过度膨胀，出口信贷和空头期票制度广泛发展，银行大量凭空头期票放款给自有资本额很小的公司。这一方面延长了繁荣，另一方面却增加了风险。此外，滥设企业骗取小额投资者信任和钱财之风盛行，许多银行参与制造泡沫，造成股票价格暴涨暴落。终于酿成了一次世界经济危机。

随着危机的爆发，美国的银行、金融公司和工业企业大量倒闭。仅1857年一年，就有近5000家企业破产。粮食生产过剩，粮价和粮食出口下降，加上英国工业品的剧烈竞争，促使了美国经济危机的加深。1857年秋季，美国还爆发了货币危机，整个银行系统瘫痪了，美国的货币危机在10月中旬达到了顶点，当时纽约63家银行中有62家停止了支付，贴现率竟然超过了60%，股票市场行市则下跌了20%~50%，许多铁路公司的股票跌幅达到80%以上。美国的经济危机迅速蔓延到英国和欧洲大陆，引发了一阵又一阵的破产浪潮。由于资本主义国家普遍发生经济危机，初级产品的国际贸易大幅度减少，价格猛跌。广大殖民地和附属国一向以出口初级产品为主，经济危机引起的贸易削减、价格下跌，使它们遭受了巨大的损害。

1857年的经济危机，作为第一次资本主义世界经济危机，开始了资本主义国家统一的再生产周期。从此，资本主义国家的经济危机具有着明显的同期性。这表明资本主义统一的世界经济体系已开始形成，各类国家之间的经济联系和相互影响空前加强了。

### （五）1929~1933年经济大萧条

1929~1933年的经济危机是有史以来规模最大、破坏力最强的一次。1929年，经济危机首先在美国爆发，随即席卷整个资本主义世界，形成了前所未有的、持续最久的世界经济大危机。20世纪20年代，美国证券市场兴起投机狂潮，“谁想发财，就买股票”成为一句口头禅，人们像着了魔似地买股票，梦想着一夜之间成为百万富翁。疯狂的股票投机终于引发一场经济大灾难。1929年10月24日，纽约证券交易所股票价格雪崩似地跌落，人们歇斯底里地甩卖股票，整个交易所大厅里回荡着绝望的叫喊声。这一天成为可怕的“黑色星期四”（Black Thursday），并触发了美国经济危机。然而，这仅仅是灾难的开始。29日，交易所股价再度狂跌。

一天之内1600多万股票被抛售，50种主要股票的平均价格下跌了近40%。一夜之间，“繁荣”景象化为乌有，全面的金融危机接踵而至：大批银行倒闭，企业破产，市场萧条，生产锐减；失业人数激增，人民生活水平骤降；农产品价格下跌，很多人濒临破产。一场空前规模的经济危机终于爆发，美国历史上的“大萧条”时期到来。1933年，整个资本主义世界工业生产下降40%，各国工业产量倒退到19世纪末的水平，资本主义世界贸易总额减少2/3。美、德、法、英共有29万家企业破产。资本主义世界失业工人达到3000多万，美国失业人口1700多万，几百万小农破产，无业人口颠沛流离。经济危机给资本主义制度固有的矛盾引起了资本主义各国的政局动荡。经济危机也使资本主义国家之间的矛盾激化，引出一连串的关税战、倾销战和货币战。

1929~1933年资本主义世界经济危机，宣告了主张“放任主义”的资本主义经济理论的失灵。危机表明，资本主义单靠本身内在的力量已经不容易从危机中爬出来了。于是，凯恩斯主义便应运而生。凯恩斯主义提倡通过加强国家干预，运用“看得见的手”来刺激经济和保持充分就业的企图。随后推出的“罗斯福新政”是美国资本主义世界的一次自我调节，开创了资产阶级政府大规模干预经济生活的先河，进一步提高了美国国家资本主义的垄断程度，是资本主义发展史上的一个里程碑。“新政”取得了很好的效果，使美国度过了危机。

## 二、2008年全球经济危机中的中国财政货币政策

2008年，一场由美国金融风暴而引发的经济危机迅速席卷全球。一时间，无数顶级金融机构、跨国公司接连倒闭。一系列的连锁反应延伸到世界各个角落，甚至导致一些国家濒临破产，全球经

济风声鹤唳，迷雾重重。中国作为世界经济体系的重要一员，在经济危机背景下，也面临着前所未有的考验。随着世界经济衰退程度的不断加深，中国经济增长也出现下滑趋势，对外贸易萎缩、工厂倒闭、失业率攀升、股市暴跌、房市低迷等现象直接影响到整个社会。面对着突如其来的巨大冲击波，中国政府果断采取了一系列应对措施，不仅有效缓冲了经济危机对本国经济的破坏，而且对维护世界经济的稳定发展发挥了巨大作用。本次危机过后，相信中国经济大国的地位将会牢牢树立，中国也将在世界经济舞台上占有倍受尊重的一席地位。

### （一）财政政策

经济危机后中国财政政策由稳健型转为积极型，以扩大消费需求为核心，以加快改革为重点，保障民生，严格控制一般性行政开支，重点向新农村建设、社会事业发展以及困难地区和群众倾斜。综合运用各种财政手段，配合金融政策和其他手段，来改善经济结构和拉动经济增长。其中最著名的是4万亿国家投资，从中央到地方都发行国债、地方债，然后动用资金开发各地方基础建设，同时提高社会福利保障，加强对落后地方的援建。

首先，加大对民生的投资力度。导致目前中国居民低消费倾向的主要根源是住房、教育和医疗。根本原因就是长期以来财政支出中对经济建设投资占的比重较高，对关系民生的社会公共支出较少。此外，由于住房、教育、医疗方面改革的不到位，造成了中国居民消费预期差，被迫储蓄，消费难以启动。今后相当长一段时期内，财政政策将重点解决居民的低消费问题，通过建设保障性住房、加快医疗卫生教育事业发展等投资，减少居民特别是低收入群体在教育、医疗和住房方面的支出，增强居民的消费能力和消费意愿，既在短期内拉动经济增长，又能够促进经济结构转型，实现长期增长。

其次，通过优化财政支出结构改善经济结构。加大财政投入力度，加快自主创新和结构调整，支持高技术产业化、服务业发展以及产业技术进步。坚决控制高耗能、高污染的产业，增加节能减排投入力度，支持重点节能减排工程建设。实施促进企业自主创新的财税优惠政策，加快高新技术产业和装备制造业发展，鼓励企业增加科研投入。建立健全煤炭等矿产资源有偿使用制度和生态环境补偿机制，发展可再生能源。落实支持中小企业发展的税收优惠政策。支持完善担保体系建设，帮助中小企业融资。

第三，积极减税，促进企业投资和居民消费。减轻企业特别是中小企业的税收负担，通过减轻企业负担扩大投资，促进经济增长。从 2009 年元旦起，全国所有地区、所有行业推行增值税转型改革，并大幅度调低企业所得税税率，以降低企业的税收负担，鼓励企业技术改造，促进产业结构调整和转变经济增长方式。

### （二）货币政策

经济危机后，国家实行适度宽松的货币政策。放松银根，降低融资成本，为企业提供较为宽松的融资环境，以此来促进企业的生产经营活动。央行自 2008 年 9 月下调人民币贷款基准利率和中小金融机构人民币存款准备金率开始，随后不到一年时间，又连续下调了存贷款基准利率、免征利息税及金融机构存款准备金率。央行在降息的同时放松了信贷限制，提高了企业融资规模，降低了融资成本，鼓励了企业投资、生产的积极性。

首先，合理扩大银行信贷规模。保持货币信贷的合理增长，取消对商业银行信贷规模限制，合理扩大信贷规模，确保金融体系流动性充足，及时向金融机构提供流动性支持。加大对重点工程、节能减排、环境保护、自主创新、三农、中小企业、基础设施及服务业等的支持力度，有针对性地培育和巩固消费信贷增长点。

其次，进一步拓宽企业的融资渠道。加快发展企业债、公司债、短期融资券和中期票据等非金融企业债务融资工具，扩宽企业融资渠道。加快发展以机构投资者为主体的银行间债券市场，为积极的财政政策和适度宽松的货币政策的实施提供平台。促进股票市场稳定健康发展，提高直接融资的比重。

再次，继续下调利率和存款准备金率。为防止经济出现倒退，央行将进一步放松货币政策，而下调利率和存款准备金率是央行最为有力的货币政策工具，前者可以降低企业的融资成本，后者可以为银行提供更多的信贷资金，央行将综合运用多种政策工具，加大对促进经济增长的支持力度，有效满足实体经济对金融服务的合理需求。

最后，实施差别化货币政策，促进经济转型。适度宽松的货币政策不会对所有行业和企业一视同仁，而是会坚持“有保有压，区别对待”的原则，以此来体现国家的产业政策导向，促进产业结构优化升级和经济增长方式转变，使经济结构向政策预期方向转变。货币政策将通过差别化存款准备金率、差别化利率、窗口指导、信贷政策指引等手段引导资金流向，通过政策引导或者直接干预，以较市场金融更为优惠的条件将资金投向战略领域、主导产业、支柱产业等，同时严格对“两高一资”等政策限制行业和企业的信贷投放。

## 三、对中国财政风险问题的认识

中国财政的问题不少，中国会不会陷于财政危机。在此问题上，中外经济专家持以下三种不同观点。

第一种观点是以美国约翰霍普金斯大学高级国际研究学院博士董振源为代表的，认为中国面临严重财政危机。他指出四大理由：

一是中国财政收入占 GDP 的比重不断下降；二是中国财政支出巨大，隐性支出严重，这是发展中国家财政安全的主要威胁；三是积极的财政政策对财政危机是火上浇油；四是中央财政扩大收入有严重障碍。

他还批评中国的官方数字严重低估了中国财政问题的严重性，应采用合并政府赤字作为判断标准，也就是必须包括政府财政赤字，以及中国人民银行借给金融体系去支付中央政府要求的国营企业的开销。

第二种观点是以中国社会科学院的一些专家为代表，认为财政危机的实质可以归结为，如果一国政府不能保证国债余额对 GDP 之比不会超过某一给定的数值，则该国的财政就是不可持续的。不可持续，就意味着危机的不可避免。

他们提出财政可持续性包括三重含义：一是如果政府能够长期保持财政收支平衡，则政府财政是可持续的，换言之就是没有财政危机；二是尽管在相当长时期内不能实现财政收支平衡，但政府能够通过发行国债为财政赤字融资，则政府依然可以是可持续的。三是如果在经济中存在这样一种机制，当财政脱离平衡状态之后，经济变量之间的相互作用可以使财政恢复或趋于恢复平衡，则政府的财政状态仍可定义为稳定可持续的。

只要经济增长速度和财政赤字对 GDP 之比不变，债务余额对 GDP 之比就不会超过某一定值，财政危机也不会发生。他们指出，中国的金融储蓄率很高，这样政府在出售国债的时候碰到的障碍比较小。此外，积极的财政政策有利于 GDP 保持一个比较高的增长速度，因而不会给财政危机造成火上浇油的作用。

第三种观点是以国家宏观经济部门的人士为代表。他们认为，关注财政风险，避免财政危机。财政危机不会马上爆发，但是要关注财政风险，其目的就是为了避免财政危机，应该承认，中国现在有非常严重的财政风险。

## 四、缓解人民币升值压力，缓冲金融风暴冲击

2003 年以来，人民币汇率一直是国际社会普遍关注的焦点问题，近几年人民币的连续升值对我国经济发展产生了重要影响。目前国际经济形势尚不明朗，中国在国际经济博弈舞台上的位置越来越重，现阶段，如果人民币再继续升值，对我国经济的影响是弊大于利，会加剧经济危机对国内经济发展的冲击。在汇率体制改革还不能完全到位、中央银行作为外汇最终买家的重任还不能“卸载”，以及货币手段还不能有效解决外部失衡问题等多方因素的制约下，财税政策可能是更为有效的缓解人民币升值压力的手段。

### （一）扩大公共消费支出，促进内需对经济发展的拉动作用

适度扩大政府消费支出是目前增强内需动力的重要举措。一般来说，内需包括消费需求与投资需求两个方面，其中任何一方面需求的启动都会对经济增长具有拉动作用。虽然从作用于经济增长的即期效果来看，投资要好于消费，但在内需的构成中，投资是目前要特别加以控制的，消费才是支撑经济长期稳定增长的重要因素。近几年来，由于钢铁、电解铝、水泥、房地产、焦炭、煤炭等一些行业投资规模增长过快，导致了其上游产品或相应原材料价格涨幅过高，并引发了煤、电、油、运的全面紧张。为此，2004 年底中央提出“要实行稳健的财政政策和货币政策，继续控制固定资产投资规模的过快增长”，以及“要不断调整投资和消费的关系，提高城乡居民消费能力，增强消费对经济增长的拉动作用”等具体要求。这也是 1997 年亚洲金融危机后，在中国投资和出口“动力”得到全面释放而消费需求一直偏淡的情况下，中央对经济发

展政策的又一次调整。可见，为了使经济健康、均衡地发展，就必须将扩大内需的重点从投资转向消费。由于居民消费具有分散决策的特点，很难在短期内通过政策来刺激。从理论上讲，居民消费不仅取决于当期收入，更取决于其长期预期收入。在中国居民收入差距不断扩大的情况下，众多有消费意愿的人却没有相应的支付能力，特别是在社会保障体系不完善的情况下，居民对现期消费更为慎重。因此，居民消费是短期内难以对其施加影响的变量，扩大内需的重任自然落到政府的身上。从长期来看，社会整体消费能力的提升也有赖于公共财政保障机制的建立。中国消费之所以一直疲弱不振，除了政府消费支出不高外，还与居民消费受制于基础性社会保障制度不健全有关，所以，加大公共财政的支出，构建一个良好的且能很快提升广大人民群众生活水平的社会保障与支撑体系是当务之急。为此，我们必须对现行的公共财政支出模式进行改革，即在全社会投资过热的情况下，财政支出应更多地由投资导向消费，尽快地退出竞争性投资领域，将更多的财力用于公共产品的生产及服务的提供上，重点向以下几个方面倾斜：一是投向对经济长期发展具有支撑作用的基础设施、基础教育、科学研究、公共卫生以及生态建设等领域；二是增加对城市医疗、养老等社会保障方面的支出，以期降低城市居民的长期预算，进而降低储蓄，扩大消费；三是加强对“三农”的支持力度，让公共财政的阳光普照广大的农村地区，将更多的财力用于包括农村基础设施、农村义务教育、公共医疗卫生等社会事业建设，并通过直接对种粮农民进行补贴等方式提高他们的收入水平，以期启动农村消费存量，由此消化掉部分工业领域的过剩生产能力。

### （二）调整外资税收政策，提高外资利用水平

中国现有的外资税收优惠政策区域导向性强，产业导向性弱，使外资主要集中到了沿海经济发达地区，而资金真正匮乏

的中西部地区难以得到外资的"惠顾"。同时，某些外来资本又主要集中到了高污染、高能耗、劳动力成本相对较低的行业，甚至是投机性较强的房地产与股票市场，而对国民经济长期发展具有支撑作用的基础产业以及能够提升中国经济整体竞争力的行业很难得到外资的"青睐"，并且外资正在向银行、保险、证券、电信等对国民经济具有控制力的行业集中。正是由于外资可以享受许多不合理的税收优惠政策，而内资企业只能"望洋兴叹"，所以，许多内资企业纷纷通过寻找境外利益代理人或在境外注册公司等形式，投资境内以享受相应的外资待遇，形成所谓的"假外资"现象。这种现象既不利于中国整个产业结构的调整与升级，也不利于提高外资的利用水平，反而因引资过滥，导致国际收支失衡。因此，必须对包括税收优惠在内的整个引资政策进行调整，以提高外资的利用水平，进而减轻资本账户顺差给人民币带来的升值压力。我们应根据产业结构调整与升级的需要，确定需要重点扶植的产业，凡是进入国家拟定支持产业范围内的外资，不论其在什么地区落户，一律都可以享受政府的税收优惠政策。同时，还要辅以区域性税收优惠的政策，对到经济落后地区投资的外资给予税收优惠，以鼓励社会资源向落后地区流动。同时，还要加快内外资企业所得税的合并工作，使得内外资具有相同的竞争环境。

### （三）调整出口退税政策，促进出口与进口贸易的平衡发展

自 1985 年实施出口退税政策以来，对扩大中国出口规模，增强出口产品的国际竞争力，增加就业，以及保持经济的持续快速发展，均发挥了积极作用。从 1990 ~ 2005 年的 16 年间，除个别年份外，中国均为贸易顺差国。在中美、中欧贸易摩擦频发的今天，持续扩大的贸易顺差额对我们来说不仅不是福音，而且还成了近年来西方国家强压人民币升值的理由。在一定意

义上说，贸易顺差的持续与不断扩大，也是内需不足与国内经济降温的一种表现形式。未来几年，如果内需不足问题得不到很好解决的话，那么，净出口需求在经济增长中的贡献率还会上升。届时，人民币升值压力将进一步增强，贸易争端等问题还会恶化。因此，为了减少与主要贸易伙伴之间的摩擦以及化解人民币升值压力，我们必须在扩大内需与出口导向之间求得某种平衡。在中国诸多支持外贸发展的政策中，出口退税政策具有很强的杠杆作用。今后出口退税制度改革的改革方面，则重在通过进一步调低某些产品出口退税率，以转变中国对外贸易增长方式，提升出口商品质量，促进进出口贸易平衡发展，减轻人民币升值压力。对一些高能耗、高污染行业的产品以及资源性产品，要继续下调其出口退税率，直至完全取消出口退税。在必要的情况下，甚至可以考虑对污染严重的产品征收环境税，以及对高能耗、高污染的产品征收出口税，将开征出口税作为一种替代调升人民币汇率的方式加以使用。无论是对出口退税，还是对出口征税，都可以认为是一种行政性杠杆，既可以用于优化和调整国内产业结构，又可以用于调整特定时期的国际贸易收支平衡，短期内更可以用于缓冲时下中国所遇到的要求人民币升值的国际压力。

### （四）灵活运用政府采购，调节国际贸易，缓解人民币升值压力

中国在加入 WTO 时，并没有参加 WTO《政府采购协定》，但中国政府承诺在 2020 年以前，向 APEC 成员开放政府采购市场。在此之前，要在增强国内企业竞争力的同时，加强政府采购制度建设，增加政府采购规模，可以通过增加进口来减少国际贸易顺差，有效缓解当前储蓄率和人民币升值的压力。例如中国每年对法国和德国这两个欧元区和欧盟经济大国采取大量政府采购的政策，欧盟

整体坚持人民币升值的动力就小于美国。

## 五、加强财政调控 抵御经济危机

### （一）加强财政调控，提高政府控制能力，控制经济风险

在经济全球化不断发展与深化的今天，只有主权国政府才是经济全球化编织的网络中单独的结点。在 WTO 体制下，也只有各成员政府才是 WTO 体制参与的主体，能够代表各个成员的利益，能够以独立的身份说话。所以说，作为国家经济的主导力量，政府在维护国家经济安全中应当充当经济主权人格化的代表。为此，加入 WTO 后，从制定和实施国家经济安全战略的操作层面来看，解决中国国家经济安全问题的关键是政府职能和行政行为的转变。

提高政府的行政行为能力从本质上讲就是提高政府运用财政政策和货币政策等其他宏观调控政策调控内外经济运行和平衡的质量，即政府理性、政府效率性、政府自律性，也就是指政府宏观决策水平和工作效率。提高政府的调控质量需要在继续保持宏观高质量的前提下，通过政治体制改革，逐步形成良好的用人制度、建设现代化的运行机制以及建立和运行减少腐败和滥用权力的制衡机制。在提高政府行政能力的基础上，建立国家经济安全预警指标体系、制定国家经济安全法规、建立国家资源储备和保障体系等。

### （二）把支持自主创新作为公共财政的重要政策目标

世界各国发展的实践表明，市场经济条件下公共财政支持自主创新有其内在的合理性。一方面，现代经济中企业的技术创新对经济增长的作用越来越突出，新知识和新技术的产生和运用，已经成为经济增长的战略性资源与主要驱动力。同时，技术创新对社会的

外部性效应也日益凸显，并越来越多地关系到国家安全、生命健康、环境保护等公共利益。另一方面，由于创新成果的非独占性和技术创新的巨大风险，创新主体的创新动力不足，技术创新活动存在着市场失灵，单纯依靠市场调节，无法使技术创新的供给水平，达到社会所需的最优水平，客观上需要政府进行干预。特别是在经济、科技全球化日益加快的今天，企业自主创新能力已经成为决定国家竞争力的关键因素。在一些重大的、体现国家实力的技术创新领域，必须要有财政的支持。

1. 财政资金直接投入至今仍是各国特别是主要发达国家支持自主创新的主要手段。财政资金的优势是可以集中资金投向关键研发领域，形成规模效益，做市场分散投入做不了的事，同时以国家力量带动和鼓励企业进行创新。美国财政研发投入做得比较成功，一方面是集中力量办大事，重点通过国家卫生研究院、国家航空航天局等机构投入到生物医药、航天航空、信息技术等少数前沿领域以形成国家核心技术优势；另一方面是国家投入与市场机制充分结合，支持企业，特别是中小企业进行自主创新，重视国防技术投入对民用部门的外溢效应。

结合中国自主创新的现状，财政应加大对以下重点领域的直接投入。一是支持重要领域的关键共性技术、竞争前技术、前瞻性技术和战略性技术的研发，以及涉及国家安全、体现国家战略思想和提升国家地位的重要技术的研发。要结合《国家中长期科技发展规划纲要》的具体要求，发挥社会主义制度能够集中力量办大事的优势，有效调动国内优势科技资源，建立国家层面的研发团队，在一些重要领域实现中国自主创新能力的跨越式发展。二是支持自主创新的基础条件和环境建设。积极支持企业建设国家级技术研发中心或公共技术研发平台，支持龙头企业加强创新基础设施建设；加强对以自主创新技术和产品为主的产业集群和科技园区建设的支持；加强对自发性产业集群的扶持和引导，促进产业集群由低端向高端发展。加强科技园区基础设施和服务系统建设，提升园区创新功能；加强对企业知识产权保护的支持，重点加强对中国企业境外知识产权申请和维护的支持；加强对企业参与产品和技术标准制定的支持。对为自主创新企业提供融资服务的担保机构、创业投资机构予以支持。

2. 以税收杠杆为主的财政激励政策措施，优点是充分利用市场机制配置资源，形成企业微观层面的创新激励，由市场选择研发领域，提高资源配置的有效性。财政激励政策的设计，应在结构上合理，要有利于促进增量研发投入，应允许企业的研发投入成本结转抵减未来应税收入，允许创新企业实行加速折旧。为此，中国要积极推进税制改革，进一步完善以税收杠杆为主的激励机制。一是应尽快完成内外资企业所得税并轨，与此同时，取消对高新技术企业区域的限制，在高新技术园区内外的高新技术企业享受同等的税收优惠政策。为不同类型、不同所有制企业自主创新营造更加公平的、有利于充分竞争的市场环境。二是继续推进增值税转型，鼓励企业加大技术改造和设备更新的力度。三是加大对企业自主创新投入的所得税前抵扣力度。四是对企业进口用于研发、检测的设备可考虑实施普遍的进口关税和进口增值税减免政策。五是允许企业按销售收入的一定比例（如3%～5%）提取研发基金，专项用于技术研发。六是允许企业加速研究开发仪器设备折旧。

3. 优化财政支出结构，支持“以企业为主体、产学研相结合”的技术创新体系建设。全面增强企业的自主创新能力，关键是强化企业在自主创新中的主体地位。为此，要结合技术创新的规律和特点，在大力推进科技管理体制改革基础上，优化财政科技支出结构，改变目前以高校、科研院所为主体的财政科技投入模式，优先支持“以企业为主体、产学研相结合”的技术创新体系建设，增强政府引导调动社会科技投入与资源配置的能力。

### （三）充分发挥政府采购对企业自主创新的扶持功能

一是建立激励自主创新的政府首购和订购制度，对国内企业生产或开发的试制品和首次投向市场的产品，经认定实行政府首购。重点扶持具有核心技术和自主品牌的创新型民族企业，特别是要加强对各类中小创新型企业的资金支持，充分发挥风险投资基金在扶持中小型创新企业中的作用。政府采购支持自主创新的政策意向，还在于政府行为对于社会的引导和导向。政府在采购时积极支持自主创新，必然引导社会其他主体的采购行为，引导企业、个人投资者和消费者，在采购过程中，树立起支持自主创新的意识，并尽可能地落实到行动中。

二是扩大政府采购的范围。目前，中国政府采购仅指各级国家机关、事业单位和团体组织使用财政性资金采购货物、工程和服务的行为，并未包括企业采购和军事采购，国家重大建设项目也未实行政府采购。而从国际通行的做法看，凡属政府公共职能范畴的采购，不论采购内容、采购主体、是否使用财政资金，均被纳入政府采购管理范围。建议在维持现行管理体制的前提下，由国务院协调在国家重大建设项目以及其他使用财政性资金采购重大装备和产品的项目，以及军事采购中落实优先购买自主创新产品的政府采购政策，充分发挥政府采购政策的作用和实施效果。

三是引导社会资金购买自主创新产品。为支持国内具有自主知识产权的重要高新技术产品，尤其是自主创新产品进入市场，财政可考虑设立创新产品使用风险补助基金。仅靠政府采购的支持是有限的，如果政府的政策和行为能引导社会其他主体通过采购支持自主创新，那么这种作用就必然会大大增强。政府采购支持国产化与自主创新产品，能有效保持民族产业的可持续发展与自主创新产品的可延续性。

# 参考文献

[1] 柏冬秀、李茂生：《中国：财政政策的选择》，企业管理出版社，1997 年版。

[2] 白英瑞、康增奎等：《欧盟：经济一体化理论与实践》，经济管理出版社，2002 年版。

[3] 陈凤英：《国家经济安全》，时事出版社，2005 年版。

[4] 陈乔之：《东亚区域经济合作研究》，中国社会科学出版社，2002 年版。

[5] 董勤发：《国际财政研究》，上海财经大学出版社，1997 年版。

[6] 邓子基、林致远、王相林：《财政政策与提高产业竞争力》，中国财政经济出版社，2006 年版。

[7] 郭连成：《经济全球化与不同国家的应对》，中国财政经济出版社，2001 年版。

[8] 胡代光、厉以宁、袁东明：《凯恩斯主义的发展和演变》，清华大学出版社，2004 年版。

[9] 江时学：《金融全球化与发展中国家的经济安全——拉美国家的经验教训》，社会科学文献出版社，2004 年版。

[10] 姜桂石、姚大学、王泰：《全球化与亚洲现代化》，社会科学文献出版社，2005 年版。

[11] 金灿荣：《多边主义与东亚合作》，当代世界出版社，2006年版。

[12] 金人庆：《中国财政政策的理论与实践》，中国财政经济出版社，2005年版。

[13] 寇铁军：《财政学》，东北财经大学出版社，2001年版。

[14] 刘胜湘：《全球化与美国——安全利益的冲突分析》，北京大学出版社，2006年版。

[15] 刘溶沧、李茂生：《转轨中的中国财经问题》，中国社会科学出版社，2002年版。

[16] 刘溶沧、赵志耘：《财政政策论纲》，经济科学出版社，1998年版。

[17] 李平：《WTO与国际贸易》，社会科学文献出版社，2006年版。

[18] 李其庆：《全球化与新自由主义》，广西师范大学出版社，2003年版。

[19] 李铁立：《边界效应与跨边界次区域经济合作研究》，中国金融出版社，2005年版。

[20] 吕炜：《我们离公共财政有多远》，经济科学出版社，2005年版。

[21] 罗雄华：《美国"新经济"与金融自由化》，中国青年出版社，2005年版。

[22] 马骏、郑康彬：《西方财政实践》，中国财政经济出版社，1997年版。

[23] 孙开：《多级财政体制比较分析》，中国经济出版社，1999年版。

[24] 孙文学、齐海鹏、付伯颖：《中国财政政策实证分析与选择》，中国财政经济出版社，2000年版。

[25] 孙文学：《中国财政史》，东北财经大学出版社，1997

年版。

[26] 孙文学：《中国关税史》，中国财政经济出版社，2003年版。

[27] 王红玲：《当代西方政府经济理论的演变与借鉴》，中央编译出版社，2003年版。

[28] 王梦奎：《经济全球化与政府的作用》，人民出版社，2001年版。

[29] 王萍：《走向开放的地区主义——拉丁美洲一体化研究》，人民出版社，2005年版。

[30] 王志强、王雪标：《中国一体化政策与MA模型》，东北财经大学出版社，2003年版。

[31] 翁礼华：《加入WTO的财政政策研究》，中国财政经济出版社，2002年版。

[32] 文贯中、郑志海、王新奎、左学金：《WTO与中国：走经济全球化之路》，中国人民大学出版社，2000年版。

[33] 吴文旭：《论欧洲货币联盟及欧元》，西南财经大学出版社，2003年版。

[34] 夏兴园：《财政政策与货币政策效应研究》，中国财政经济出版社，2002年版。

[35] 项怀诚：《中国财政50年》，中国财政经济出版社，1999年版。

[36] 熊性美、戴金平：《当代国际经济与国际经济学主流》，东北财经大学出版社，2004年版。

[37] 许宁宁：《中国——东盟自由贸易区》，红旗出版社，2003年版。

[38] 杨雪冬：《全球化：西方理论前沿》，社会科学文献出版社，2002年版。

[39] 赵昌文、[英] Nigel Swain：《欧盟共同农业政策研究》，

西南财经大学出版社，2001 年版。

[40] 张伯伟：《APEC 贸易自由化及其影响——兼析开放的区域经济组织》，经济科学出版社，2001 年版。

[41] 张馨、杨志勇：《当代财政与财政学主流》，东北财经大学出版社，2000 年版。

[42] 张馨：《构建公共财政框架问题研究》，经济科学出版社，2004 年版。

[43] 张蕴岭：《世界区域化的发展与模式》，世界知识出版社，2004 年版。

[44] 中国社会科学院、中国博士后科学基金会：《全球化下的中国经济学》，社会科学文献出版社，2005 年版。

[45] 刘锡良：《中国财政货币政策协调配合研究》，西南财经大学出版社，1999 年版。

[46] [巴西] 弗朗西斯科·洛佩斯·塞格雷拉，白凤森等译：《全球化与世界体系》，社会科学文献出版社，2003 年版。

[47] [比利时] 热若尔·罗兰著，张帆：《转型与经济学》，潘佐红译，北京大学出版社，2002 年版。

[48] [荷兰] 塞尔维斯特尔·C. W. 艾芬格、雅各布·德·汉：《欧洲货币与财政政策》，向宇译，中国人民大学出版社，2003 年版。

[49] [加] 罗伯特·蒙代尔：《蒙代尔经济学文集》第二卷《一般货币与宏观经济理论》、第三卷《国际宏观经济模型》，向松祚译，中国金融出版社，2003 年版。

[50] [美] 斯蒂芬·J. 托洛维斯基：《国际宏观经济动态学》，上海财经大学出版社，2002 年版。

[51] [美] 罗素·W. 库珀：《协调博弈——互补性与宏观经济学》，张军、李池等译，中国人民大学出版社，2001 年版。

[52] [美] 尼古拉斯·R. 拉迪：《中国融入全球经济》，隆国

强等译校，经济科学出版社，2002 年版。

[53] [美] 丹尼·罗德瑞克：《让开放发挥作用——新的全球经济与发展中国家》，熊贤良等译，中国发展出版社，2000 年版。

[54] [美] 拉尔夫·戈莫里等：《全球贸易和国家利益冲突》，文爽、乔羽译，中信出版社，2003 年版。

[55] [美] C·弗雷德·伯格斯坦：《美国经济与未来十年美国的对外经济政策》，朱民等译，经济科学出版社，2005 年版。

[56] [美] 哈尔·瓦里安：《微观经济学》（高级教程），经济科学出版社，1997 年版。

[57] [美] 理查德·隆沃思：《全球经济自由化的危机》，应小端译，生活·读书·新知三联书店，2002 年版。

[58] [美] 保罗·威尔斯：《后凯恩斯经济理论》，瞿卫东译，上海财经大学出版社，2001 年版。

[59] [美] David·N. Hyman：《财政学：理论在政策中的当代应用》（第 8 版），北京大学出版社，2005 年版。

[60] [美] 平狄克、鲁宾费尔德：《微观经济学》，张军、罗汉、尹翔硕、谢识予译，中国人民大学出版社，2000 年版。

[61] [美] 多恩布什、费希尔、斯塔兹：《宏观经济学》，范家骧、张一驰、张元鹏、张延译，中国人民大学出版社，2000 年版。

[62] [美] 朱·弗登博格、[法] 让·梯若尔：《博弈论》，黄涛等译，中国人民大学出版社，2002 年版。

[63] [美] 哈维·S. 罗森：《财政学》（第四板），平新乔、蒋勤发、扬月芳等译，中国人民大学出版社，2006 年版。

[64] [美] 杰弗里·萨克斯、费利普·拉雷恩：《全球视角的宏观经济学》，费方域等译，上海三联出版社，2004 年版。

[65] [美] 丹尼斯·R. 阿普尔亚德、小艾尔佛雷德·J. 菲尔德著，《国际经济学》（第四版），龚敏、陈琛、高倩倩译，机械工

业出版社，2003 年版。

[66]［美］大卫·沃尔著，《中国的开放经济》，姜建强等译，上海财经大学出版社，2002 年版。

[67]［美］雅克布·A. 弗兰克尔、阿萨夫·雷兹恩、阮志华：《世界宏观经济学：全球一体化下的财政政策与经济增长》，郭庆旺、刘茜译，经济科学出版社，2005 年版。

[68]［美］约翰·麦克米伦：《国际经济学中的博弈论》，北京大学出版社，2004 年版。

[69]［美］罗伯特·基欧汉：《霸权之后：世界政治经济中的合作与纷争》，苏长河译，上好世纪出版集团，2000 年版。

[70]［日］坂入长太郎：《欧美财政思想史》，张淳译，中国财政经济出版社，1987 年版。

[71]［日］青木昌彦、奥野正宽、冈崎哲二：《市场的作用，国家的作用》，中国发展出版社，2002 年版。

[72]［以色列］阿沙夫·拉辛、埃弗瑞·萨德卡：《全球化经济学——从公共经济学角度的政策透视》，王根蓓、陈雷译，上海财经大学出版社，2001 年版。

[73]［英］布赖恩·斯诺登等：《现代宏观经济学发展的反思》，黄显峰等译，商务印书馆，2000 年版。

[74]［英］彼得·罗布森著：《国际一体化经济学》，戴炳然等译，上海译文出版社，2001 年版。

[75]［英］凯恩斯：《就业、利息和货币通论》，商务印书馆，1983 年版。

[76]［英］保罗·赫斯特、格雷厄姆·汤普森，张文成、许宝友、贺和风译：《质疑全球化：国际经济与治理的可能性》（第 2 版），社会科学文献出版社。

[77]［英］亚当·斯密：《国民财富的性质和原因的研究》，商务印书馆，1972 年版。

[78] [英] 安格斯·麦迪森：《世界经济千年史》，伍晓鹰、许宪春、叶燕斐、施发启译，北京大学出版社，2003 年版。

[79] [英] 伊特韦尔（Eatwell. J.）等：《新帕尔格雷夫经济学大词典》，法律出版社，1996 年版。

[80] 国际货币基金组织："世界经济展望"（2004），www.imf.org。

[81] 世界银行：《全球化、增长与贫困》，中国财政经济出版社，2003 年版。

[82] 崔龙："近 7 年我国财政政策和货币政策效果评述"，《中国经济时报》，2005 年 3 月 3 日。

[83] 顾海兵、周智高："我国宏观调控的范式研究——对象、方式及手段"，《国家行政学院学报》，2006 年第 2 期。

[84] 韩彩珍："东北亚合作机制的微观解释——从博弈论的角度"，《东北亚论坛》，2004 年第 1 期。

[85] 姜桂石、刘会清："经济全球化、区域化与发展中国家的对策"，《内蒙古民族大学学报：社会科学版》，2004 年第 2 期。

[86] 黄桂香："经济全球化与中国税制改革"，《财政研究》，2003 年第 11 期。

[87] 黄锦明："论世界经济一体化"，《当代经济》，1996 年第 10 期。

[88] 隆国强："中国：一个崛起的贸易大国"，《中国经济时报》，2004 年 3 月 25 日。

[89] 隆国强："经济全球化背景下调整政府职能的国际经验"，《市长参考》，2002 年第 8 期。

[90] 楼继伟："全球化背景下的中国财政改革与发展"，《税收与企业》，2003 年第 2 期。

[91] 雷达："国际经济失衡背景下美国财政赤字的双重影响"，《世界经济》，2006 年第 3 期。

[92] 雷帆：“WTO香港级会议前瞻：合纵连横的利益博弈才是真——访对外经贸大学WTO法律研究中心主任盛建明教授”，《第一财经日报》，2005年12月12日。

[93] 李善同等：“欧洲经济一体化的经验与启示”，《国务院发展研究中心调查研究报告专刊》96—99期，2004年7月5日。

[94] 李晓、丁一兵、秦婷婷：“中国在东亚经济中地位的提升：基于贸易动向的考察”，《世界经济与政治论坛》，2005年第5期。

[95] 刘光溪：“后WTO时期改革开放与经济安全的关系”，《中国对外贸易》，2004年第8期。

[96] 刘光溪、查贵勇：“双层博弈与入世谈判”，中经网，2003年12月16日。

[97] 刘溶沧：“我国加入WTO后的税收政策调整”，《税务研究》，2002年第7期。

[98] 骆传朋：“欧盟的财政约束及其所面临的挑战”，《经济评论》，2005年第1期。

[99] 盛斌：“WTO体制、规则与谈判：一个博弈论的经济分析”，《世界经济》，2001年第12期。

[100] 万红先：“西方国家宏观经济政策的国际协调”，《求是》，2006年第4期。

[101] 王磊：“无政府状态下的国际合作”，《世界经济与政治》，2001年第8期。

[102] 王子昌：“博弈类型与国际机制——APEC方式的博弈论分析”，《东南亚研究》，2002年第4期。

[103] 熊毅：“财政政策目标设定的理论分析和现实选择”，《改革》，2006年第2期。

[104] 谢皓、杜莉：“美国对外贸易政策与WTO规则的关系分析与启示”，《世界经济研究》，2002年第5期。

[105] 徐艳、何泽荣："开放经济条件下中国货币政策的内在矛盾"，《中央财经大学学报》，2005 年第 1 期。

[106] 杨鸿："加入世界贸易组织后我国补贴政策调整基本思路——以出口补贴政策为例"，《国际贸易问题》，2003 年第 3 期。

[107] 袁涌波、汪晓宇："经济全球化下我国经济周期波动的新特征及调控"，《经济纵横》，2004 年第 3 期。

[108] 张斌："发展中国家财政政策的演变及对我国的启示"，《世界经济研究》，2004 年第 5 期。

[109] 张汉林、李杨："利用 WTO 体制维护我国国家经济安全"，《科学决策》，2005 年第 1 期。

[110] "世界经济格局中的中国"课题组，张琦："区域一体化和全球贸易体系中的中国"，《国研网研究报告》。

[111] 张曙光、赵农："迈向公正规则下的竞争性经济：加入 WTO 及其应对方略"，《战略与管理》，2001 年第 3 期。

[112] 张彤玉、丁国杰："经济全球化的各种理论争论及其评论"，《当代经济研究》，2005 年第 1 期。

[113] 周文贵："北美自由贸易区：特点、运行机制、借鉴与启示"，《国际经贸探索》，2004 年第 1 期。

[114] 钟晓敏："论欧盟税收政策的协调"，《世界经济》，2002 年第 2 期。

[115] 郑超愚、张燕："中国财政赤字构成与财政政策效应"，《财经问题研究》，2005 年第 2 期。

[116] 中国社会科学院财政与贸易经济研究所："中国财政政策 10 年回顾——从'适度从紧'财政政策到积极财政政策"，《经济研究参考》，2004 年第 2 期。

# 后　记

经历了一年的艰辛写作，《博弈　调控与国际协作》一书终于在这个初夏时节完稿。掩卷后，百感交集。从大学本科到博士毕业漫长的十多年里，我们都经历了专业及研究领域的大幅度跨越，学问作得很辛苦，时而山穷水尽，时而柳暗花明。但也正是在这样反反复复的迷失与回归中，我们一步一步认准方向，终在蓦然回首间，灯火阑珊处，得到了一点应有的收获。

感谢我们的恩师孙文学教授。孙老师谦和平易、学富五车。本书从选题、构思、写作到修改等各个环节都得到了老师的悉心指导。导师诲人以诚、孜孜不倦的工作精神让我们钦佩和感动。

感谢中国人民银行副行长杜金富先生。杜行长学识渊博、谦虚严谨。常在繁忙工作之余，关心同志们的学术研究。杜行长对本书提出许多宝贵意见，并为本书作序。杜行长海纳百川的大家风范将激励我们努力前行。

感谢多年来给与我们无数关照的领导、同事以及同窗好友。我们取得的每一点成绩都离不开你们的支持。桃李不言，下自成蹊，你们的友善和情义有如冬日暖阳，你们的付出与奉献我们将铭记终生。

锦瑟华年二十载，亦无风雨亦无晴。回首来时路，辛酸苦痛，早已淡然。应承此起点，孜孜以求，更上层楼。

祝天下好人一生平安。

作 者

2010年5月